मनोवैज्ञानिक प्रयोग गाइड और मुख्य सांख्यिकीय सूत्र

By the Same Author

- आधुनिक सामाजिक मनोविज्ञान के मूल तत्व (Fundamentals of Modern Social Psychology)
- किशोर मनोविज्ञान के मूल तत्व
- कुछ पश्चिमी देशों और भारत में शिक्षाः उद्देश्य, महत्व और विषय विस्तार
- बाल विकास मनोविज्ञान के मूल तत्व
- सामान्य मनोविज्ञान के मूल तत्व (Fundamentals of General Psychology)
- Western Educational Thinkers (with *Akhilesh Chaube*)
- Psychology of Adolescents in India
- Recent Philosophies on Education in India

लेखक परिचय

प्रो० सरयू प्रसाद चौबे का जन्म वाराणसी जनपद के एक ग्रामीण क्षेत्र में फरवरी, 1919 में हुआ। बनारस से एम०ए० तथा इलाहाबाद से एम०एड०, 1950 में यू०एस०ए० के इण्डियाना विश्वविद्यालय द्वारा शिक्षाशास्त्र में डॉक्टरेट डिग्री हेतु अनुसंधान करने के लिए फेलो नियुक्त हुए। इसके फलस्वरूप इन्हें डॉक्टर ऑफ एजूकेशन की डिग्री 1952 में प्रदान की गई।

शिक्षा-क्षेत्र में इनकी विविध रचनाओं के उपलक्ष्य में एक "अन्तर्राष्ट्रीय निर्णायक समिति" ने इन्हें 1963 में "जी०जे० वातूमल मेमोरियल अवार्ड इन एजूकेशन" से विभूषित किया।

लखनऊ विश्वविद्यालय ने 1965 में इन्हें डी० लिट्० की डिग्री दी। साथ ही, इस विश्वविद्यालय ने इस सत्र में किये गये सर्वोच्च अनुसंधान हेतु बनर्जी रिसर्च पुरस्कार भी इन्हें दिया।

लखनऊ विश्वविद्यालय में वर्षों तक अध्यापन-कार्य करने के बाद ये 1969 में गोरखपुर विश्वविद्यालय में नियुक्त हुये, और यहीं से इन्होंने 1979 में प्रोफेसर ऑफ एजूकेशन तथा डीन पद से अवकाश प्राप्त किया।

डॉ० चौबे ने "शिक्षा-शास्त्र" तथा "मनोविज्ञान" के क्षेत्रों में 50 से अधिक ग्रन्थों की रचना की है। इनके द्वारा हिन्दी तथा अंग्रेजी में रचित पुस्तकें विश्वविद्यालयों में पढ़ायी जाती हैं। फलतः देश के सभी विश्वविद्यालयों तथा महाविद्यालयों के पुस्तकालयों में इनकी पुस्तकें संग्रहीत हैं।

मनोवैज्ञानिक प्रयोग गाइड और मुख्य सांख्यिकीय सूत्र

(A Guide to Psychological Experiments and Statistical Formulas)

डॉ० सरयू प्रसाद चौबे
एम.ए., एम.एड. (इलाहाबाद),
डी.एड. (इण्डियाना, यू.एस.ए.), डी लिट्, (लखनऊ),
रिसीपियेण्ट ऑफ दी जी. जे. वातूमल
मेमोरियल अवार्ड इन एजूकेशन,
निवर्तमानः डीन एवं प्रोफेसर, एजूकेशन फैकल्टी,
गोरखपुर विश्वविद्यालय, गोरखपुर (यू.पी.)

CONCEPT PUBLISHING COMPANY, NEW DELHI-110059

Cataloging in Publication Data—DK
Courtesy: D.K. Agencies (P) Ltd. <docinfo@dkagencies.com>

Caube, Sarayū Prasāda, 1919-
Manovaijñānika prayoga gāiḍa aura mukhya sāṅkhyikīya sūtra = A guide to psychological experiments and statistical formulas/ Sarayū Prasāda Caube.
p. cm.
In Hindi; includes captions in English.
Textbook of psychological research and methodology.
ISBN 8180693082

1. Psychology—Research—Textbooks. 2. Psychology—Research—Methodology—Textbooks. 3. Psychology, Experimental—Textbooks. I. Title. II. Title: Guide to psychological experiments and statistical formulas.

DDC 158 22

ISBN : 81-8069-308-2 (HB)

First Published 2006

Published and Printed by
Ashok Kumar Mittal
Concept Publishing Company
A/15-16, Commercial Block, Mohan Garden
New Delhi-110059 (INDIA)

Phones : 25351460, 25351794
Fax : 091-11-25357103
Email : publishing@conceptpub.com

प्राक्कथन

अब विश्वविद्यालयों एवम् महाविद्यालयों के मनोविज्ञान तथा शिक्षा-शास्त्र और बी॰एड॰ तथा एम॰ एड॰ विद्यार्थियों के लिए मनोविज्ञान के कुछ प्रयोग करना अनिवार्य कर दिया गया है। ऐसे ही विद्यार्थियों की आवश्यकताओं को ध्यान में रखते हुये इस पुस्तक में कुछ प्रधान प्रयोगों को करने की विधि को समझाने का प्रयत्न किया गया है। इस पुस्तक के प्रदत्त प्रयोग केवल उदाहरणस्वरूप ही समझाये गये हैं। समाविष्ट प्रयोगों की तरह ही अन्य प्रयोग भी किये जा सकते हैं।

आशा है लेखक का यह प्रयास अपने उद्देश्य में सफल होगा।

सरयू प्रसाद चौबे

कर्म भूमि,
बी-955, सेक्टर-ए,
निकट नई रेलवे क्रासिंग,
महानगर, लखनऊ-226006

विषय सूची

प्रथम खण्ड
(Part I)
मनोवैज्ञानिक प्रयोगों के क्षेत्र
(Areas of Psychological Experiments)

द्वितीय खण्ड
(Part II)
कुछ सांख्यिकीय सूत्र
(Some Statistical Formulas)

प्रथम खण्ड

(Part I)

मनोवैज्ञानिक प्रयोगों के क्षेत्र

(Areas of Psychological Experiments)

प्रयोगात्मक आख्या का लिखना

Writing an Experimental Report

प्रयोगात्मक मनोविज्ञान (Experimental Psychology) के विद्यार्थी को जहाँ प्रयोग करने की विधि और तकनीक (Technique) को सीखना आवश्यक होता है, वहाँ प्रयोगात्मक आख्या (Experimental Psychology) को लिखने की विधि को भी सीखना आवश्यक होता है। सामान्यतः प्रयोगात्मक मनोविज्ञान के छात्र का उद्देश्य, अपने प्रयोग के माध्यम से किसी नवीन सिद्धान्त की खोज करना अथवा पूर्व स्थापित सिद्धान्तों और तथ्यों (Facts) की नवीन व्याख्या प्रस्तुत करना नहीं होता। उसका उद्देश्य तो यह सीखना होता है कि प्रयोगशाला में किसी मनोवैज्ञानिक प्रयोग को कैसे किया जाता है? उसमें किस विधि (Method) और तकनीक (Technique) का उपयोग किया जाता है, यह सीखना उसका मुख्य प्रयोजन होता है, तभी वह स्वतन्त्रतापूर्वक किसी मनोवैज्ञानिक प्रयोग को प्रयोगशाला में कर सकता है। जैसे विज्ञान (Science) का प्रयोगकर्त्ता, प्रयोग करते समय प्रयोगशाला में ही प्रयोग का उद्देश्य, सहायक सामग्री, विधि, तकनीक, निरीक्षण तालिका, और निष्कर्ष आदि लिखता जाता है, वैसे ही प्रयोगात्मक मनोविज्ञान के विद्यार्थी को भी, चाहे वह बी.ए., एम.ए., बी.एड. या एम.एड. का हो, ऐसी ही प्रयोगात्मक आख्या (Experimental Report) लिखने की जानकारी प्राप्त करनी चाहिए। जब प्रयोगकर्त्ता अपने प्रयोग के निष्कर्ष अथवा परिणाम (Result) से सन्तुष्ट हो जाता है तो वह अपने प्रयोग की आख्या (Report) को अन्य लोगों के लाभ के लिए किसी पत्रिका में प्रकाशित होने के लिए भेज देता है। इससे अन्य लोग भी उसी विधि, तकनीक या प्रणाली का अनुसरण करके उस प्रयोग की सत्यता की परख करते हैं। कभी-कभी वे (पाठकगण) अपनी नई विधि और तकनीक की खोज करके वही प्रयोग दोहराने का प्रयत्न करते हैं।

बी.ए., एम.ए., बी.एड. या एम.एड. के विद्यार्थी स्वतन्त्रतापूर्वक आवश्यक प्रयोग करके किसी निष्कर्ष पर पहुँच सकें उनके लिए आवश्यक है कि वे प्रयोग

की प्रयोगात्मक आख्या (Experimental Report) को भी लिखना सीखें। कुछ प्रयोगों की प्रकृति (Nature) को समझाने से पहले हम यहाँ यह समझाना आवश्यक समझते हैं कि प्रयोगात्मक आख्या (Experimental Report) को लिखने का ढंग क्या होता है? आख्या के अग्रलिखित तीन भाग होते हैं—

(1) भूमिका (Introduction),
(2) प्रयोगात्मक अभिकल्प (Experimental Design),
(3) परिणाम (Results)।

भूमिका (Introduction)

भूमिका के अन्तर्गत हम निम्नलिखित उप-शीर्षकों (Sub-Titles) को रखते हैं—

1. प्रयोग का शीर्षक (Title of the Experiment),
2. दिनांक (Date),
3. दिवस (Day),
4. समय (Time),
5. प्रयोग की अवधि (Duration of the Experiment),
6. विषयी का नाम, आयु, लिंग, कक्षा और संस्था (Name of the Subject with his age, sex, class and institution),
7. विषयी की सामान्य दशा (General Condition of the Subject),
8. समस्या : प्रयोग का प्रयोजन संक्षेप में वर्णन किया जाए (The Problem: the purpose of the experiment should be stated briefly)।

आयु (Age)

विषयी (प्रयोग में प्रयुक्त व्यक्ति : Subject) की आयु के सम्बन्ध में पूरी जानकारी रखना आवश्यक है, क्योंकि यह बहुत से प्रयोगों में आवश्यक कारक माना जाता है। जैसे—आयु के कारण बुद्धि परीक्षण (Intelligence Test), व्यक्तित्व के गुणों का अनुमान लगाने (Estimating Personality Traits), तथा अन्य कई प्रयोगों में आयु-भेद के कारण इनके परिणाम भी भिन्न हो जाते हैं। यदि कोई प्रयोग किसी एक आयु-वर्ग (Age Group) पर किया जाए तो हमें समूह या वर्ग के सभी सदस्य समान आयु के लेने होंगे। आयु के अन्तर के अनुसार व्यक्ति के मानसिक गुणों और क्षमताओं में अन्तर आ जाता है। मानसिक प्रतिमाओं (Mental Imageries), अवधान के आयाम (Span), विभाजन (Division), तात्कालिक

स्मृति (Immediate Memory), प्रयास एवं भूल द्वारा सीखना (Learning by Trial and Error) तथा अन्य मनोवैज्ञानिक कारकों (Psychological Factors) में आयु के बदलने से पर्याप्त अन्तर आ जाता है। इसलिए प्रयोगकर्त्ता के लिए आवश्यक है किं वह विषयी (Subject) की आयु पर विशेष ध्यान दे और उसका उल्लेख करे।

लिंग (Sex)

लिंग-भेद (Sex Difference) के फलस्वरूप बहुत से मनोवैज्ञानिक गुणों (Psychological Traits) में अन्तर आ जाता है। यदि प्रयोग की आख्या (Report) तैयार करते समय लिंग का स्पष्टीकरण न किया जाए तो प्रयोग का निष्कर्ष शुद्ध नहीं माना जायेगा। इसलिए आख्या में विषयी (Subject) के लिंग का उल्लेख अवश्य किया जाए।

कक्षा (Class)

मनोवैज्ञानिक दृष्टिकोण से विषयी (Subject) का वर्ग उसके शैक्षिक स्तर (Educational Standard) तथा शैक्षिक उपलब्धि (Educational Achievement) का सूचक होता है। शैक्षिक योग्यता से उन्नत विषयी पर प्रयोग करने से परिणाम अच्छे निकलते हैं। इसलिए विषयी (Subject) की कक्षा (Class) का उल्लेख भी आख्या में करना चाहिए।

सामान्य दशाएँ : शारीरिक एवं मानसिक (General Conditions : Physical and Mental)

प्रयोग में विषयी (Subject) की शारीरिक और मानसिक दशाएँ प्रयोग के निष्कर्ष अथवा परिणाम को बहुत प्रभावित करती हैं। अतः प्रयोग करते समय देखा जाए कि विषयी (Subject) शारीरिक और मानसिक दृष्टि से थका न हो और उसे कोई शारीरिक और मानसिक कष्ट न हो। जैसे—सिरदर्द होना, ज्वर होना, दाँत में दर्द होना, ठण्ड का प्रभाव होना, कोई मानसिक चिन्ता होना आदि बातें विषयी को प्रयोग के निष्कर्ष की दृष्टि से अपसमायोजित कर देती हैं और प्रयोग सफल नहीं होता।

परिकल्पना (Hypothesis)

प्रयोगात्मक कार्य की प्रकृति को ध्यान में रखते हुए प्रयोगकर्त्ता प्रयोग के प्रारम्भ करने से पहले कोई परिकल्पना (Hypothesis) कर सकता है। यदि वह प्रयोग

में किसी गुण (Trait) या कारक (Factor) की उपस्थिति या अनुपस्थिति का अनुमान लगाता है तो उसे प्रयोग करने से पहले यह परिकल्पना (Hypothesis) स्पष्ट कर देनी चाहिए कि अमुक गुण या कारक विद्यमान हैं, अथवा विद्यमान नहीं हैं।

आख्या के समापन (Close of the Report) के समय प्रयोगकर्त्ता को स्पष्ट करना चाहिए कि पूर्व निर्धारित परिकल्पना (Hypothesis) सिद्ध हुई या नहीं। प्रयोग करने से पहले प्रयोगकर्त्ता के लिए आवश्यक है कि वह अपनी समस्या के समाधान पर पुनः विचार कर ले। इसी निर्णय या पुनर्विचार पर ही उसके प्रयोग का स्वरूप निर्भर करेगा। यह बात निश्चित है कि प्रयोग करने के बाद परिकल्पना के सम्बन्ध में यह परिणाम अवश्य निकलेगा कि परिकल्पना (Hypothesis) ठीक थी या गलत थी। इसी बात पर कि परिकल्पना त्याज्य (Rejected) है या ग्राह्य (Accepted) है, प्रयोग की उपादेयता का मूल्यांकन हो सकेगा। यह आवश्यक नहीं है कि प्रारम्भ में की गई परिकल्पना (Hypothesis) सदैव सत्य ही सिद्ध हो।

विषयी को निर्देश (Instructions to the Subject)

किसी भी मनोवैज्ञानिक प्रयोग के लिए विषयी (Subject) पूर्णतः नया हो सकता है। इसलिए वह अतिसंवेदनशील (Nervous) हो सकता है। इसलिए उसका पूर्ण सहयोग लेने के लिए आवश्यक है कि विषयी को सभी आवश्यक बातें और प्रक्रियाएँ, जो प्रयोग में व्यवहृत होंगी, भली प्रकार प्रयोग से पहले ही समझा दी जाएँ। यदि ऐसा नहीं किया जाता तो वह प्रयोग के समय उपयुक्त सहयोग नहीं दे पायेगा और उपयुक्त अनुक्रियाएँ (Responses) नहीं दर्शा पायेगा। इससे प्रयोग के परिणाम पर अच्छा प्रभाव नहीं पड़ेगा। अतः विषयी (Subject) को समझा दिया जाए कि वह किसी प्रेरक (Stimulus) के प्रति कैसे अनुक्रिया (Response) दर्शाए। ये आवश्यक निर्देश विषयी को इतने सरल ढंग से दिये जाएँ कि विषयी उन्हें भली प्रकार समझ जाए, भले ही उसने मनोविज्ञान का अध्ययन न किया हो।

ऐतिहासिक एवं सैद्धान्तिक पृष्ठभूमियाँ (The Historical and Theoretical Backgrounds)

प्रयोग की आख्या (Report) के आरम्भ में प्रयोग में प्रयुक्त विविध मनोवैज्ञानिक प्रत्ययों (Concepts) की ऐतिहासिक और सैद्धान्तिक पृष्ठभूमियों को भली प्रकार

स्पष्ट कर देना चाहिए; उदाहरण के लिए, यदि हमें अधिगम (Learning) के किसी पक्ष पर प्रयोग करना है तो हमें आख्या के प्रारम्भ में अधिगम के सिद्धान्तों (Theories) तथा नियमों (Principles) को स्पष्ट करते हुए यह उल्लेख कर देना चाहिए कि किस मनोवैज्ञानिक ने इन अधिगम-सिद्धान्तों या नियमों के सम्बन्ध में अपना योग दिया है। तब यह भी स्पष्ट किया जाए कि इस प्रयोग में किस मनोवैज्ञानिक के किस अधिगम-सिद्धान्त या नियम का अनुसरण किया जा रहा हैं। यहाँ हमने जो प्रयोग आगे स्पष्ट किये हैं उनमें आख्या से पूर्व सिद्धान्तों और नियमों की पृष्ठभूमियाँ नहीं दी हैं। इनका अध्ययन प्रयोगकर्त्ता अपने प्रयोग के सन्दर्भ में 'मनोविज्ञान' या 'प्रयोगात्मक मनोविज्ञान' की किसी पुस्तक से कर सकता है।

प्रयोगात्मक अभिकल्प (Experimental Design)

भूमिका (Introduction) के पश्चात्, जैसा पीछे बताया गया है, प्रयोगकर्त्ता को अपने प्रयोग की आख्या में प्रयोगात्मक अभिकल्प (Experimental Design) का उल्लेख करना चाहिए। इस सम्बन्ध में निम्नलिखित उप-शीर्षकों पर ध्यान देना आवश्यक है—

उपकरण एवं सामग्रियाँ (Instruments and Materials)

प्रयोग में जिन उपकरणों (Instruments) और सामग्रियों (Materials) की आवश्यकता हो उनका उल्लेख किया जाए।

चर (The Variables)

प्रयोगकर्त्ता अपनी आवश्यकता के अनुसार यदि आवश्यक समझे तो स्वतन्त्र चरों (Independent Variables) तथा अधीन चरों (Dependent Variables) का उल्लेख भी कर सकता है।

निर्देश (Instruction)

आख्या (Report) में प्रयोगकर्त्ता विषयी (Subject) को दिये जाने वाले निर्देशों (Instructions) का भी वर्णन करे।

प्रयोग–प्रारम्भिक एवं वास्तविक
(The Experiment—Preliminary and Real)

प्रयोगकर्त्ता को अपने प्रयोग की प्रक्रिया स्पष्ट करनी चाहिए। उसे बताना होगा कि उसके प्रारम्भिक प्रयोग (Preliminary Experiment) की प्रकृति (Nature) क्या होगी? उसे बताना होगा कि वास्तविक प्रयोग से पहले विषयी तथा प्रयोगकर्त्ता को प्रयोग का पूर्वाभ्यास (Pre-Practice) तो नहीं करना पड़ेगा। इसके बाद वास्तविक प्रयोग की प्रक्रिया को स्पष्ट करना आवश्यक होगा।

परिणाम और निष्कर्ष
(Results and Conclusions)

अव्यवस्थित आँकड़े एवं सांख्यिकीय विश्लेषण
(Raw Data and Statistical Analysis)

इस उप-शीर्षक के अन्तर्गत प्रयोगकर्त्ता के लिए आवश्यक है कि वह अव्यवस्थित आँकड़ों को एक तालिका के माध्यम से व्यवस्थित करे। इन अव्यवस्थित आँकड़ों (Raw Data) का सांख्यिकीय विश्लेषण (Statistical Analysis) किया जाए। यदि आवश्यक हो तो प्रयोगों के परिणामों और निष्कर्षों को स्पष्ट करने के लिए लेखा–चित्रों (Graphs) तथा वक्रों (Curves) को भी खींचा जाय।

अन्तर्निरीक्षण आख्या या अन्तर्दर्शन आख्या
(Introspection Report)

प्रयोग करते समय विषयी जिन अनुभवों (Experiences) तथा भावनाओं (Feelings) से अभिभूत हुआ हो उनकी सूचनाएँ भी प्रयोगकर्त्ता को अपनी आख्या में देनी चाहिए। आख्या में यह सूचना 'विषयी के ही शब्दों' में देनी चाहिए। विषयी की ओर से प्राप्त अन्तर्दर्शन आख्या (Introspection Report) प्रयोग का महत्वपूर्ण अंश होती है। प्रयोग के ऐसे बहुत से अंश होते हैं जिन्हें आँकड़ों या संकेतों या शब्दों के माध्यम से स्पष्ट नहीं किया जा सकता, उन्हें विषयी (Subject) ही अपने अनुभवों और भावनाओं के माध्यम से अभिव्यक्त कर सकता है। अतः प्रयोगकर्त्ता को विषयी की आख्या पर निर्भर रहना पड़ता है। इस 'आख्या' को प्रयोग के परिणामों तथा निष्कर्षों के स्पष्टीकरण के लिए वाद-विवाद का आधार बनाया जा सकता है।

निरीक्षण (Observation)

कुछ मनोवैज्ञानिक प्रयोगों में विषयी (Subject) की क्रियाओं, त्रुटियों (Errors), आसनों (Postures), परिवर्तित हावभावों (Changing Facial Expressions), मुद्राओं आदि का गहन निरीक्षण करना पड़ता है। इन्हीं के माध्यम से किसी निष्कर्ष पर पहुँचा जा सकता है। ऐसे निरीक्षणों के उल्लेख से प्रयोग के परिणामों, निष्कर्षों आदि के निर्धारण में भारी सहायता मिलती है। अतः ऐसे निरीक्षणों का आख्या में स्पष्ट उल्लेख होना चाहिए।

नियन्त्रण और सावधानियाँ (Controls and Precautions)

विषयी (Subject) से सम्बन्धित उन कारकों पर, जो विषयी को प्रभावित करते हों और प्रयोग में बाधा डालते हों, नियन्त्रण न रखा जाए तो प्रयोग सफल नहीं हो पाता। अतः ऐसे कारकों (Factors) के नियन्त्रण तथा सावधानियों (Precautions) को व्यवहार में लाने की बहुत आवश्यकता है। इस सम्बन्ध में निम्नलिखित बातों पर ध्यान देना होगा—

1. प्रयोगात्मक स्थल, भवन तथा वातावरण पूर्णतः शान्त और निर्विघ्न हो।
2. यदि प्रयोग में प्रयुक्त किसी वस्तु पर प्रकाश अभिकेन्द्रित करना हो तो उसे इस प्रकार अभिकेन्द्रित करें कि विषयी की आँखों पर उस प्रकाश का कोई प्रभाव न पड़े।
3. यदि विषयी के सामने कोई 'ध्वनि' उत्पन्न करनी हो तो इसका वेग (Speed) तथा तीव्रता (Pitch) समान रहे। इस समानता (Uniformity) के लिए ध्वनि नियामक (Metronome) का उपयोग करना चाहिए। विराम घड़ी (Stop Watch) इस नियामक के साथ चालू की जाए और उपयुक्त क्षण आते ही इसे बन्द कर दिया जाए।
4. यदि प्रयोग का प्रयोजन विषयी की थकान (Fatigue) का अध्ययन करना न हो तो विषयी को कुछ क्षणों या मिनटों का विश्राम दे देना चाहिए जिससे विषयी की थकान एक अवरोधक कारक न बन जाए।
5. यदि प्रयोग के बीच विषयी को कोई शब्द-सूची या अन्य वस्तुएँ दिखानी हों तो उन्हें प्रयोग करने से पहले विषयी को बिल्कुल न दिखाया जाए।
6. 'विषयी' के सामने प्रयोग के परिणाम को स्पष्ट न किया जाए। ऐसा करने से प्रयोग के बीच 'विषयी' द्वारा दर्शाये जाने वाली अनुक्रियाएँ (Responses) प्रभावित हो जायेंगी और वांछित प्रयोगात्मक परिणाम भी शुद्ध नहीं होंगे।

अध्याय 1

संवेदना
(Sensation)

- ध्वनियों का स्थानीयकरण (Localization of Sounds)
- त्वचा पर किसी बिन्दु के दबाव का पूर्ण स्थानीयकरण (Absolute Localization of a Point on Skin)
- रंगान्धता (Colour Blindness)
- वर्ण-मेल या रंगों का मेल (Colour Mixing)
- रंग-तीव्रता (Colour Acuity)
- रंग-विरोधिता (Colour Contrast)
- समकालिक रंग विरोधिता (Simultaneous Colour Contrast)
- संवेदना-बिन्दु की स्थानिक माप-सीमाओं की विधि द्वारा (Spatial Threshold by Method of Limits)
- उठाये गये भार के लिए विभेदक अनुभूति का निर्धारण (Determination of Differential Threshold for Lifted Weight)
- स्पर्शानुभूति-अभिसूचक (Aesthesiometric Index)

प्रयोग 1
Experiment-1
ध्वनियों का स्थानीयकरण
(Localization of Sounds)

दिनांक (Date)...................... दिवस (Day)...................... समय (Time)............

प्रयोग की अवधि (Duration of the Experiment)..

विषयी का नाम (Name of the Subject)...
आयु (Age)......................... लिंग (Sex).................... कक्षा (Class)................
विषयी की सामान्य दशा (His General Condition)..
संस्था का नाम (Name of the Institution)...

उद्देश्य (Aim)

समतलीय स्तर (Horizontal Level) पर विभिन्न दशाओं में विविध ध्वनियों के स्थानीयकरण (Localization) की शुद्धता का पता लगाना।

उपकरण और सामग्री (Instruments and Materials)

एक छड़ी (Cane Stick), एक चाक वृत्त (Chalk Circle)।

विधि (Method)

विषयी चाक से खींचे गये घेरे (Circle) में आँखें बन्द करके और सिर सीधा करके शान्त बैठ जाता है। प्रयोगकर्त्ता छड़ी को सीधा खड़ा करके अपना अँगूठा छड़ी के ऊपरी सिरे पर जमाता है। वह छड़ी से ऐसी ध्वनियाँ पैदा करता है कि लगता है वे ध्वनियाँ उसके अँगूठे से उत्पन्न हो रही हैं। सीमाओं की विधि के अनुसार ये ध्वनियाँ दायें, बाएँ, आगे, पीछे से उत्पन्न की जाती हैं। प्रत्येक बार ध्वनियों को अवरोह क्रम (Descending Order) में उत्पन्न किया जाता है। 'तैयार' की सूचना देकर पहले ध्वनि 0° (शून्य अंश) पर, फिर छड़ी को 30° पर टेढ़ा करके ध्वनि पैदा की जाती है। यह ध्वनि-उत्पादन आरोह क्रम (Ascending Order) में भी पैदा की जाती है। प्रत्येक प्रयोग तीन बार दोहराया जाता है। इस प्रकार कुल 8 बार ऐसा ध्वनि-उत्पादन तथा अनुक्रिया का निरीक्षण किया जाता है। प्रत्येक प्रयोग के बाद विषयी और प्रयोगकर्त्ता अपना स्थान बदल लेते हैं।

प्रयोग के दूसरे भाग में ध्वनियों के स्थानीयकरण का परीक्षण मध्यम सतह (Mediam Plane) तथा बलिकाय सतह (Coronal Plane) पर भी ध्वनि उत्पन्न करके किया जाता है। प्रयोगकर्त्ता बलिकाय सतह (Coronal plane) पर समतल स्थान ढूँढता है और 45° पर छड़ी रखकर ध्वनि पैदा करता है। वह प्रत्येक स्थान पर अनुक्रमहीन (Random) क्रम में पाँच ध्वनियाँ पैदा करता है। विषयी इन ध्वनियों को सुनकर ध्वनियों का स्थान इंगित करता है। इस प्रकार विषयी द्वारा ध्वनियों के स्थानीयकरण को लिख लिया जाता है।

निरीक्षण (Observation)

अलग-अलग कोणों और दिशाओं में अलग-अलग तलों पर उत्पन्न ध्वनियों के स्थानीयकरण को (जो विषयी ने बताये हैं) लिख लिया जाए।

निष्कर्ष (Conclusion)

इन्हीं निरीक्षणों के आधार पर ध्वनियों के स्थानीयकरण (Localization) की शुद्धियों और अशुद्धियों का पता लगाया जाए।

प्रयोग 2

Experiment-2

त्वचा पर किसी बिन्दु के दबाव का पूर्ण स्थानीयकरण (Absolute Localization of Point on Skin)

दिनांक (Date)...................... दिवस (Day)...................... समय (Time)............
प्रयोग की अवधि (Duration of the Experiment)..
विषयी का नाम (Name of the Subject)..
आयु (Age)...................... लिंग (Sex)...................... कक्षा (Class)......................
विषयी की सामान्य दशा (His General Condition)..
संस्था का नाम (Name of the Institution)..

उद्देश्य (Aim)

हाथ के पृष्ठतल पर दबाव के पूर्ण स्थानीयकरण के बिन्दु का पता लगाना।

उपकरण एवं सामग्रियाँ (Instruments and Materials)

लकड़ी के दो नुकीली छड़ों के टुकड़े, पैमाना, मीट्रोनॉम (Metronome), जो 60° पर स्थिर हो, विभाजकों (Dividers) का एक जोड़ा, रेखांकन (Sketches) के लिए कागज के टुकड़े।

विधि (Method)

इस प्रयोग में प्रयोगकर्त्ता (Experimenter) विषयी के बायें हाथ के दो रेखाचित्र (समान लम्बाई में) बना लेता है। इन रेखाचित्रों (Sketches) में हाथ की नाड़ियाँ

(Nerves) तथा अन्य प्राकृतिक रचनाएँ स्पष्ट देखी जा सकती हैं। इन रेखाचित्रों में से किसी एक रेखाचित्र पर दबाव डालने के लिए दस बिन्दु अंकित कर लिये जाते हैं और उन पर 1, 2, 3, 4....10 की क्रमिक संख्याएँ लिख दी जाती हैं। विषयी को यह रेखाचित्र नहीं दिखाया जाता। दूसरा रेखाचित्र विषयी के सामने रख दिया जाता है। प्रयोग करने से पहले विषयी के दायें हाथ के पृष्ठतल पर नुकीली छड़ से दबाव डालकर उसे अनुभव करने का कुछ अभ्यास कराया जाता है।

अब विषयी निर्देशानुसार अपनी आँखें बन्द करके कुर्सी पर आराम से बैठ जाता है और अपना बायाँ हाथ पृष्ठतल ऊपर करके मेज पर रख लेता है। अब प्रयोगकर्त्ता नुकीली छड़ों की नोक से उन बिन्दुओं पर दबाव डालता है जो उसके पहले रेखाचित्र पर अंकित किये हैं। दबाव डालते समय नुकीली छड़ शीघ्रता से हटा ली जाती है। अब विषयी अपनी आँखें खोलता है और रेखाचित्र देखकर बताता है कि प्रयोगकर्त्ता ने नुकीली छड़ से किस बिन्दु पर दबाव डाला था। अब प्रयोगकर्त्ता उन बिन्दुओं पर चिन्ह लगाता जाता है जिनकी ओर विषयी संकेत करता है। अब दोनों रेखाचित्र एक-दूसरे के ऊपर रख दिये जाते हैं और पता लगाया जाता है कि विषयी ने दबाव बिन्दुओं को किस सीमा तक सही बताया है। जो त्रुटियाँ (Errors) मालूम होती हैं उनकी सूचना विषयी को नहीं दी जाती। विषयी जब भी बिन्दुओं के सम्बन्ध में अपना निर्णय देता है उसे लिख लिया जाता है और अंकित कर लिया जाता है। पाँच प्रयोग करने के बाद प्रयोगकर्त्ता और विषयी अपना स्थान बदल लेते हैं।

निरीक्षण (Observation)

उद्दीप्त बिन्दु	मि. मी. में त्रुटियाँ	त्रुटियों की दशा	शुद्धता का मूल्यांकन	प्रतिबिम्ब (प्रतिमा)
1.	–	केन्द्रीय (Central) आदि।	अधिक (Much)	
2.	–		साधारण (Ordinary)	
3.	–		अधिक नहीं (Not much)	

सावधानियाँ (Precautions)

विषयी की आँखें पूर्णतः बन्द रखी जानी चाहिए।

निष्कर्ष (Conclusion)

निरीक्षण के फलस्वरूप प्राप्त परिणामों को लिखकर पता लगाना।

प्रयोग 3

Experiment-3

रंगान्धता

(Colour Blindness)

दिनांक (Date)...................... दिवस (Day)...................... समय (Time)............
प्रयोग की अवधि (Duration of the Experiment)..
विषयी का नाम (Name of the Subject)..
आयु (Age)...................... लिंग (Sex)...................... कक्षा (Class)......................
विषयी की सामान्य दशा (His General Condition)..
संस्था का नाम (Name of the Institution)..

उद्देश्य (Aim)

रंगान्धता (Colour Blindness) का पता लगाना और रंगान्धता की प्रतिक्रिया (Reaction) को समझाना।

उपकरण और सामग्रियाँ (Instruments and Materials)

विद्यमान वस्तुओं के अनुसार इनमें अन्तर आता रहता है—

(1) रंग को मिलाने वाला (Colour Mixer)
(2) स्टिलिंग तालिकाएँ (Stilling Tables)
(3) ऊन-परीक्षण (Wool Test)
(4) नागल कार्ड परीक्षण (Nagel Card Test)

विधि (Method)

(1) **रंग को मिलाने वाला** (Colour Mixer)—इस यन्त्र में रंगान्धता से पीड़ित व्यक्ति को दो रंगों में समानता दिखेगी। जैसे कि वह हरे और लाल रंगों में समानता देखेगा; परन्तु सामान्य दृष्टि वाले व्यक्ति को एक तीसरे रंग-चक्र (Colour Disc) की आवश्यकता होगी तभी वह दोनों रंगों का मेल देख सकता है। रंगान्ध (Colour Blind) व्यक्ति हरे को काले या सफेद रंग के समान, या लाल रंग को काले या सफेद रंग के समान देखेगा। नीचे रंगान्धता (Colour Blindness) को मापने का ढंग दिखाया गया है—

360° हरा = 249° काला + 111° सफेद
360° लाल = 342° काला + 18° सफेद
360° लाल = 196° हरा + 164° काला
360° हरा = 198° लाल + 279° काला + 81° सफेद

(2) **स्टिलिंग तालिकाएँ** (Stilling Tables)—विषयी को स्टिलिंग तालिकाएँ दिखाई जाती हैं और पूछा जाता है कि वह प्रत्येक पंक्ति में कौन-से अंक (Figures) देखता है। उनकी पृष्ठभूमि में वृत्तों से सम्बन्धित भरे रंग भी पूछे जाते हैं।

(3) **ऊन परीक्षण** (Wool Test)—कुछ ऊन के तन्तु (Fibres) धूप में क्रमानुसार फैला दिये जाते हैं। अब विषयी को ऊन का एक तन्तु दिया जाता है और कहा जाता है कि वह उसी रंग के ऊनी तन्तु को फैले हुए तन्तुओं में से पहचाने। प्रयोगकर्त्ता विषयी को उस तन्तु के रंग का नाम न बताए। विषयी जिन तन्तुओं को दिये गये तन्तु के रंग के अनुसार चुने या न चुने, उसका एक अभिलेख (Record) रखा जाए। इस परीक्षण में निम्नलिखित रंगों के ऊनी तन्तु (Fibres) प्रयोग में लाये जाते हैं—

(1) गहरा लाल (Deep Red)
(2) गहरा हरा (Deep Green)
(3) हल्का लाल (Light Red)
(4) हल्का हरा (Light Green)
(5) भूरा (Brown)
(6) हल्का नीला (Light Blue)

रंगान्धता की मात्रा (Degree) के अनुसार विषयी ऊन के रंगों के चुनाव में त्रुटियाँ करेगा।

(4) **नागल कार्ड परीक्षण (Nagel Card Test)**—अच्छे प्रकाश में 16 कार्ड फैलाकर रख दिये जाते हैं। ये कार्ड रंगीन धब्बों वाले होते हैं। विषयी से निम्नलिखित रंगीन धब्बों वाले कार्डों को चुनने के लिए कहा जाता है—

(1) लाल धब्बे वाले (Red Spots)
(2) केवल लाल धब्बे वाले (Only Red Spots)
(3) केवल हरे धब्बे वाले (Only Green Spots)
(4) केवल भूरे धब्बे वाले (Only Brown Spots)

यदि पहले निर्देश के उत्तर में विषयी 11वाँ, 12वाँ कार्ड उठाता है तो वह रंगान्ध है। शेष तीन निर्देशों के उत्तर में केवल पहला कार्ड ही उपयुक्त है। गलत कार्ड उठाने से विषयी की रंगान्धता और उसकी मात्रा (Degree) का पता लग जाता है।

निरीक्षण (Observation)

विषयी की क्रियाओं का बारीकी से निरीक्षण किया जाये और उसका अभिलेख रखा जाए।

सावधानी (Precaution)

विषयी को सभी निर्देश भली प्रकार पहले ही दे दिये जाएँ।

निष्कर्ष (Conclusion)

उस रंग (Colour) को लिख लिया जाए जिसके लिए विषयी वर्णान्ध है।

प्रयोग 4

Experiment-4

वर्ण-मेल या रंगों का मेल (Colour Mixing)

दिनांक (Date)................... दिवस (Day)................... समय (Time)...........
प्रयोग की अवधि (Duration of the Experiment)...
विषयी का नाम (Name of the Subject)...
आयु (Age)...................... लिंग (Sex)...................... कक्षा (Class)...................
विषयी की सामान्य दशा (His General Condition).......................................
संस्था का नाम (Name of the Institution)...

उद्देश्य (Aim)

भूरा रंग (Brown Colour) बनाने के लिये प्रयुक्त नीले और पीले या हरे और

लाल रंगों का अनुपात जानना। इन रंगों के मेल से बने भूरे रंग की तुलना काले और सफेद रंगों के बने रंग के साथ करना।

उपकरण और सामग्रियाँ (Instruments and Materials)

मोटर से चलने वाला या हाथ से घुमाकर रंगों का मेल करने वाला मिक्सर (Mixer) : नीले, पीले, लाल और हरे रंगों की चकतियाँ (Discs); काले और सफेद रंगों की छोटी चकतियाँ (Discs); कोण नापने वाला यन्त्र (Protractor); पृष्ठभूमि (Background) के लिए हल्के भूरे रंग का पर्दा (Screen)।

विधि (Method)

प्रयोगकर्त्ता अपने हाथ में नीली और पीली या लाल और हरी चकतियाँ (Discs) ले लेता है। वह उन्हें एक-दूसरे के ऊपर इस प्रकार रखता है कि दोनों रंगों के समान भाग दीखते रहें और एक-दूसरे पर रखे रंग घूमने वाली चकती (Rotating Disc) से दूर रहे। रंगीन डिस्क को घूमने वाली डिस्क पर रखकर मशीन को घुमा दिया जाता है। जब घूमने वाला पहिया (Wheel) इतनी तीव्र गति में होता है कि देखने में वह गतिहीन या स्थिर लगने लगता है तब प्रयोगकर्त्ता विषयी से पूछता है कि रंगहीन भूरे रंग लाने के लिए वह कौन-सी ओर परिवर्तन करे। यदि आवश्यक हो तो कोई तीसरी रंग वाली चकती भी लगायी जा सकती है। जब विषयी कह दे कि अब उसे भूरा रंग (Brown Colour) दीखने लगा है तब कोण नापने वाले यन्त्र (Protractor) से रंगों के अंशों को नाप लिया जाता है। अब भूरे (Brown) तथा सफेद रंग की चकतियाँ (Discs) पहले जैसे अनुपात में पहले की ही भाँति एक-दूसरे के ऊपर रखकर इतनी घुमायी जाती हैं कि दोनों भूरे रंग (Grey Colours) समान नहीं दीखने लगते।

निरीक्षण (Observation)

प्रत्येक प्रयोग का परिणाम तालिका में पूर्ववत् लिखा जाए।

सावधानी (Precaution)

प्रयोगकर्त्ता शीघ्रता न करे विषयी जब रंगों को देखकर सन्तुष्ट हो जाए तभी निरीक्षण के फलस्वरूप अभिलेख तैयार करे। मशीन को भी तभी घुमाना बन्द करे जब विषयी रंग की पहचान से सन्तुष्ट हो जाए।

निष्कर्ष (Conclusion)

पहचाने गये रंग का नाम, और संख्या, त्रुटियाँ आदि को मिलाकर निष्कर्ष निकाला जाए कि विषयी रंगान्धता में कितना है।

प्रयोग 5

Experiment-5

रंग तीव्रता

(Colour Acuity)

दिनांक (Date)................ दिवस (Day)................ समय (Time)..........
प्रयोग की अवधि (Duration of the Experiment)..
विषयी का नाम (Name of the Subject)..
आयु (Age)................ लिंग (Sex)................ कक्षा (Class)................
संस्था का नाम (Name of the Institution)..

उद्देश्य (Aim)

रंग का स्रोत (Threshold) का पता लगाना, और दो समान रंगों के बीच पाये जाने वाले रंगों की पहचान कराकर उसकी संख्या का पता लगाना।

उपकरण और सामग्रियाँ (Instruments and Materials)

रंग को मिलाने वाला यन्त्र (Colour Mixer), भूरी पृष्ठभूमि (Brown Background), बड़ी और छोटी रंगों की चकतियाँ (Colour Discs)।

विधि (Method)

रंग-स्रोत (Colour Threshold)—प्रयोगकर्त्ता बड़े आकार वाली नीले और काले रंग की अलग-अलग दो चकतियाँ (Discs) ले लेता है। वह नीली चकती को इस प्रकार घुमाता है कि नीला रंग धीरे-धीरे गायब होने लगता है और विषयी कहता है कि उसे नीला रंग नहीं दिख रहा है। तब चकती के नीले रंग वाले भाग को

माप लिया जाता है। अब वह उसी नीली चकती को इस प्रकार घुमाता है कि विषयी नीला रंग ठीक से देखने लगता है। अब पुनः नीले रंग के भागों को माप लिया जाता है। अब पहली और दूसरी दोनों मापों का औसत ज्ञात कर लिया जाता है। यही प्रयोग नये विषयी (Subject) के साथ दोहराया जाता है। इसी प्रकार प्रयोग सफेद रंग के साथ भी किया जाता है। यही प्रयोग अन्य रंगों के साथ करके निष्कर्ष की पुष्टि हो जाती है।

पहचाने गये रंगों की संख्या (Number of Colours Recognisable)—एक कलर मिक्सर पर लाल और नारंगी (Orange) रंग की दो बड़ी और दो छोटी चकतियाँ (Discs) लगायी जाती हैं। प्रारम्भ में दोनों चकतियों पर लाल रंग ही दिखाया जाता है। इसके बाद छोटी लाल चकती के स्थान पर नारंगी रंग की चकती लगा दी जाती है। अब चकतियाँ घुमायी जाती हैं। जब विषयी रंगों को पहचान लेता है तो नारंगी रंग के अनुपात को माप लिया जाता है। इसी समय कलर मिक्सर में बड़ी चकती लगा दी जाती है और प्रयोग को दोहराया जाता है। ऐसा तब तक किया जाता है जब तक विषयी बड़ी चकतियों के रंगों के भेद को पहचान नहीं लेता है। यह प्रयोग तब तक चलाया जाता है जब तक विषयी को दोनों चकतियाँ नारंगी दीखने लगती हैं।

इस प्रकार अलग-अलग रंगों के साथ प्रयोग करके यह पता लगा लिया जाता है कि विषयी रंगों की पहचान ठीक से कर सकता है।

निरीक्षण (Observation)

प्रत्येक प्रयोग के प्राप्त परिणाम को तालिका बनाकर लिखना चाहिए।

सावधानी (Precaution)

प्रयोगकर्त्ता बहुत शीघ्रता न करे। वह तब तक प्रयोग रोके रखे जब तक विषयी रंगों की पहचान से सन्तुष्ट न हो जाए और वह शुद्ध उत्तर दे सके।

निष्कर्ष (Conclusion)

पहचाने गये (Recognised) रंगों के नाम और संख्या रंगों के स्रोतों के साथ-साथ लिखते रहना चाहिए। तभी उपयुक्त निष्कर्ष प्राप्त हो सकता है।

प्रयोग 6
Experiment-6
रंग-विरोधिता
(Colour Contrast)

दिनांक (Date)………………… दिवस (Day)………………… समय (Time)…………
प्रयोग की अवधि (Duration of the Experiment)…………………………………
विषयी का नाम (Name of the Subject)……………………………………………
आयु (Age)…………………… लिंग (Sex)………………… कक्षा (Class)……………
विषयी की सामान्य दशा (His General Condition)…………………………………
संस्था का नाम (Name of the Institution)…………………………………

उद्देश्य (Aim)

निरंतर आने वाले रंगों की विरोधिता (Colour Contrast) तथा पश्चात्-प्रतिबिम्बों (After Images) की प्रतिक्रिया (Reaction) का पता लगाना।

उपकरण और सामग्री (Instruments and Materials)

मेज़ के लिए हल्के भूरे (Brown) रंग का कागज; W के आकार के रंगीन कागजों के टुकड़े, पृष्ठभूमि (Background) के लिए आयताकार कागज का टुकड़ा; रंग जिनका प्रयोग में उपयोग करना है; जैसे लाल पर हरा, सफेद पर काला, पीले पर नीला, वायलेट पर नारंगी आदि। इन्हें उल्टे क्रम में भी लगाया जा सकता है।

विधि (Method)

विषयी मेज पर रखे हलके भूरे रंग के कागज पर एक चिन्ह लगा देता है। अब प्रयोगकर्त्ता लाल पृष्ठभूमि वाले W के आकार के कागज को इस भूरे कागज पर इस प्रकार रखता है कि विषयी द्वारा लगाये गये चिन्ह पर W का चिह्न आ जाता है। विषयी 3 से 15 सेकेण्ड तक देखता रहता है। 15 सेकण्ड बाद प्रयोगकर्त्ता उस रंगीन (लाल) कागज को हटा देता है। अब विषयी के ध्यान में रंगों की पश्चात्-प्रतिमा (After Image) भूरे कागज पर बनी रहती है। अब विषयी प्रयोगकर्त्ता को बताता है कि वह भूरे कागज पर कैसा रंग देख रहा है। विषयी को धीरे-धीरे पश्चात्-प्रतिबिम्ब (After Image) दीखनी बन्द हो जाती है। इस प्रकार प्रयोग दोहराते हुए दीखने (Seeing) तथा न दीखने (Not seeing) को

लिख लिया जाता है। अन्य रंगों के साथ भी ऐसा ही प्रयोग दोहराया जाता है। प्रत्येक प्रयोग के बाद प्रयोगकर्त्ता और विषयी आपस में स्थान बदल लेते हैं।

निरीक्षण (Observation)

उद्दीपन-रंग (Colour of Stimulus)	पश्चात्-प्रतिबिम्ब का रंग (Colour of After Image)	पश्चात्-प्रतिबिम्ब की प्रकृति (Nature of After Image)	ध्यान हटाने की अवधि (Period of Distraction)	देखने का समय (Time of Seeing)
	पूर्ण या अपूर्ण			तत्काल या कुछ समय पश्चात्

सावधानी (Precaution)

प्रयोग की प्रक्रिया विषयी को भली प्रकार समझा दी जाए।

निष्कर्ष (Conclusion)

प्रयोग के परिणाम को लिखना।

प्रयोग 7
Experiment-7
समकालिक रंग-विरोधिता
(Simultaneous Colour Contrast)

दिनांक (Date)………………… दिवस (Day)………………… समय (Time)…………
प्रयोग की अवधि (Duration of the Experiment)……………………………………………
विषयी का नाम (Name of the Subject)………………………………………………………
आयु (Age)………………… लिंग (Sex)………………… कक्षा (Class)…………………
संस्था का नाम (Name of the Institution)…………………………………………

उद्देश्य (Aim)

समकालिक रंग-विरोधिता (Simultaneous Colour Contrast) की क्रिया (Action) का पता लगाना।

उपकरण एवं सामग्रियाँ (Instruments and Materials)

लाल, हरे, नीले, पीले, काले और सफेद रंग के छः वर्गाकार कागज के टुकड़े; काले, भूरे (Brown) और सफेद कागजों के आयताकार टुकड़े; वर्गाकारों (Squares) को ढँकने के लिए, टिश्यू (पतंगी) कागज (Tissue Papers); मेज को ढँकने के लिए हल्के भूरे रंग (Light Brown Colour) के कागज।

विधि (Method)

प्रयोगकर्त्ता वर्गाकार रंगीन कागजों को उठा लेता है और आयताकार भूरे रंग के कागज को मेज के बीचों-बीच बिछा देता है और उसे पतंगी कागज (Tissue Paper) से ढक देता है। संकेत पाते ही विषयी अपनी दृष्टि आयताकार भूरे कागज पर टिका देता है। अब विषयी से पूछा जाता है कि वह कौन-सा रंग देख रहा है और अधिक समय तक देखते रहने से क्या रंग में कोई परिवर्तन आता है। यही प्रयोग काले और सफेद रंग के आयताकार कागजों के साथ भी किया जाता है। अब एक बड़ा काला कटाव का चिह्न सफेद कागज पर लगा दिया जाता है ताकि विषयी यह बता सके कि उसे रंग में कोई परिवर्तन दीखता है या नहीं। यह प्रयोग सभी वर्गों के साथ किया जाता है। प्रत्येक प्रयोग के बाद प्रयोगकर्त्ता और विषयी अपना स्थान आपस में बदलते रहते हैं।

अब प्रयोगकर्त्ता हरे और लाल वर्गाकार कागजों को बिल्कुल पास रखता है। अब वह भूरे कटाव का चिह्न (Cross) इन वर्गाकार कागजों पर लगाता है ताकि दोनों समान क्षेत्र को ढक लें। इन्हें एक पतंगी कागज (Tissue Paper) से ढक दिया जाता है। अब विषयी इस पर अपनी दृष्टि जमाता है और पूछने पर बताता है कि उसे रंग में कोई परिवर्तन दीख रहा है अथवा नहीं।

निरीक्षण (Observation)

रंग उद्दीपन (Colour Stimulus)	रंग विरोधिता (Colour Contrast)	लम्बे समय तक देखने का प्रभाव (The Effect of Long Vision Concentration)

सावधानी (Precaution)

प्रक्रिया को पहले भली प्रकार समझ लेना चाहिए।

निष्कर्ष (Conclusion)

प्रयोग से प्राप्त सूचनाओं और परिणामों को ठीक से लिख लिया जाए।

प्रयोग 8
Experiment-8
संवेदना-बिन्दु की स्थानिक माप (सीमाओं की विधि)
Spatial Threshold (Method of Limits)

दिनांक (Date)………………… दिवस (Day)………………… समय (Time)…………
प्रयोग की अवधि (Duration of the Experiment)……………………………………
विषयी का नाम (Name of the Subject)……………………………………………
आयु (Age)…………………… लिंग (Sex)…………………… कक्षा (Class)…………………
विषयी की सामान्य दशा (His General Condition)………………………………
संस्था का नाम (Name of the Institution)……………………………………

उद्देश्य (Aim)

विषयी के अति संवदेनशील बिन्दु की स्थानिक माप (Spatial Threshold) का सीमा-विधि (Method of limit) की सहायता से पता लगाना।

उपकरण और सामग्रियाँ (Instruments and Materials)

एस्थेसियोमीटर (Aesthesiometer), जो 60° पर स्थिर हो, मैट्रोनॉम (Metronome), कलम और पैमाना।

विधि (Method)

विषयी मेज के सामने शान्तिपूर्वक आराम से कुर्सी पर बैठ जाता है। विषयी से

कहा जाता है कि वह अपने दोनों हाथों की ढीली मुट्ठियाँ बाँधकर मेज पर हाथों को रख ले और किसी प्रकार का तनाव या दबाव न डाले। तब उससे अपनी आँखें बन्द रखने को कहा जाता है। अब प्रयोगकर्त्ता विषयी के दोनों हाथों पर समान्तर रेखा (Horizontal Line) खींच देता है और दोनों के बीच एक-एक बिन्दु लगा देता है। पहले प्रयोग बाएँ हाथ पर किया जाता है। विषयी के बाएँ हाथ पर एस्थेसियोमीटर (Aesthesiometer) इस प्रकार लगाया जाता है कि हाथ की रेखा के मध्य-बिन्दु से एस्थेसियोमीटर की दोनों टाँगें समान दूरी पर रहें। एस्थेसियोमीटर हर बार दो सेकण्ड के लिए रखा जाता है जिसकी माप मैट्रोनॉम (Metronome) से कर ली जाती है।

सावधानी (Precaution)

एस्थेसियोमीटर की दोनों टाँगें विषयी के हाथ पर एक साथ समान दूरी पर रखी जायें।

प्रारम्भिक प्रयोग (Preliminary Experiment)

यह प्रारम्भिक प्रयोग विषयी के दायें हाथ के पृष्ठ भाग पर किया जाता है। जब एस्थेसियोमीटर विषयी के हाथ पर 3 मिलीमीटर की दूरी पर रख दिया जाता है तो उसे प्रयोग के लिए तैयार रहने को कहा जाता है। अब आँखें बन्द करके विषयी बताता है कि क्या वह दो बिन्दुओं पर कोई उद्दीपन (Stimulus) अनुभव करता हैं। यदि विषयी ऐसा अनुभव करता है तो एस्थेसियोमीटर को 25 मिलीमीटर की दूरी पर रखकर पुनः प्रयोग किया जाता है। ऐसे प्रयोग एस्थेसियोमीटर को क्रमशः 20, 15, 10 और 5 मिलीमीटर की दूरी पर रख कर तब तक किये जाते हैं जब तक विषयी उद्दीपन (Stimulus) को किसी एक बिन्दु पर अनुभव न करने लगे। जब विषयी दो बार कह देता है कि वह उद्दीपन एक ही बिन्दु पर अनुभव कर रहा है तभी उस बिन्दु को अधिक विश्वस्त माना जाता है। उन दो बिन्दुओं का औसत जिन पर विषयी एक बिन्दु पर संवेदना या उद्दीपन का अनुभव करता है वही संवेदनशील बिन्दु की माप (Threshold) कहलाती है।

यदि प्रयोग की शुरूआत में ही विषयी उद्दीपन या संवेदना का अनुभव एक बिन्दु पर करने लगता है तो प्रयोग 35, 40, 50 और 55 मिलीमीटर की दूरी पर एस्थेसियोमीटर स्थिर करके किया जाता है। यह प्रयोग तब तक किया जाता है जब तक विषयी उद्दीपन (Stimulus) को दो बिन्दुओं पर अनुभव नहीं करने

लगता। अब इन संवेदनशील दो बिन्दुओं के बीच का बिन्दु संवेदनशील बिन्दु की माप (Threshold) होगी।

वास्तविक प्रयोग (Real Experiment)

सीमाओं की विधि (Method of Limits) के अनुसार यह प्रयोग बायें हाथ के पृष्ठ पर किया जाता है। संवेदनशील बिन्दु की माप (Threshold) का पता लगाने के लिए एस्थेसियोमीटर को 10 या इससे अधिक मिलीमीटर की दूरी पर रखा जाता है। प्रत्येक बार एस्थेसियोमीटर की टाँगों की बीच की दूरी एक मिलीमीटर कम कर दी जाती है। जब विषयी एक ही संवेदनशील बिन्दु की अनुभूति दो बार करने लगता है तो अवरोह विधि (Descending Method) को बन्द कर दिया जाता है। अवरोह विधि में जो संवेदनशील बिन्दु मिलता है आरोह विधि (Ascending Method) में एस्थेसियोमीटर को उस बिन्दु से 7 या 8 मिलीमीटर पर रखा जाता है और एस्थेसियोमीटर की टाँगों की दूरी प्रति प्रयोग में एक मिलीमीटर बढ़ा दी जाती है। अब विषयी जिस बिन्दु पर दो बार उद्दीपन (Stimulus) की संवेदना अनुभव करने लगता है वही आरोह विधि की संवेदना-बिन्दु माप (Threshold) कहलाती है। शुद्धता की दृष्टि से अवरोह एवं आरोह क्रम के प्रयोगों को कम से कम 3-3 बाद दोहराया जाता है। इस प्रकार तीनों प्रयोगों में प्राप्त संवेदना-बिन्दुओं के औसत को वास्तविक संवेदना-बिन्दु (Threshold) कहते हैं।

निरीक्षण और गणना (Observation and Calculation)

प्रारम्भिक प्रयोग

क्रम संख्या	निर्धारित दूरियाँ (Prescribed Distances)	परिणाम (Result)
1.	40 मिलीमीटर	दो बिन्दु
2.	35 मिलीमीटर	दो बिन्दु
3.	30 मिलीमीटर	दो बिन्दु
4.	25 मिलीमीटर	दो बिन्दु
5.	20 मिलीमीटर	दो बिन्दु
6.	15 मिलीमीटर	दो बिन्दु

अनुमानित संवेदना-बिन्दु की माप (Estimated Threshold) $= \frac{25+20}{2}$ मिलीमीटर

$= 22.5$ मिलीमीटर

वास्तविक प्रयोग

क्रम संख्या	अवरोह क्रम (Descending Order)		आरोह क्रम (Ascending Order)	
	प्रस्तुत दूरियाँ	**परिणाम**	**प्रस्तुत दूरियाँ**	**परिणाम**
1.	35 मिलीमीटर	दो बिन्दु	16 मिलीमीटर	एक बिन्दु
2.	34 मिलीमीटर	दो बिन्दु	17 मिलीमीटर	एक बिन्दु
3.	33 मिलीमीटर	दो बिन्दु	18 मिलीमीटर	एक बिन्दु
4.	32 मिलीमीटर	दो बिन्दु	19 मिलीमीटर	एक बिन्दु
5.	31 मिलीमीटर	दो बिन्दु	20 मिलीमीटर	एक बिन्दु
6.	30 मिलीमीटर	दो बिन्दु	21 मिलीमीटर	एक बिन्दु
7.	29 मिलीमीटर	दो बिन्दु	22 मिलीमीटर	दो बिन्दु
8.	28 मिलीमीटर	दो बिन्दु	23 मिलीमीटर	दो बिन्दु
9.	27 मिलीमीटर	दो बिन्दु		
10.	26 मिलीमीटर	दो बिन्दु		
11.	25 मिलीमीटर	एक बिन्दु		
12.	24 मिलीमीटर	एक बिन्दु		

संवेदनशील बिन्दु (Threshold) $= \frac{26+21}{2}$ मिलीमीटर

$= 23.5$ मिलीमीटर

अब मान लीजिए हम प्रयोग को दो बार और दोहराते हैं और संवेदना बिन्दु की दूरी क्रमशः 25 मिलीमीटर या 24 मिलीमीटर आती हैं तब

वास्तविक संवेदना-बिन्दु की दूरी (Real Spatial Threshold) =

$\frac{23.5+25+24}{3}$ मिलीमीटर $=$ 24.16 मिलीमीटर

सावधानी (Precaution)

विधि के सभी पक्षों पर ध्यान देना आवश्यक है।

निष्कर्ष (Conclusion)

वास्तविक संवेदना-बिन्दु की दूरी 24.16 मिलीमीटर रही।

प्रयोग 9

Experiment-9

उठाये गए भार के लिये विभेदक अनुभूति का निर्धारण
(Differential Threshold for Lifted Weight)

दिनांक (Date)………………… दिवस (Day)………………… समय (Time)…………
प्रयोग की अवधि (Duration of the Experiment)……………………………………
विषयी का नाम (Name of the Subject)……………………………………………
आयु (Age)………………… लिंग (Sex)………………… कक्षा (Class)…………………
विषयी की सामान्य दशा (His General Condition)……………………………………
संस्था का नाम (Name of the Institution)……………………………………

उद्देश्य (Aim)

सीमाओं की विधि की सहायता से उठाये गये भारों की विभेदक अनुभूति (Differential Threshold) का पता लगाना।

उपकरण और सामग्रियाँ (Instruments and Materials)

50, 52, 54, 56, 58, 60, 62, 64 ग्राम के भार की कुछ वस्तुएँ या भार; मैट्रोनॉम (Metronome); आँखों पर बाँधने के लिए काली पट्टी या काले चश्में (Black Goggles)।

व्यवस्था (Arrangement)

विषयी को आराम के साथ कुर्सी पर बैठा दिया जाता है। वह आँखों पर काली पट्टी बँधवा लेता है अथवा काला चश्मा चढ़ा लेता है। अब विषयी के सामने क्रम से भार रख दिये जाते हैं। मैट्रोनॉम को इस प्रकार व्यवस्थित किया जाता है कि वह एक मिनट में 60 बार टिक-टिक करे।

निर्देश (Instructions)

विषयी को निम्नलिखित निर्देश दिए जाते हैं—

> "जब मैं घण्टी बजाऊँ तुम अपने पास रखे भार को उठाओगे, दूसरी घण्टी बजाने पर उस भार को नीचे रख दोगे। घण्टी बजने पर तुम दूसरा भार उठाओगे और बताओगे कि दूसरा भार पहले की अपेक्षा हल्का है या भारी है।

इस प्रकार तुम्हें कई भार उठाने हैं और उनकी विभेदक भार अनुभूति को बताना है।"

प्रयोग (The Experiment)

उपर्युक्त निर्देश देने के पश्चात् विषयी से पहले आरोह क्रम (Ascending Order) में भार उठवाये जायेंगे। जैसे पहले 50 ग्राम, फिर क्रमशः 52, 54 ग्राम आदि के भार उठवाना। इनके निरीक्षण की तालिका बनाने के बाद भारों को अवरोह क्रम (Discending Order) में उठाने के लिए विषयी को कहा जायेगा। जैसे—पहले 64 ग्राम फिर क्रमशः 62, 60 और 58 ग्राम के भार आदि। विषयी जो भार-सम्बन्धी अनुभूति दर्शाये, उसे लिख लिया जाये।

निरीक्षण एवं गणना (Observation and Calculation)

मान लीजिए—

S = उद्दीपन (Stimulus)
a = आरोह क्रम (Ascending Order)
d = अवरोह (Descending)
L = निम्न (Lower)
H = उच्च (Higher)
T. H. = उच्च थ्रिशोल्ड
T. L. = निम्न थ्रिशोल्ड
D. L. = डिफेन्स लिमेन (Difference Limen)
P.S.E. = विषयी-समानता का बिन्दु (Point of Subject Equality)

उद्दीपन (भार) S	1		2		3		4		5	
	a आरोह	*d* अवरोह	*a* आरोह	*d* अवरोह	*a* आरोह	*d* अवरोह	*a* आरोह	*d* अवरोह	*a* आरोह	*d* अवरोह
50	L		L							
52	L		L							
54	L	L	L	L						
56	L	L	H	L	L		L		L	L
58	H	H	H	L	L	L	H		L	L
60	H	H		H	H	L	H	L	L	H
62		H		H	H	H		H	H	H
64		H		H		H		H	H	H
T.L.	56	56	54	58	58	60	56	60	60	58
T.H.	60	58	56	60	58	56	56	60	58	58

औसत उच्च थ्रेशोल्ड (T.H.)

$$= \frac{60+58+56+60+58+56+56+60+58+58}{10}$$

$$= \frac{580}{10} = 58 \text{ ग्राम}$$

औसत निम्न थ्रेशोल्ड (T.L.)

$$= \frac{56+56+54+58+58+60+56+60+60+58}{10}$$

$$= \frac{576}{10} = 57.6 \text{ ग्राम}$$

अनिश्चितता का अन्तराल (Interval of Uncertainty)

$$= 58 - 57.6 = 0.4 \text{ ग्राम}$$

$$(\text{D.L.}) = \frac{.4}{.4} = 1 \text{ ग्राम}$$

$$(\text{P.S.E.}) = \frac{58+57.6}{2} \text{ ग्राम}$$

$$= \frac{115.6}{2} = 57.8 \text{ ग्राम}$$

अचल त्रुटि (Constant Error) = 57.8 − 57 = 0.8 ग्राम

मानक विचलन (Standard Deviation) ज्ञात करने के लिए बहुत से सांख्यिकीय सूत्र प्रयोग में लाये जा सकते हैं।

सावधानी (Precaution)

1. प्रयोग-कक्ष शान्त होना चाहिए।
2. विषयी को यह न बताया जाए कि उसे भार किस क्रम में उठाने को दिये जायेंगे।
3. प्रति पाँच प्रयासों के बाद विषयी को पाँच मिनट का विश्राम दिया जाये।
4. भार मैट्रोनॉम की टिक की आवाज के साथ उठाया जाए, न पहले, न बाद में।

अन्तर्दर्शन आख्या (Introspection Report)

विषयी अन्तर्दर्शन आख्या निम्नलिखित ढंग से दे सकता है:—

> "कभी-कभी मैंने अधिक हल्के और अधिक भारी भारों का अनुमान लगाया। यह अनुमान मैंने आत्म-विश्वास के साथ भारों को उठाकर लगाया। यह काम कठिन भी लगा और सरल भी। इस अभ्यास में मुझे कोई रुचि नहीं रही, क्योंकि यह मेरे लिए सार्थक नहीं थी। नीरसता के कारण मैं प्रयोग में अभ्यास करते समय शीघ्र ही थक गया।"

चर्चा और निष्कर्ष (Discussion and Conclusion)

डिफरेन्स लिमेन (D.L.) और अचल त्रुटि (Constant Error) विशेष रूप से बतायी जाएं। इस प्रयोग में विषयी पर थकान (Fatigue) का क्या प्रभाव पड़ा, यह स्पष्ट रूप से बताया जाए। यह भी संकेत दिया जाए कि विषयी ने विविध भारों को अनुमान से अधिक बताया या कम बताया।

प्रयोग 10
Experiment-10
स्पर्शानुभूति अभिसूचक
(Aesthesiometric Index)

कुछ सामान्य बातें

स्पर्शानुभूति से हम अपने शरीर के विविध अंगों की संवेदनशीलता (Sensitivity) का अनुमान लगा सकते हैं। इस अनुमान के लिए इस्थिसियोमीटर (Aesthesiometer) नामक यन्त्र का प्रयोग किया जाता है। इसके दो नोक होते हैं। जब ये दोनों नोक विषयी (Subject) के शरीर के किसी अंग पर रखे जाते हैं तो कभी वह इन दोनों नोकों के दबाव का अनुभव करता है और कभी उसे केवल एक ही नोक का दबाव मालूम होता है। जब दोनों नोकों की दूरी बढ़ा कर उन्हें शरीर पर दबाया जाता है तो विषयी को दोनों नोकों के दबाव का अनुभव होता है। इस यन्त्र के दोनों नोकों की जो कम से कम दूरी विषयी को (नोकों के दबाने से) संवेदना देती है वही विषयी के उस अंग का स्पर्शानुभूति-अभिसूचक होता है। यह

अभिसूचक शरीर के अंग-विशेष की संवेदनशीलता पर निर्भर करता है। जो अंग अधिक संवेदनशील (Sensitive) होता है उसका स्पर्शानुभूति-अभिसूचक कम होता है। यदि किसी अंग-विशेष की संवेदनशीलता कम हुई तो अभिसूचक अधिक होगा। जीभ की संवेदनशीलता अत्यधिक होती है और उसकी तुलना में हथेली की कम। इसलिए एक सामान्यतः स्वस्थ व्यक्ति की जीभ की स्पर्शानुभूति-अभिसूचक लगभग एक सेण्टीमीटर तथा हथेली का 8 से.मी. और पैर के तलवे का 22 से.मी. हो सकता है। यदि कोई व्यक्ति जूता नहीं पहनता और नंगे पाँव ही दूर-दूर तक नित्य खुरदरे रास्ते पर जाता है तो उसके तलवे का स्पर्शानुभूति-अभिसूचक बहुत अधिक होगा। शरीर का जो अंग बहुत अधिक सक्रिय रखा जाता है उसका भी अभिसूचक अधिक होता है। उदाहरणार्थ, प्रायः देखा गया है कि एक स्वस्थ व्यक्ति की बाँह का अभिसूचक लगभग 31 से.मी. होगा और जाँघ का 70 से.मी. के आसपास जायेगा।

यह कहने की आवश्यकता नहीं कि स्पर्शानुभूति-अभिसूचक में वैयक्तिक भिन्नता पाई जाती है। यदि किसी समय व्यक्ति अस्वस्थ या बहुत अधिक थका हुआ है तो पहले की तुलना में उसका अभिसूचक भिन्न होगा। स्पष्ट है कि समय पर व्यक्ति का मनोभाव उसके स्पर्शानुभूति-अभिसूचक को प्रभावित करता है।

दिनांक (Date)...................... दिवस (Day)...................... समय (Time)............
प्रयोग की अवधि (Duration of the Experiment)..
विषयी का नाम (Name of the Subject)..
आयु (Age)...................... लिंग (Sex)...................... कक्षा (Class)......................
संस्था का नाम (Name of the Institution)..

उद्देश्य (Aim)

सीमाओं की विधि (Methods of Limits) द्वारा विषयी की हथेली के स्पर्शानुभूति-अभिसूचक का पता लगाना।

उपकरण (Materials)

स्पर्शानुभूति-अभिसूचक यन्त्र (Aesthesiometer), पेन्सिल, कागज, ग्राफ कागज, तौलिया।

तैयारी (Preparation)

टेबल पर विषयी की बायीं हथेली को रखा जाये। हथेली पर एक लम्बी रेखा

उतनी लम्बी खींचना है जितनी दूरी के अन्तर्गत स्पर्शानुभूति का पता लगाना है। इस प्रकार का प्रबन्ध करने में विषयी को किसी प्रकार की असुविधा नहीं देनी है। ऐसी व्यवस्था कर लेने के बाद विषयी को अधोलिखित निर्देश दिये जायें—

निर्देश (Instructions)

विषयी से इस प्रकार कहा जाए, "पेन्सिल की नोंक की तरह कोई नुकीली चीज तुम्हारी हथेली पर रखी जायेगी। जब तुम किसी एक स्पर्श बिन्दु (Touch-Point) का अनुभव करो तो 'एक' कहो और दूसरे स्पर्श-बिन्दु का अनुभव करने पर 'दो' कहो। यह स्पर्श देने के पूर्व मैं "सावधान" कहूँगा। इस प्रयोग के समय तुम अपना ध्यान इधर-उधर मत दौड़ाना।

प्रविधि (Procedure)

सर्वप्रथम विषयी को इस प्रयोग में कुछ अभ्यास दिया जाये जिससे वह अच्छी तरह समझ जाये कि इस प्रयोग का स्वरूप क्या है। इस अभ्यास से कुछ यह अनुमान हो जायेगा कि दो बिन्दुओं की कितनी दूरी पर विषयी 'एक' कहता है और कितनी दूरी पर "दो"। इसके बाद वास्तविक प्रयोग प्रारम्भ करना चाहिए। पहले दो बिन्दुओं की जितनी दूरी पर विषयी ने 'दो' कहा उससे, लगभग 7 या 8 से.मी. और आगे की दूरी के दो बिन्दुओं को विषयी की हथेली पर स्पर्श कराना चाहिए और उससे स्पर्शानुभूति के बारे में पूछना चाहिए। अब विषयी को 'दो' बिन्दुओं की स्पर्शानुभूति होगी। अब दो बिन्दुओं की इस स्पर्शानुभूति की दूरी को 4 से.मी. कम करके दोनों बिन्दुओं को पुनः स्पर्श करा कर विषयी से उसकी स्पर्शानुभूति के बारे में पूछना चाहिए। इसी प्रकार धीरे-धीरे प्रत्येक प्रयास में दोनों बिन्दुओं की दूरी 2 से.मी. तब तक कम करते रहना चाहिए जब तक विषयी अपनी स्पर्शानुभूति के सम्बन्ध में 'एक' न कहे। इस तरह से इस प्रयोग का अवरोहक (Descending) क्रम होगा। इसी प्रकार हमें यह प्रयोग आरोहक क्रम (Ascending Order) में भी करना चाहिए। इस क्रम में दो बिन्दुओं की दूरी को क्रमशः दो से.मी. तब तक बढ़ाते रहना चाहिए जब तक विषयी अपने निर्णय में 'दो' न कहे। इस प्रकार अवरोहक और आरोहक प्रत्येक क्रम में दस-दस प्रयास करने चाहिए। प्रयोग के समाप्त होने पर विषयी की अन्तर्निरीक्षण आख्या (Introspective Report) लेनी चाहिए और प्राप्त आँकड़ों (Data) का विश्लेषण करना चाहिए।

सावधानियाँ (Precautions)

स्पर्शानुभावक यन्त्र (Aesthesiometer) का प्रयोग करते समय उस पर दिये हुए मापदण्ड (Scale) को देख लेना चाहिए। प्रयास के क्रम में यन्त्र के दोनों नोकों को घटाने-चढ़ाने का तरीका अच्छी तरह समझ लेना चाहिए। यन्त्र को विषयी की हथेली पर स्पर्श करने के प्रत्येक प्रयास के समय तैयारी का संकेत देना चाहिए। दोनों नोकों को एक साथ ही स्पर्श कराना चाहिए। स्पर्श करने की अवधि दो सेकण्ड से अधिक न हो। हथेली पर खींची हुई रेखा पर ही यन्त्र को प्रत्येक प्रयास में रखना चाहिए। प्रयोग की अवधि में विषयी के व्यवहार और अवस्था पर ध्यान देना चाहिए जिससे उसका कोई अवांछित प्रभाव प्रयोग पर न पड़े।

आँकड़े (Data)

प्रयास संख्याएँ

प्रयास संख्या	1		2		3		4		5		6		7		8		9		10	
	↓	↑	↓	↑	↓	↑	↓	↑	↓	↑	↓	↑	↓	↑	↓	↑	↓	↑	↓	↑
दूरी	अवरोहक का क्रम अवरोहक का क्रम																			
अवरोहक और आरोहक के आँकड़े																				

अन्तर्निरीक्षणात्मक आख्या (Introspective Report)

विषयी संकेतों को कहाँ-कहाँ समझता था, और कहाँ-कहाँ नहीं समझता था, इस

सम्बन्ध में आख्या देनी चाहिए। विषयी से यह पूछकर यहाँ लिखना चाहिए कि प्रयोग के समय उसके मन में कौन-कौन से विचार आते रहे। उससे यह पूछकर आख्या में लिखना चाहिए कि प्रयोग के किस स्थल-प्रारम्भ या अन्त में उसे आलस्य या थकान का अनुभव हुआ।

सांख्यिकीय विश्लेषण (Statistical Analysis)

प्रत्येक प्रयासों में स्पर्शानुभूति अभिसूचक—

विविध प्रयासों में अभिसूचक का मध्यमान (Mean)
विविध प्रयासों में अभिसूचक का औसत विचलन (Average Deviation)
विविध प्रयासों में अभिसूचक का मानक विचलक (Standard Deviation)

नोट—यदि थकावट का प्रभाव (Effect of Fatigue), प्रत्याशा-त्रुटि (Error of Expectation) तथा अभ्यास-त्रुटि (Error of Habituation) का भी औसत निकाल लिया जाए तो विश्लेषण पूर्णतर माना जायेगा।

विवेचन (Discussion)

सांख्यिकीय विश्लेषण के आधार पर यह बताना चाहिए कि विषयी की स्पर्शानुभूति का अभिसूचक कितना है। औसत-विचलन, मानक-विचलन, तथा प्रत्याशा-त्रुटि और अभ्यास त्रुटि के आधार पर यह संकेत करना चाहिए कि प्रस्तुत प्रयोग का परिणाम किस सीमा तक विश्वसनीय है।

अध्याय 2

प्रत्यक्षीकरण

Perception

- आकार एवं भार-सम्बन्धी विभ्रम (The Size-Weight Illusion)
- म्यूलर-लायर भ्रम (Muller-Lyer Illusion)
- दि रिवाइज़्ड मीनेसोटा पेपर फार्म बोर्ड टेस्ट (The Revised Minnesota Paper Form Board Test)

प्रयोग 11

Experiment-11

आकार एवं भार-सम्बन्धी विभ्रम या भ्रम

(The Size-Weight Illusion)

दिनांक (Date)…………………… दिवस (Day)…………………… समय (Time)…………
प्रयोग की अवधि (Duration of the Experiment)………………………………………………
विषयी का नाम (Name of the Subject)………………………………………………………
आयु (Age)…………………… लिंग (Sex)…………………… कक्षा (Class)……………………
विषयी की सामान्य दशा (His General Condition)………………………………………………
संस्था का नाम (Name of the Institution)…………………………………………………

उद्देश्य (Aim)

आकार एवं भार के विभ्रम या भ्रम (Size-Weight Illusion) का पता लगाना जबकि चर राशि (Variable) मानक (Standard) की तुलना में तीन गुना आकार का हो।

उपकरण और सामग्रियाँ (Instruments and Materials)

दस छोटे-छोटे कनस्तर (Canisters), जो देखने में एक आकार के लगते हों परन्तु इनके भार में क्रमिक अन्तर हो जो दो ग्राम से लेकर चार ग्राम तक हो सकता है। सबसे हल्का कनस्तर (Canister) 64 ग्राम भार का होना चाहिए। मानक कनस्तर (Standard Canister) का भार 70 ग्राम होना आवश्यक है। मानक कनस्तर और अन्य कनस्तरों की परिधियों (घेरों) में कोई अन्तर नहीं होना चाहिए। परन्तु यह मानक कनस्तर ऊँचाई में अन्य कनस्तरों की अपेक्षा 1/3 होना चाहिए। मैट्रोनॉम (Metronome) को व्यवस्थित करने के लिए एक पर्दा, जो मेज से समान्तर एक फुट की दूरी पर हो। कनस्तरों के क्रम को उनकी तली में लिखना आवश्यक है।

विधि (Method)

प्रयोग उस कनस्तर से प्रारम्भ किया जायेगा जो मानक कनस्तर (Standard Canister) से हल्का होगा। ऐसा तब तक किया जायेगा जब तक विषयी यह कहने लगे कि उठाये जाने वाले कनस्तर का भार मानक कनस्तर के भार से दो गुना है। इस प्रकार कनस्तरों के उठाने का क्रम इस सीमा तक चलता रहना चाहिए। इस प्रयोग के बाद दूसरा प्रयोग उस कनस्तर से प्रारम्भ होगा जो मानक कनस्तर से भारी होगा। इस प्रकार भार के अवरोहक क्रम (Descending Order) में कनस्तर उठाने का प्रयोग किया जायेगा। इस प्रकार प्रयोग भार के आरोह क्रम (Ascending Order) तथा अवरोह क्रम (Descending Order) दोनों में किया जायेगा। अवरोह क्रम में तब प्रयोग बन्द कर दिया जाए जब विषयी कहने लगे कि कनस्तर का भार मानक कनस्तर के भार से आधा है। इस प्रकार प्रयोग अवरोह एवं आरोह क्रम में पाँच बार दोहराया जाएगा।

सावधानी (Precaution)

निम्नलिखित सावधानियाँ व्यवहार में लायी जाएँ—

1. कनस्तरों को पर्दे के पीछे रखा जाए जिससे विषयी यह जान न पाये कि उसने कौनसा कनस्तर कब उठाया था।
2. मेज पर एक वृत्त (घेरा) खींच दिया जाए जिससे पता चले कि इस स्थान से मानक कनस्तर और चल कनस्तर (Variable Canister) उठा लिये गये हैं।

3. सभी कनस्तर एक-एक करके उसी हाथ से, उसी ऊँचाई तक उसी गति से उठाये जाने चाहिए। प्रयोग करने से पहले प्रयोगकर्ता और विषयी-दोनों को थोड़ा अभ्यास अवश्य कर लेना चाहिए।

निष्कर्ष (Conclusion)

जो कनस्तर मानक कनस्तर के समान भार वाले माने जाते हों उनका औसत भार ज्ञात कर लेना चाहिए। मानक कनस्तर के भार और इस औसत भार के बीच जो अन्तर होगा वही विभ्रम (Illusion) की मात्रा मानी जायेगी। इस विभ्रम-मात्रा को मानक भार की प्रतिशत मात्रा में भी व्यक्त किया जा सकता है।

टिप्पणी—यह प्रयोग शुद्ध और अशुद्ध मामलों में भी किया जा सकता है। शिक्षक विद्यार्थियों को इस प्रयोग के करने में सहायता दे।

प्रयोग 12

Experiment-12

म्यूलर-लायर भ्रम
(Muller-Lyer Illusion)

कुछ सामान्य बातें

किसी उत्तेजना के गलत प्रत्यक्षीकरण (Perception) को भ्रम (Illusion) कहा जाता है। हम अपने जीवन में सभी बातों को सदा अच्छी तरह नहीं समझ पाते। फलतः हमें कभी न कभी भ्रम होता ही है। म्यूलर-लायर भ्रम ऐसा भ्रम है जिसमें बाण-रेखा (Arrow Headed Line) को व्यक्ति पंख-रेखा (Feather Headed Line) से छोटा मान बैठता है जबकि वास्तव में दोनों प्रकार की रेखाएँ लम्बाई में आपस में बराबर होती हैं। आश्चर्य यह है कि इस तथ्य से अवगत होते हुए भी व्यक्ति को इस सम्बन्ध में भ्रम अवश्य हो जाता है। म्यूलर-लायर ने इस प्रकार के भ्रम के बारे में सर्वप्रथम हमें जानकारी दी इसीलिए यह भ्रम उन्हीं के नाम से प्रसिद्ध हुआ। अभ्यास से यह भ्रम कम हो जाता है और नहीं भी होता। थकान अथवा स्वास्थ्य का अनुकूलन न होना भ्रम पर बहुत असर डालता है।

दिनांक (Date)...................... दिवस (Day)...................... समय (Time)...........
विषयी का नाम (Name of the Subject)..

आयु (Age)........................ लिंग (Sex)........................ कक्षा (Class)........................
विषयी की सामान्य दशा (His General Condition)..
संस्था का नाम (Name of the Institution)..

उद्देश्य (Aim)

विषयी के म्यूलर-लायर भ्रम की सीमा का मध्यमान या माध्य अशुद्धि विधि (Method of Average Error) द्वारा पता लगाना।

उपकरण (Materials)

म्यूलर-लायर भ्रम बोर्ड (Muller-Lyer Illusion Board), मानदण्ड अथवा माप-क्रम या माप सारणी (Scale), परदा।

तैयारी (Preparation)

इस प्रकार के प्रयोग में बहुधा गति-अशुद्धि (Movement Error), स्थान की अशुद्धि (Space Error), तथा प्रत्याशा अशुद्धि (Expectation Error) का हो जाना सम्भव है। [इन अशुद्धियों के स्वरूप और महत्त्व को समझने के लिये प्रयोगकर्त्ता को 'प्रयोगात्मक मनोविज्ञान'* की किसी पुस्तक को पढ़ना चाहिए अथवा अपने अध्यापक से पूछना चाहिए।] कितनी बार प्रयास करना है? इसे निश्चित कर लेना चाहिए। कुछ प्रयासों में बाण-रेखा को विषयी की दाहिनी ओर रखना चाहिए और कुछ को बायीं ओर। ऐसा करने से स्थान की अशुद्धि (Space Error) कम होगी। पंख-रेखा वाले कार्ड को कभी अन्दर की ओर और कभी बाहर की ओर खींचना चाहिए। इस प्रक्रिया को अपनाने से गति-दोष (Movement Error) की संख्या में कमी आयेगी। इस तरह पूरे प्रयास को चार भागों में बाँट देना चाहिए। यदि हम दस-दस प्रत्येक प्रयास की संख्या रखते हैं तो कुल संख्या चालीस होगी। प्रत्याशा दोष (Error of Expectation) को कम करने के लिए ऊटपटांग ढंग से कार्डों को रखना चाहिए। विषयी को अपनी दाहिनी ओर इस प्रकार बैठना चाहिए कि उसे परिणामों की जानकारी न हो सके।

---

* लेखक द्वारा रचित Experimental Psychology, Chapter 2, Publishers: L.N. Agarwal, Agra, 1985, अथवा ऐसी ही किसी अन्य पुस्तक को पढ़ना चाहिए।

निर्देश (Instructions)

"ये बाण-रेखा में और पंख-रेखाएँ देखो। इन रेखाओं को आप इस प्रकार सजाकर रखें कि ये बराबर प्रतीत हों। सजाने में बाण-रेखा को आप न हटायें या बढ़ायें। केवल पंख-रेखा को ही इधर-उधर हटाना है। कार्ड—जिन पर रेखाएँ अंकित हैं—उन्हें अपनी आँख से समान दूरी पर रखें।" ऐसा निर्देश दे देने के बाद वास्तविक प्रयोग प्रारम्भ करने के पूर्व कुछ अभ्यास-प्रयास देना चाहिए।

वास्तविक प्रयोग (Actual Experiment)

भ्रम बोर्ड को इस प्रकार विषयी को दिया जाए कि कभी बाण-रेखा उसे बाईं दिशा में अन्दर की ओर, कभी बाहर की ओर खींचना पड़ता है। ऐसा ही दाईं दिशा में भी उसे करना चाहिए। हर प्रयास में भ्रम बोर्ड के दूसरी ओर अंकित मापदण्ड (Scale) की सहायता से पंख-रेखा (Feather Line) की लम्बाई नाप कर लिख ली जाए।

आँकड़े (Data)

दिशा	*मिलीमीटर में निर्णय*	*अशुद्धि मिलीमीटर में*
बाँया बाहर		
दाँया अन्दर		
बाँया अन्दर		
दाँया बाहर		
बाँया बाहर		

सांख्यिकीय विश्लेषण (Statistical Analysis)

प्रयास → / दिशा ↓	1	2	3	4	5	6	7	8	9	10
बाँया अन्दर										
बाँया बाहर										
दाहिना बाहर										
दाहिना अन्दर										

स्थान अशुद्धि गति अशुद्धि औसत अशुद्धि प्रमाण अशुद्धि औसत विचलन मानक विचलन	अध्यापक द्वारा बताए हुए फार्मूला के अनुसार इसका अपने वास्तविक प्रयोग के आधार पर पता करना चाहिए अथवा किसी संगत पुस्तक की सहायता लेनी चाहिए।

विवेचना (Discussion)

विषयी की गलतियों के आधार पर यह लिखना चाहिए कि उसने किस सीमा तक बाण-रेखा अथवा पंख-रेखा का अत्यांकन (Over-estimation) या न्यूनांकन (Under-estimation) किया। मानक विचलन के सन्दर्भ में यह भी बताना चाहिए कि प्रयोग परिणाम किस हद तक विश्वसनीय है। स्थान अशुद्धियों और गति-अशुद्धियों का भी पूरा विवरण देना चाहिए। अशुद्धियों के महत्त्व की ओर भी संकेत करना चाहिए। अपने परिणाम की शुद्धता की जानकारी के लिए ऐसे ही किसी दूसरे प्रयोग के परिणाम से तुलना करनी चाहिए।

अन्तर्निरीक्षणात्मक आख्या (Introspection Report)

विषयी से पूछा जाए कि प्रयोग के समय दोनों प्रकार की रेखाओं को वह एक साथ ही देखता था या बारी-बारी से देखता था। प्रयोग की अवधि में विषयी का मनोभाव कैसा था, इसके बारे में उससे पूछना चाहिए। प्रयोग की अवधि में विषयी ने थकावट का अनुभव यदि किया तो इसका प्रयोग के परिणाम पर क्या प्रभाव सम्भावित है, यह स्पष्ट करना चाहिए।

प्रयोग 13

Experiment-13

दि रिवाइज्ड मीनेसोटा पेपर फॉर्म बोर्ड टेस्ट
(The Revised Minnesota Paper Form Board Test)

दिनांक (Date)...................... दिवस (Day)...................... समय (Time)............
प्रयोग की अवधि (Duration of the Experiment)..
विषयी का नाम (Name of the Subject)..

आयु (Age)........................ लिंग (Sex)........................ कक्षा (Class)....................
विषयी की सामान्य दशा (His General Condition)..
संस्था का नाम (Name of the Institution)..

उद्देश्य (Aim)

विषयी के स्थान विषयक सम्बन्ध को समझने की योग्यता को नापना (To measure the subject's ability of perceiving spatial relations)।

उपकरण (Materials)

परीक्षण-पुस्तिका (Test Booklet), ज्ञान-कुञ्जी (Scoring Key), पेन्सिल या कलम, उत्तर-प्रपत्र (Answer-Sheet)

प्रारम्भिक व्यवस्था (Preliminary Set-up)

परीक्षण-शाला के आस-पास के वातावरण को शान्तिपूर्ण रखने का प्रयास किया गया। पर्याप्त प्रकाश और शुद्ध वायु के आने की व्यवस्था की गई। प्रत्येक विषयी को एक-दूसरे से कुछ दूरी पर बैठाया गया।

निर्देश (Instructions)

विषयी से इस प्रकार कहा गया, 'परीक्षण-पुस्तिका' से कुछ बातें पढ़कर मैं सुना रहा हूँ। उन्हें ध्यानपूर्वक सुनो और समझो। [यथावश्यक परीक्षण-पुस्तिका की कुछ बातों को अच्छी तरह समझाया गया।] इस परीक्षण-पुस्तिका के अन्दर ज्यामिति की 64 डिजाइन्स (Geometrical Designs) हैं। एक ऐसी डिजाइन का रूप पुस्तिका के ऊपर दिया गया है। तुम्हें सभी प्रश्नों को करना है। पुस्तिका को बिना कहे खोलना नहीं। 'प्रारम्भ' कहने पर ही पुस्तिका में दिये हुए प्रश्नों को शुरू करना। समय-सीमा 20 मिनट की है। 'बन्द' कहने पर अपना कार्य बन्द कर देना। प्रत्येक डिजाइन के विविध सम्बन्धित अंशों को अलग-अलग बनाया गया है। विषयी को प्रदत्त संख्या के अनुसार सही फार्म (Form) या आकार को पहचानना है। तुम्हें अपने उत्तर के रूप में अंग्रेजी के सही अक्षर को चुनकर संख्या के बगल में लिखना है। प्रश्नों को ऊर्ध्वाधर दिशा में (Vertically) या खड़ी रेखा के रूप में अर्थात् ऊपर से नीचे की दिशा में करना है। उत्तर-प्रपत्र (Answer-Sheet) के स्वरूप को देखो तो तुम्हें ये सब बातें सरलता से समझ आ जायेंगी।

प्रविधि (Procedure)

विषयी से रेकार्ड फॉर्म भरने के लिए कहा गया। उसे परीक्षण-पुस्तिका और उत्तर-प्रपत्र की प्रतियाँ दे दी गईं। कुछ प्रश्न उदाहरणस्वरूप हल करके उसे समझाया गया। 'प्रारम्भ' कहने पर परीक्षण प्रारम्भ किया गया और ठीक 20 मिनट बाद उत्तर-प्रपत्र और परीक्षण-पुस्तिका विषयी से वापस ले ली गई।

आँकड़े (Data)

गणन-कुञ्जी से उत्तरों का मूल्यांकन किया गया। सही और गलत उत्तरों को अलग-अलग जोड़ा गया। परीक्षण-पुस्तिका में दिये हुए नियमों के अनुसार कच्चा फलांक (Raw Score) निकाला गया। मैन्युअल के नियमों के अनुसार शततमक श्रेणी (Percentile Rank) का भी पता किया गया। शततमक श्रेणी का आधार कच्चा फलांक तथा विषयी की आयु माना गया।

आँकड़ों का विश्लेषण (Data Analysis)

विषयी ने * प्रश्नों को किया और * छोड़ दिया। सही उत्तरों की संख्या * रही और गलत उत्तर * थे। कच्चे फलांक के निकालने हेतु मैन्युअल का फार्मूला $R - \frac{1-W}{5}$ है। R का तात्पर्य सही (Right) उत्तर से है और W का अर्थ गलत (Wrong) उत्तर से है। मैन्युअल के नियमानुसार उम्र और कच्चा फलांक के आधार पर शततमक श्रेणी निकाल लेनी चाहिए। मैन्युअल के नियमानुसार यह भी संकेत करना चाहिए कि विषयी विज्ञान के विषयों के योग्य प्रतीत होता है अथवा कला (Arts) के विषयों के लिए।

व्याख्या (Interpretation)

विषयी ने 64 समस्याओं में से ** कई को छोड़ दिया। हो सकता है कि उसके लिए कुछ प्रश्न कठिन थे, अथवा उसकी गति इतनी धीमी थी कि 20 मिनटों की अवधि में बहुत से आते हुए प्रश्नों को भी वह पूरा नहीं कर सका। विषयी ने 64 में से कुल *** प्रश्न किये। इन किए हुए प्रश्नों में *** गलत थे। [विषयी के शततमक श्रेणी की व्याख्या में यह बताना चाहिए कि वह कितने विद्यार्थियों से ऊपर है आदि कितने के नीचे। शततमक श्रेणी के आधार पर विषयी के सम्भावित झुकाव (Aptitude) की ओर भी संकेत करना चाहिए।]

---

* विषयी की जैसी वास्तविक संख्या हो वैसी रिक्त स्थान पर लिखनी चाहिए।

** परीक्षण के अनुसार विषयी द्वारा छोड़े हुये प्रश्नों की वास्तविक संख्या लिखनी चाहिए।

*** वास्तविक संख्या लिखिए।

विवेचन (Discussion)

किसी भी परीक्षण (Test) के आधार पर किसी व्यक्ति के किसी क्षेत्र में सफलता या असफलता के बारे में निश्चित रूप से नहीं कहा जा सकता। वस्तुतः किसी भी परीक्षण के आधार पर केवल कुछ योग्यताओं (Abilities) के होने अथवा न होने के बारे में ही संकेत किया जा सकता है। यदि कुछ योग्यताओं का अनुमान होता है तो यथोचित अभ्यास द्वारा उन्हें किसी विशिष्ट क्षेत्र में व्यक्ति को आगे बढ़ने के लिए प्रोत्साहित करना चाहिए।

शैक्षिक महत्त्व (Educational Significance)

हमें याद रखना चाहिए कि यान्त्रिक झुकाव (Mechanical Aptitude) और शैक्षिक झुकाव (Scholastic Aptitude) में कोई विशेष उल्लेखनीय सम्बन्ध (Relationship) नहीं होता। अतः किसी बच्चे की प्रतिभा के आकलन हेतु हमें अन्य आधारों पर निर्भर रहना होगा। इन आधारों में एक आधार बुद्धि-परीक्षा (Intelligence Test) हो सकती है तथा दूसरा आधार विभिन्न विषयों में बच्चे की वास्तविक उपलब्धियों का आकलन। परन्तु इसका यह तात्पर्य नहीं है कि बच्चे के निर्देशन (Guidance) में झुकाव-परीक्षा (Aptitude Test) का कोई स्थान नहीं है। वस्तुतः झुकाव-परीक्षा के परिणामस्वरूप अध्यापक के सामने बच्चे के लिए कई रास्ते स्पष्ट हो सकते हैं। अतएव किसी बच्चे की प्रतिभा के आकलन के लिए केवल एक ही प्रकार के मापन (Measure or Test) पर निर्भर नहीं रहना चाहिए।

निष्कर्ष (Conclusion)

यह प्रयोग बच्चों के स्थान विषयक सम्बन्ध को समझने की योग्यता को नापने के लिए किया गया और साथ ही निहित अर्थ वस्तुतः यह था कि विषयी के यान्त्रिक झुकाव (Mechanical Aptitude) की गहनता का अनुमान किया जाए। प्राप्त आँकड़ों के आधार पर कहा जा सकता है कि विषयी की शततमक श्रेणी (Percentile Rank)* थी, अतः उसमें यांन्त्रिक झुकाव निम्न*/उच्च* कोटि का रहा।

---

* प्रयोग के परिणामस्वरूप जैसा हो वैसा लिखना चाहिए।

अध्याय 3

साहचर्य

(Association)

- **साहचर्य पर प्रयोग (Experiments on Association)**
- **स्वतन्त्र-साहचर्य (Free Association)**
- **स्वतन्त्र-साहचर्य : शब्द-सूची विधि (Free Association : Word-List Method)**
- **बाधित साहचर्य (Constrained Association)**

साहचर्य पर प्रयोग (Experiments on Association)

स्वतन्त्र साहचर्य (Free Association) पर बहुत से प्रयोग नियोजित किए जा सकते हैं। जैसे—किसी वस्तु का नाम; यथा—घड़ी, कलम, घोड़ा, बकरी, भवन, रसोई, बाग, तारा या कोई दृश्य आदि में से किसी एक वस्तु का नाम विषयी (Subject) के सामने बोला जा सकता है और विषयी से कहा जा सकता है कि वह शब्द के सुनते ही जो भी तत्काल मन में आए उसे बिना झिझक के बोलता चला जाए। इसे लिख लिया जाए। इस प्रकार वस्तु का नाम (शब्द) विषयी के लिए एक उद्दीपन (Stimulus) होगा और विषयी द्वारा शब्द सुनकर बोली गयी बातें अनुक्रिया (Response) होंगी। इसके बाद प्रयोगकर्त्ता विषयी (Subject) से पूछता है कि उसके द्वारा उच्चारित शब्दों का अर्थ क्या है? इस प्रकार विषयी अपने अन्तर्दर्शन (Introspection) से अनुक्रियात्मक शब्द (Response Word) से सम्बन्धित विचार (Ideas) व्यक्त करता है। इस प्रकार विषयी के विचारों का प्रयोगकर्त्ता द्वारा उच्चारित शब्द के साथ साहचर्य स्थापित हो जाता है। इस प्रयोग से विषयी के

विचारों तथा शब्द-साहचर्य (Word Association) का बोध हो जाता है। इस प्रकार किसी विषयी के सम्बन्ध में साहचर्य के बहुत से नियमों (Many Laws of Association) को देखा जा सकता है।

स्वतन्त्र-साहचर्य (Free Association) के इस प्रकार के प्रयोगों में देखने में आता है कि व्यक्ति एक ही उद्दीपन (Stimulus) के प्रति पृथक्-पृथक् अनुक्रियाएँ (Responses) दर्शाते हैं। युंग (Jung) ने विविध प्रकार के व्यक्तियों के व्यक्तित्वों (Personalities) का अध्ययन करने के लिए स्वतन्त्र-साहचर्य (Free Association) का सहारा लिया। ऐसे प्रयोगों में भावात्मक महत्त्व (Emotional Significance) के शब्द चुन लिये जाते हैं। विषयी के सामने कोई भावात्मक शब्द बोला जाता है और विराम घड़ी (Stop Watch) की सहायता से अनुक्रियात्मक शब्द (Response Word) के बोले जाने की अवधि को माप लिया जाता है। इस प्रकार विषयी के स्वभाव और प्रकृति को उसके द्वारा बोले गए शब्दों और विचारों से जान लिया जाता है।

स्वतन्त्र-साहचर्य (Free Association) से सम्बन्धित प्रयोगों की सहायता से व्यक्ति के व्यक्तित्व पर आयु (Age), लिंग (Sex), थकान (Fatigue), बुरे या अच्छे स्वास्थ्य, अन्तर्द्वन्द्व (Conflict), बीमारी (Illness), शिक्षा (Education) या विशिष्ट व्यवसाय (Profession) का प्रभाव जान लिया जाता है और व्यक्तित्व-सम्बन्धी गुण जान लिए जाते हैं। आगे हम स्वतन्त्र-साहचर्य (Free Association) से सम्बन्धित उन प्रयोगों का उल्लेख करेंगे जिनसे व्यक्ति के अन्तर्विचारों (Inner Thoughts) का ज्ञान होता है।

प्रयोग 14

Experiment-14

स्वतन्त्र-साहचर्य

(Free Association)

दिनांक (Date)................ दिवस (Day)................ समय (Time)..........

प्रयोग की अवधि (Duration of Experiment)..

विषयी का नाम (Name of the Subject)..

आयु (Age).................... लिंग (Sex).................... कक्षा (Class)....................

विषयी की सामान्य दशा (His General Condition)..

संस्था का नाम (Name of the Institution)..

उद्देश्य (Aim)

विषयी के मन की विचार-शृंखला को समझना तथा उन बातों को जानना, जो सामान्यतः उसे प्रभावित करती रहती हैं।

उपकरण एवं सामग्री (Instruments and Materials)

विराम घड़ी (Stop Watch), कागज के टुकड़े (Pieces of Paper); कलम (Pen), उद्दीपन शब्दों की सूची (List of Stimulus Words)। इन्हें विषयी से छिपाकर रखना है।

विधि : विषयी के लिए निर्देश
(Method : Instructions to the Subject)

कुर्सी पर आराम से बैठ जाओ। अपनी आँखें बन्द रखो, मन पर नियन्त्रण रखने का प्रयास मत करो; मन को स्वतन्त्र छोड़ दो। कोई तनाव (Tension) या भय (Fear) मत रहने दो। मैं तुम्हारे सामने कुछ निश्चित शब्द बोलूँगा। इन शब्दों के सुनने पर एक मिनट के अन्दर इन शब्दों की अनुक्रिया के फलस्वरूप जो अनुक्रिया-शब्द (Response Word) मन में आए, बेझिझक बोल दो। इस बात पर ध्यान मत दो कि अनुक्रिया शब्द (Response Word), उद्दीपन शब्द (Stimulus Word) से सम्बद्ध है या नहीं। जैसे ही मैं घण्टी बजाऊँ तुम उद्दीपन-शब्द सुनकर अनुक्रिया-शब्द बोलना प्रारम्भ कर दोगे और जब दोबारा घण्टी बजाऊँ तो बोलना बन्द कर दोगे। तुम्हें उद्दीपन-शब्द की अनुक्रिया में बोलने वाले शब्द को सोचना नहीं है। उस क्षण सहज भाव से जो शब्द अनुक्रिया-स्वरूप मन में आये, बोल दो। पूर्वाभ्यास के लिए तुम्हें तीन अवसर दिये जायेंगे। इस पूर्वाभ्यास के बाद वास्तविक प्रयोग शुरू होगा।

उपर्युक्त निर्देश देने के बाद प्रयोगकर्त्ता उद्दीपन शब्द (Stimulus Word) बोलता है। एक मिनट की अवधि में प्रयोगकर्त्ता अनुक्रिया-शब्द (Response Word) तथा विषयी की विचार-शृंखला को लिखता जाता है। तब प्रयोगकर्त्ता विषयी द्वारा बोले शब्दों को एक-एक करके बोलता है और विषयी अन्तर्दर्शन (Introspection) के आधार पर अपने शब्दों और विचारों के बीच सम्बन्ध स्थापित करते हुए स्पष्ट करता है कि उसने वे शब्द क्यों बोले थे। प्रयोगकर्त्ता विषयी द्वारा दी गयी व्याख्या को बड़ी सावधानी से लिखता जाता है। प्रत्येक दो अनुक्रिया-शब्दों के अन्तराल पर विषयी (Subject) और प्रयोगकर्त्ता (Experimenter) स्थान बदल लेते हैं।

सावधानियाँ (Precautions)

1. प्रयोग का वातावरण पूर्णतः शान्त होना चाहिए।
2. उद्दीपन-शब्द (Stimulus Word) स्पष्ट रूप में उच्चारित किये जाएँ।
3. जब विषयी को अनुक्रिया-शब्द (Response Word) दिया जाए उसे किसी भी प्रकार अशान्त (Disturb) न किया जाए।

निरीक्षण (Observation)

क्रम संख्या	उद्दीपन-शब्द (S)	अनुक्रिया-शब्द (R)	अन्तर्दर्शन (Introspection)
1.	लैम्प	मीतू	मीतू इसके (लैम्प के) निकट खड़ी थी।
		लाली	लाली उसकी (मीतू की) ओर खिड़की से देख रही थी।
		बीपू	बीपू का शोर सुनकर, मीतू लैम्प से दूर चली गयी।
		चाय	नौकर चाय तैयार कर रहा था।
		मेज	चाय मेज पर गिर गयी।
		विश्वेश	विश्वेश ने दो बार चाय तैयार न करने की राय दी।

निष्कर्ष (Conclusion)

उपर्युक्त निरीक्षण से पता चलता है कि विषयी (Subject) के विचारों में अनवरतता (Continuity) है। ऐसे विचारों का तारतम्य इसलिए सम्भव हुआ कि विषयी के मन में समय (Time) तथा स्थान (Place) में साहचर्य था। श्रव्य-दृश्य स्मृतियाँ (Audio-Visual Memories) विषयी की कल्पना में मिली-जुली हो सकती है। इसलिए विषयी ने लाली और बीपू दोनों को ध्यान में रखा। विषयी अपनी पौत्री मीतू को प्यार करता है और मीतू लैम्प के निकट रहकर वस्तुओं को पास से देखना पसन्द करती है। इसलिए 'लैम्प' उद्दीपन शब्द (Stimulus Word) से विषयी की मुख्य रुचि के व्यक्त होने की प्रेरणा मिलती है।

औसत साहचर्य-काल (Mean Association Time) का पता लगाने के लिए निम्नलिखित सूत्र काम में लाया जाएगा–

$$\text{औसत साहचर्य-काल} = \frac{\text{अतिंम 5 उद्दीपन-शब्दों में लगा समय}}{50}$$

5 उद्दीपन-शब्दों में लगा समय = 5 मिनट
(क्योंकि एक शब्द एक मिनट का समय लेता है)

∴ औसत साहचर्य-समय (Mean Association Time)

$= \frac{5}{50}$ मिनट $= \frac{5 \times 60}{50}$ सेकण्ड $= 6$ सेकण्ड

साहचर्य का वर्गीकरण (Classification of Association)

इस सन्दर्भ में लेखक की पुस्तक 'प्रयोगात्मक मनोविज्ञान' (Experimental Psychology) या किसी अन्य लेखक की इसी विषय पर पुस्तक का अवलोकन कीजिए।

विशेष सूचना

उपर्युक्त प्रयोगों को करने के लिए एक वर्ग के छात्रों को जोड़ों (Pairs) में विभक्त कर लेना चाहिए। प्रत्येक जोड़े में एक प्रयोगकर्त्ता और दूसरा विषयी के रूप में कार्य करेगा।

अध्यापक कक्षा में छात्रों को प्रयोग के सम्बन्ध में सभी सूचनाएँ दे देगा।

प्रयोग 15

Experiment-15

स्वतन्त्र साहचर्य : शब्द-सूची विधि
(Free Association : World-List Method)

इस प्रयोग के लिए शब्दों की एक लम्बी सूची तैयार कर ली जाती है। यदि ऐसे प्रयोग जोड़े (Pair) में करने होते हैं तो प्रत्येक जोड़े को 25 शब्दों की एक-एक सूची दे दी जाती है। एक जोड़े को दी गयी शब्द-सूची का अन्य जोड़ों को पता नहीं चलता। जब विषयी आँखें बन्द करके कुर्सी पर शान्तिपूर्वक बैठ जाता है तो शिक्षक प्रयोग शुरू करने के लिए घण्टी बजाता है। ठीक पहले प्रयोग की भाँति विषयी के सामने उद्दीपन-शब्द बोले जाते हैं और प्रति मिनट की दर से अनुक्रिया शब्दों को लिख लिया जाता है। फिर विषयी के अन्तर्दर्शन (Introspection) तथा

अन्य विधियों से किसी निष्कर्ष पर पहुँचने का प्रयास किया जाता है। इस प्रयोग में अनुक्रिया (Response), नवीनता (Newness) तथा अनुभव-पुनरावृत्ति (Repetition of Experiences) पर निर्भर करती है। वह विषयी की रुचि पर आधारित नहीं होती। इस प्रयोग में अधिकांशतः युंग (Jung) और केण्ट रोजनॉफ (Kent Rosanoff) द्वारा तैयार की गयी शब्द-सूचियाँ प्रयोग में लायी जाती हैं।

इस प्रयोग की शब्द-सूची में युंग ने पुराना (Old), गीत (Song), हरा (Green), तैरना (Swim), सिर (Head), मूर्ख (Fool), जल (Water) आदि शब्दों को अधिक लिया है। केण्ट रोजनॉफ ने अपनी सूची में प्रायः चन्द्रमा (Moon), सिपाही (Soldier), कोमल (Soft), हाथ (Hand), मेज (Table), अन्धकार (Darkness), पर्वत (Mountain), लड़का (Boy), नमक (Salt), भेड़ (Sheep) आदि शब्दों को रखा है।

दिनांक (Date)………………… दिवस (Day)………………… समय (Time)…………
प्रयोग की अवधि (Duration of the Experiment)……………………………………………
विषयी का नाम (Name of the Subject)……………………………………………………
आयु (Age)…………………… लिंग (Sex)…………………… कक्षा (Class)………………
विषयी की सामान्य दशा (His General Condition)…………………………………………
संस्था का नाम (Name of the Institution)…………………………………………

उद्देश्य (Aim)

उद्दीपन-शब्दों (Stimulus Words) की अनुक्रिया के फलस्वरूप विषयी द्वारा बोले गये अनुक्रिया शब्दों (Response Words) के आधार पर विषयी के विचारों को जानना। विषयी की अन्तर्मन-सम्बन्धी भावनाओं को समझना और उसके मन में उत्पन्न निषेधों (Inhibitions) के प्रकारों को समझना।

उपकरण और सामग्रियाँ (Instruments and Materials)

विराम घड़ी (Stop Watch), पेंसिल (Pencil), कागज़ के टुकड़े (Pieces of paper), उद्दीपन-शब्दों की सूची (Stimulus Words List)—यह सूची विषयी को प्रयोग से पहले बिल्कुल न दिखाई गयी हो।

विधि (Method)

पहले प्रयोग की भाँति इस प्रयोग में भी विषयी (Subject) को आवश्यक निर्देश

दे दिए जाते हैं। प्रयोग करने से पूर्व विषयी को पाँच उद्दीपन-शब्दों का पूर्वाभ्यास करा दिया जाता है। इसके पश्चात् वास्तविक प्रयोग शुरू किया जाता है। प्रयोग के समय विषयी (Subject) तथा प्रयोगकर्त्ता (Experimenter) बारी-बारी से अपना स्थान बदलते रहते हैं। यह स्थान परिवर्तन प्रत्येक 10 मिनट (10 उद्दीपन-शब्दों) के बाद किया जाता है। पूर्व की भाँति अनुक्रिया-शब्दों (Response Words) को लिख लिया जाता है और अन्तर्दर्शन (Introspection) के माध्यम से विषयी की आख्या प्राप्त कर ली जाती है और उसकी अन्तर्भावनाओं को समझ लिया जाता है।

सावधानियाँ (Precaution)—पूर्ववत्।

निरीक्षण (Observation)—पहले प्रयोग की भाँति।

निष्कर्ष (Conclusion)

इस प्रयोग में 20 उद्दीपन-शब्दों के समय अर्थात् 20 मिनट के आधार पर औसत साहचर्य समय ज्ञात किया जाता है। यदि कोई विषयी आवश्यकता से अधिक समय लेता है तो उसे लिख लिया जाता है और बाद में उससे कारण पूछा जाता है। यदि विषयी कुछ उद्दीपन-शब्दों के प्रति कोई अनुक्रिया-शब्द नहीं बोलता तो उससे इसका कारण भी मालूम किया जाता है।

साहचर्य का वर्गीकरण (Classification of Association)

लेखक की अथवा किसी अन्य द्वारा रचित 'एक्सपेरिमेण्टल सायकॉलाजी' या प्रयोगात्मक मनोविज्ञान नामक पुस्तक के साहचर्य-सम्बन्धी अध्याय का अवलोकन करें।

प्रयोग 16

Experiment-16

बाधित साहचर्य

(Constrained Association)

इस प्रयोग की अधिकांश बातें पूर्व-चर्चित दोनों प्रयोगों जैसी ही हैं। अन्तर केवल

इतना ही है कि इस प्रयोग में विषयी को साहचर्य की स्वतन्त्रता न देकर उसे बाध्य किया जाता है जिससे उसकी अनुक्रिया बाधित (Constrained) या सीमित हो जाती है। प्रत्येक उद्दीपन (Stimulus) के प्रति विषयी के मन में कई अनुक्रियाएँ (Responses) उत्पन्न होती हैं परन्तु उन्हें बाधित और सीमित रखा जाता है। यदि सीमा-बाधा के कारण विषयी उद्दीपन के प्रति केवल एक ही अनुक्रिया दर्शाने की स्थिति में आ जाता है तब साहचर्य को पूर्ण बाधित साहचर्य (Fully Constrained Association) कहा जाता है। आंशिक बाधित साहचर्य (Partly Constrained Association) के कुछ उदाहरण नीचे दिये जा रहे हैं—

समता (Co-ordination)

इसमें उद्दीपन शब्द (Stimulus Word) किसी जानवर, पेड़ या पदार्थ के नाम पर होता है। विषयी से कहा जाता है कि वह वैसी ही समान वस्तु, प्राणी या पदार्थ का नाम अनुक्रिया में दें; जैसे—गाय-बकरी; आम-अमरुद; लोहा-पीतल।

प्रजाति-वर्ग (Species Genus)

इसमें किसी प्रजातियों (Species) का नाम लिया जाता है और विषयी उसी प्रजाति वर्ग की किसी वस्तु-प्राणी आदि का नाम अनुक्रिया में व्यक्त करता है। जैसे—जानवर-हाथी, ईंट-सीमेण्ट, आदि।

सहयोगी शब्द (Co-operation)

इस प्रयोग में ऐसे उद्दीपन शब्द (Stimulus Words) प्रयोग में लाये जाते हैं जिनके अनुक्रिया-शब्द (Response Words) भी उन्हीं के सहयोगी या अंश होते हैं। जैसे—रोटी-आटा; फल-रस; आदि।

विलोम (Opposites)

इस प्रकार के प्रयोग में उद्दीपन-शब्द देने पर विषयी उसका विलोम अनुक्रिया शब्द (Opposite Response Word) बोलता है। जैसे—दिन-रात, सुख-दुःख, लोहा-कोमल, रुई-कठोर आदि।

दिनांक (Date)………………… दिवस (Day)………………… समय (Time)…………
प्रयोग की अवधि (Duration of the Experiment)……………………………………
विषयी का नाम (Name of the Subject)……………………………………………

आयु (Age)........................ लिंग (Sex)........................ कक्षा (Class)........................
विषयी की सामान्य दशा (His General Condition)..
संस्था का नाम (Name of the Institution)..

उद्देश्य (Aim)

प्रदत्त उद्दीपन-शब्द (Stimulus Word) देकर विषयी द्वारा बाधित (पूर्ण या आंशिक) साहचर्य (Constrained Association) की स्थिति में अनुक्रियाओं का पता लगाना।

उपकरण और सामग्री (Instruments and Materials)

विराम घड़ी (Stop Watch), कलम (Pen), कागज के टुकड़े (Pieces of Paper) तथा शब्दों की सूची (List of the Words)।

विधि (Method)

इस विधि में पीछे बताई गई प्रयोगात्मक विधियों का भी उपयोग किया जाता है। अन्तर इतना रहता है कि विषयी को कोई समस्या पढ़ने को दी जाती है उसे वह सावधानीपूर्वक पढ़ता है। विषयी प्रत्येक समस्या की अनुक्रिया (उत्तर) तत्काल ही देता है, जैसा भी उसके मन में आता है। प्रयोग का प्रत्येक अंश बारी-बारी से लिया जाता है। जैसे—एक बार समता (Co-ordination) वाले शब्द ले लिये जाते हैं, फिर प्रजाति-वर्ग (Species Genus) के शब्द, फिर विलोम शब्द (Opposite Words) ले लिये जाते हैं। घण्टी बजाकर, प्रयोगकर्त्ता उद्दीपन शब्द विषयी को दिखाता है, विराम घड़ी चालू कर देता है और विषयी द्वारा अनुक्रिया के फलस्वरूप दिये गये शब्दों को लिखता जाता है। यदि विषयी गलत अनुक्रिया-शब्द बोलता है तो उसे शुद्ध अनुक्रिया दर्शाने के तीन अवसर दिये जाते हैं। यदि तीसरे प्रयास में भी विषयी गलत अनुक्रिया शब्द बोलता है तो विराम घड़ी (Stop Watch) बन्द कर दी जाती है। विराम घड़ी तब तक ही चलायी जाती है जब तक विषयी अनुक्रिया सुधारने के तीन अवसर प्राप्त कर लेता है। यदि तीसरी बार विषयी शुद्ध अनुक्रिया दर्शा देता है तो विराम घड़ी का समय अंकित कर लिया जाता है। प्रत्येक समस्या के बाद बारी-बारी से शुद्ध-अशुद्ध अनुक्रिया अंकित कर ली जाती है। प्रयोग के अन्त में सम्पूर्ण अनुक्रियाओं का समय ज्ञात कर लिया जाता है।

अन्त में प्रयोगकर्त्ता (Experimenter) यह परखने का प्रयास करता है कि विषयी विविध समस्याओं के अन्तःसम्बन्धों (Inter-relationships) को किस सीमा

तक समझ पाया है। इस प्रयोग में भी प्रत्येक साहचर्य के बाद प्रयोगकर्त्ता और विषयी अपना स्थान बदल लेते हैं।

निरीक्षण (Observation)

क्रम संख्या	उद्दीपन-शब्द या समस्या	अनुक्रिया शब्द	अनुक्रिया समय	शुद्ध या अशुद्ध उत्तर	अन्तर्दर्शन (Intropsection)
1.	आसू, मीतू से छोटी है और मीतू समीर से छोटी है तब इनमें कौन सबसे छोटा है?	आसू	3 सेकण्ड	शुद्ध	विषयी की अनुक्रिया के अनुसार

सावधानियाँ (Precautions)

प्रयोग करने से पहले विषयी को स्पष्ट निर्देश दिये जाएँ। दो-तीन उदाहरण देकर विषयी को पूर्वाभ्यास कराया जाए कि उसे उद्दीपन (Stimulus) की किस प्रकार अनुक्रिया दर्शानी है।

निष्कर्ष (Conclusion)

तुलना (Comparison) की दृष्टि से, प्रत्येक साहचर्य का औसत अनुक्रिया-काल (Mean Response Time) ज्ञात करना चाहिए। इस औसत अनुक्रिया काल की तुलना अन्य किसी विषयी द्वारा लिए गए औसत अनुक्रिया काल से करनी चाहिए। उन अनुक्रिया शब्दों का पुनर्मूल्यांकन करना चाहिए जिनमें विषयी को अनुक्रिया दर्शाने में अधिक समय लगा है। इस प्रयोग के परिणाम की तुलना अन्य ऐसे ही प्रयोगों के परिणामों से करनी चाहिए। विषयी की सहायता से दो से अधिक अनुक्रिया दर्शाने या गलत-अनुक्रिया दर्शाने के कारणों का अवश्य पता लगाया जाए।

साहचर्य का वर्गीकरण (Classification of Association)

स्पीयरमैन के चिन्तन नियमों (Spearman's Laws of Thinking) की पुष्टि करने का प्रयत्न किया जाए। [प्रयोगात्मक मनोविज्ञान पर किसी पुस्तक के चिन्तन और भाषा वाले भाग का अध्ययन इसमें सहायक होगा।]

अध्याय 4

संवेग

(Emotion)

- **संवेगात्मक प्रकाशन की पहचान**
  (Recognition of Emotional Expression)

प्रयोग 17

Experiment-17

संवेगात्मक प्रकाशन की पहचान

(Recognition of Emotional Expression)

दिनांक (Date)...................... दिवस (Day)...................... समय (Time)............
विषयी का नाम (Name of the Subject)..
आयु (Age)...................... लिंग (Sex)...................... कक्षा (Class)....................
सामान्य स्वास्थ्य (General Health)..
विषयी की सामान्य दशा (His General Condition)...
संस्था का नाम (Name of the Institution)..

उद्देश्य (Aim)

विभिन्न संवेगों के समय चेहरे पर प्रकाशित होने वाले भाव के चित्र दिखाकर संवेगों को ठीक-ठीक समझ लेने की विषयी की योग्यता का निर्धारण करना।

उपकरण (Materials)

चेहरे पर प्रकाशित हुए विभिन्न संवेगों के 20 चित्र, पेन्सिल और नोट-बुक।

प्रक्रिया (Procedure)

विषयी को एक कुर्सी पर आराम से बैठाकर इस प्रकार निर्देश दिया जाए–"तुम्हें मैं चेहरे के 20 ऐसे चित्र दिखाऊँगा जिनसे विभिन्न संवेगों (Emotions) का आभास होता है। तुम चेहरे के प्रत्येक चित्र द्वारा प्रकाशित होने वाले संवेग को ध्यानपूर्वक देखो। इसके बाद प्रत्येक चित्र के बारे में एक या दो-तीन शब्दों में ऐसा कुछ कहो जिससे चित्र में सन्निहित संवेग का नाम स्पष्ट हो।" ऐसा निर्देश देने के बाद क्रमशः एक-एक चित्र विषयी को देना चाहिए और उससे यह कहना चाहिए कि वह चित्र-सम्बन्धित विशिष्ट संवेग का नाम लिखे तथा साथ ही यह भी अंकित करे कि किस विधि से उसने मुखाकृति में निहित संवेग को पहचानने का प्रयास किया।

आँकड़े (Data)

चित्र संख्या	प्रकाशित संवेग	पहचानने की विधि
1.		उदाहरणार्थ–
2.		1. अपना निजी अनुभव;
3.		2. संवेगों सम्बन्धी सैद्धान्तिक बातों के द्वारा, जो सैद्धान्तिक बात हो, उसका उल्लेख किया जाए; अथवा
4.		3. अन्य कोई विधि, जिसका सहारा लिया गया।
5.		
6.		
7.		
8.		
9.		
10.		
11.		
12.		
13.		
14.		
15.		
16.		
17.		
18.		
19.		
20.		

आँकड़ों का विश्लेषण (Data Analysis)

यह बताया जाए कि प्रदत्त 20 संवेग सम्बन्धी चित्रों में कितने को विषयी ठीक-

ठीक समझ सका। इस समझ के आधार पर विषयी की योग्यता का प्रतिशत निकालना चाहिए।

विवेचना (Discussion)

यहाँ यह बताना चाहिए कि विषयी कितने प्रतिशत संवेगों को ठीक-ठीक समझ सका। विषयी की अध्ययन-विधि की यहाँ व्याख्या करनी चाहिए और यह बताना चाहिए कि संवेगों के समझने का जेम्स-लैंग का सिद्धान्त (James Lang Theory of Emotion) कहाँ तक संगत प्रतीत हुआ। संवेगों के समझने में अपने व्यक्तिगत अनुभव तथा सामाजिकता की क्या भूमिका हो सकती है; इसे यहाँ स्पष्टतः लिखना चाहिए। अन्त में प्रयोगकर्त्ता को अपना निष्कर्ष देना चाहिए।

अध्याय 5

स्मृति
(Memory)

- **तात्कालिक स्मृति—श्रव्य एवं दृश्य (Immediate Memory—Auditory and Visual)**
- **स्मृति में अध्यवसाय (Perseverance in Memory)**
- **सार्थक शब्दों के लिए स्मृति (Memory for Meaningful Material)**

प्रयोग 18
Experiment-18
तात्कालिक स्मृति—श्रव्य एवं दृश्य
(Immediate Memory—Auditory and Visual)

दिनांक (Date)………………… दिवस (Day)………………… समय (Time)…………

प्रयोग की अवधि (Duration of the Experiment)……………………………………

विषयी का नाम (Name of the Subject)……………………………………………

आयु (Age)………………… लिंग (Sex)………………… कक्षा (Class)…………

विषयी की सामान्य दशा (His General Condition)…………………………………

संस्था का नाम (Name of the Institution)…………………………………………

उद्देश्य (Aim)

तात्कालिक स्मृति (Immediate Memory) के विस्तार (Span) का निम्नलिखित दृष्टिकोणों से पता लगाना—

श्रव्य (Auditory)— (1) शुद्ध और प्रतिलोम रूप में संख्या

(2) शुद्ध और प्रतिलोम रूप में अक्षर

दृश्य (Visual)— (1) अक्षर (Letter)
(2) निरर्थक रेखाचित्र (Meaningless Sketches)

उपकरण एवं सामग्रियाँ (Instruments and Materials)

मेट्रोनॉम (Metronome); अक्षरों की शुद्ध और प्रतिलोमी रूप में सूची; जैसे—

शुद्ध स्वरूप में संख्याएँ (Numbers in Correct Forms)

दो : 3-5, 6-8, 5-8

तीन : 5, 3, 1; 9, 9, 7; 9, 5, 1

चार : 8, 5, 2, 4; 9, 7, 4, 1; 7, 3, 1, 6 इत्यादि

प्रतिलोम रूप में संख्याएँ (Numbers in Reverse Forms)

तीन : 5, 8, 1; 1, 8, 5

चार : 6, 3, 1, 5; 5, 1, 3, 6

(**टिप्पणी**—प्रयोगकर्त्ता के पूछने पर उल्टी संख्याएँ बोली जाएँ)

शुद्ध रूप में अक्षर (Letters in Correct Forms)

दो : क ख, ट ठ, प फ

तीन : च छ ज, त थ द, य र ल इत्यादि।

उल्टे (प्रतिलोमी) अक्षर (Letters in Reverse Order)

चार : च प न ट, त झ ठ ह

पाँच : क घ छ थ ट, प य ल न ड

दृश्य (Visual) के लिए (अक्षरों की सूची)

क ज न, ट थ, छ य व श

ट द, फ ज, ड म ध ल

ज थ, त द ल न, ट छ ह न

स, झ ह ठ, न ध

(**टिप्पणी**—निरर्थक रेखाचित्रों के लिए 'स्मृति' का किसी संगत पुस्तक से अध्याय पढ़ें)।

विधि (Method)

ये प्रयोग वैयक्तिक (Individual) तथा सामूहिक (Group) दोनों हो सकते हैं। विषयी को कुर्सी पर आराम से बैठा दिया जाता है और प्रयोगकर्त्ता के निर्देशों को ध्यानपूर्वक सुनने के लिए कहा जाता है। तब प्रयोगकर्त्ता विषयी से कहता

है—"मैं कुछ संख्याएँ बोलूँगा, तुम उसी क्रम में उन संख्याओं को दोहराओगे।" मेट्रोनॉम को इस प्रकार व्यवस्थित किया जाता है कि वह एक सेकण्ड में 60 बार ध्वनि दे। अब विषयी से तैयार रहने के लिए कहा जाता है। दो सेकण्ड बाद प्रयोगकर्त्ता संख्याएँ बोलना शुरू करता है और विषयी उन्हें उसी क्रम में दोहराता है। प्रयोगकर्त्ता ऐसा तब तक करता रहता है जब तक विषयी उन संख्याओं को उसी क्रम में दोहराने की असमर्थता व्यक्त न कर दे। विषयी द्वारा दोहराई गई सबसे बड़ी संख्या लिखी जाती है। यही विषयी की तात्कालिक स्मृति का विस्तार (Span) माना जाता है। यह प्रयोग एक समूह पर अक्षरों के माध्यम से भी किया जाता है। विषयी से कहा जाता है कि वह मस्तिष्क को खाली रखे। मन में किसी अक्षर या वस्तु की छवि न आने दे। ये प्रयोग भी तब तक किये जाते हैं तब तक विषयी त्रुटियाँ करना शुरू न कर दें। अन्त में विषयी के अन्तर्दर्शन की आख्या भी ले ली जाती है।

निरीक्षण (Observation)

क्रम संख्या	पढ़े गये या दिखाये गए अक्षर या संख्या	विषयी द्वारा दोहराये गये अक्षर, संख्याएँ या रेखाचित्र	स्मृति का विस्तार	अन्तर्दर्शन	टिप्पणी
1. 2. 3.	?	?	?	?	सफलता या असफलता

विशेष—प्रत्येक प्रयोग कम से कम तीन बार दोहराया जाए। इन तीनों प्रयोगों के फलस्वरूप निरीक्षणों का औसत लिया जाए। वही तात्कालिक स्मृति का विस्तार होगा। कुछ प्रयोग निरर्थक रेखाचित्रों की सहायता से भी किये जाएँ।

सावधानी (Precaution)

प्रयोगकर्त्ता को विविध अक्षरों या संख्याओं का उच्चारण स्पष्ट रूप से करना चाहिए और लय से करना चाहिए। अक्षर और रेखाचित्र दिखाते समय उनके बीच समायान्तर समान होना चाहिए। विषयी को कुर्सी पर शान्तिपूर्वक इस प्रकार बैठाया जाए कि वह संख्याओं, अक्षरों और रेखाचित्रों को सुविधापूर्वक सुन सके या देख सके।

निष्कर्ष (Conclusion)

विषयी की तात्कालिक स्मृति को सर्वोच्च औसत के आधार पर देना।

प्रयोग 19

Experiment-19

स्मृति में अध्यवसाय
(Perseverance in Memory)

दिनांक (Date)................ दिवस (Day)................ समय (Time)..........
प्रयोग की अवधि (Duration of the Experiment)..............................
विषयी का नाम (Name of the Subject)..............................
आयु (Age).................. लिंग (Sex).................. कक्षा (Class)..................
विषयी की सामान्य दशा (His General Condition)..............................
संस्था का नाम (Name of the Institution)..............................

उद्देश्य (Aim)

मुख्यतः मानसिक प्रक्रिया (Mental Process) तथा शारीरिक श्रम के सम्बन्ध में स्मृति में अध्यवसाय (Perseverance) का अध्ययन करना।

उपकरण और सामग्रियाँ (Instruments and Materials)

लाइनदार कागज के टुकड़े, पेंसिल और विराम घड़ी (Stop Watch)।

विधि (Method)

यह प्रयोग व्यक्ति (Individual) तथा समूह (Group) दोनों के साथ हो जाता है। पूर्वाभ्यास की दृष्टि से, प्रयोगकर्त्ता विषयी को समझाता है कि जैसे ही उसे संकेत मिले वह 'F' या 'क' लिखना प्रारम्भ करे; एक मिनट बाद उसे उल्टा एफ (ꟻ), 'क' लिखने को कहा जायेगा। फिर दो मिनट तक वह सीधा 'F' या 'क' और उल्टा ꟻ या 'क' दोनों लिखने का अभ्यास करेगा; जैसे—F ꟻ, F ꟻ, F ꟻ अथवा क, क, क, क। प्रयोगकर्त्ता विषयी को बताता है कि वह निरन्तर निर्देशानुसार चार मिनट तक लिखता रहे और समय नष्ट न करे।

इसके बाद प्रयोगकर्त्ता विषयी को शान्ति के साथ बैठाकर वास्तविक प्रयोग करने का संकेत देता है और विराम घड़ी चालू कर देता है। चार मिनट तक लिखने के बाद विराम घड़ी बन्द कर दी जाती है और लिखे हुये अक्षर गिन लिये जाते हैं। त्रुटियाँ नहीं गिनी जाती। पहले दो प्रयासों में यदि विषयी द्वारा F या E अथवा क या ख शुद्ध नहीं लिखे जाते तो उन्हें गल्ती नहीं माना जाता। परन्तु तीसरे प्रयास में यदि विषयी F, या क को E ख या E को F या घ लिख देता है तो उसे त्रुटि माना जाता है।

यदि प्रयोग के समय 'F' या 'क' अक्षरों का योग = K या य हो, 'E' या ख अक्षरों का योग = R या र हो तथा 'F ꟻ' अथवा 'क क' का योग = T या प हो तो—

अध्यवसाय प्राप्तांक (Perserverance Score)

$$= P.S. = \frac{K-R-T}{2} \text{ या प. स. } = \frac{\text{क}-\text{र}-\text{ट}}{2}$$

विश्वसनीय परिणाम प्राप्त करने के लिए इन प्रयोगों को कई बार दोहराना चाहिए।

निरीक्षण एवं गणना (Observation and Calculation)

प्रथम बार (First Time)

छात्र (Students)

A B C D E या क ख ग घ ङ

Q	या	क	50
R	या	र	90
S	या	स	90
P.S.	या	प.स.	+15

द्वितीय बार (Second Time)

A	या	क	60
B	या	ख	70
C	या	ग	90
P.S.	या	प.स.	+10

तीसरी बार (Third Time)

A	या	क	70
B	या	ख	100
C	या	ग	155
P.S.	या	प.स.	+15

सावधानी (Precaution)

प्रयोग के बीच विषयी को विश्राम न लेने दिया जाए। वह निरन्तर लिखता रहे।

निष्कर्ष (Conclusion)

विषयी का प्राप्तांक (Score) इस प्रकार है—

विशेष—उपर्युक्त प्रयोग अक्षरों या संख्याओं या अक्षर तथा संख्या मिश्रित अथवा मिश्रित अक्षरों के साथ ही करना चाहिए।

प्रयोग 20

Experiment-20

सार्थक शब्दों के लिए स्मृति (Memory for Meaningful Material)

दिनांक (Date)...................... दिवस (Day)...................... समय (Time)............
प्रयोग की अवधि (Duration of the Experiment)..
विषयी का नाम (Name of the Subject)..
आयु (Age)...................... लिंग (Sex)...................... कक्षा (Class)......................
संस्था का नाम (Name of the Institution)..

उद्देश्य (Aim)

पुनर्स्मरण विधि (Recall or Reproduction Method) से सार्थक शब्दों को दोहराने का स्मृति पर प्रभाव को देखना।

उपकरण (Apparatus)

विराम घड़ी (Stop Watch), 64 सार्थक शब्दों की सूची, कागज, कलम, शब्दों के 64 कार्ड। [**नोट**—सार्थक शब्दों की सूची को प्रयोगकर्त्ता स्वयं बना सकता है। यहाँ केवल उदाहरणस्वरूप 64 शब्द दिये गये हैं।]

प्रारम्भिक व्यवस्था (Preliminary Set-up)

प्रकाश और शुद्ध हवा वाले कक्ष में विषयी को आराम से बैठाया गया। प्रयोगकर्त्ता के आमने-सामने कुछ दूरी पर विषयी का स्थान निश्चित किया गया।

निर्देश (Instructions)

विषयी से इस प्रकार कहा गया—"पहले सोलह कार्डों का एक सेट तुम्हें आठ बार दिखाया जायेगा। प्रत्येक कार्ड को केवल दो सेकण्ड तक तुम्हें दिखाया जायेगा। इन कार्डों को देखने के बाद तुम्हें उनके क्रम में उन्हें पुनर्स्मरण से बताना होगा। सोलह कार्डों का दूसरा सेट तुम्हें केवल छः बार ही दिखाया जायेगा और तीसरा सेट केवल चार बार और चौथा या अन्तिम सेट केवल दो बार। याद रखो कि प्रत्येक सेट में सोलह कार्ड हैं। तुम्हें सभी शब्दों को पुनर्स्मरण से बताना है। एक सेट दिखाने के बाद पाँच सेकण्ड के अन्तराल के बाद दूसरा सेट दिखाया जायेगा। इस अन्तराल से तुम्हें कुछ विश्राम शायद मिल जाए।"

प्रविधि (Procedure)

यह देख लिया गया कि विषयी आराम से अपने स्थान पर बैठा है और उसे कोई घबराहट नहीं है। सर्वप्रथम विषयी को 16 कार्डों का प्रथम सेट आठ बार दिखाया गया और उसे सार्थक शब्दों को पुनर्स्मरण से बताने के लिए कहा गया। इसके बाद बारी-बारी से दूसरा छः बार, तीसरा चार बार और चौथा सेट केवल दो बार दिखाया गया और उसे अपनी स्मृति से शब्दों को दोहराने के लिए कहा गया। प्रत्येक कार्ड को दो ही सेकण्ड के लिए दिखाया गया। एक सेट के दिखाने के बाद दूसरा सेट दिखाने के पूर्व विषयी को पाँच सेकण्ड का विश्राम-समय दिया गया। विषयी से कार्डों को उनके क्रम संख्या के क्रम में ही बताने के लिए कहा गया।

सतर्कता (Precaution)

1. यह देखना आवश्यक है कि विषयी के मन में परीक्षण के कारण कोई घबराहट न हो।
2. निर्देश को स्पष्टतः समझा दिया गया।
3. वातावरण को निर्विघ्न रखा गया।
4. परीक्षण-कक्ष में हर समय पर्याप्त प्रकाश और शुद्ध हवा का प्रवेश रहा।
5. कार्डों को स्पष्टतः प्रदर्शित किया गया। इस प्रक्रिया में अनुचित शीघ्रता नहीं की गई।
6. प्रत्येक कार्ड को केवल दो ही सेकण्ड तक दिखाया गया।
7. यह सुनिश्चित कर लिया गया कि विषयी को कार्डों के बारे में कोई पूर्व जानकारी नहीं थी।

निरीक्षण (Observation)

प्रथम प्रयास की सारणी

उद्दीपक शब्द (Stimulus Words)	पुनर्स्मृति से बताए हुए शब्द (Reproduced Words)	सही उत्तर	गलत	टिप्पणी (Remarks)
घाट	घाट	✓		सरलता से चौदह शब्दों को सही–सही बता दिया और उसने केवल दो ही गलतियाँ कीं।
टोपी	टोपी	✓		
कुर्ता	कुर्ता	✓		
छड़ी	छड़ी	✓		
बेलन	–	–	×	
कुर्ता	कुर्ता	✓		
मेढ़क	मेढ़क	✓		
कान	कान	✓		
अँगूठा	–	–	×	
कलम	कलम	✓		
बकरी	बकरी	✓		
गाय	गाय	✓		
बन्दूक	बन्दूक	✓		
ढोलक	ढोलक	✓		
कुर्सी	कुर्सी	✓		
पुस्तक	पुस्तक	✓		

दूसरे प्रयास की सारणी

उद्दीपक शब्द (Stimulus Words)	पुनर्स्मृति से बताए हुए शब्द (Reproduced Words)	सही उत्तर	गलत	टिप्पणी (Remarks)
जाल	जाल	✓		सभी उत्तर सही थे, परन्तु क्रम संख्या के अनुसार केवल बारह ही सरल उत्तर थे। अन्य चार सही उत्तर क्रम संख्या के अनुसार नहीं थे।
कुञ्जी	कुञ्जी	✓		
झण्डा	झण्डा	✓		
रोना	रोना	✓		
हँसना	हँसना	✓		
दौड़ना	दौड़ना	✓		
बैठा हुआ	बैठा हुआ	✓		
सोना	सोना	✓		
नहाना	नहाना	✓		
लड़का	लड़का	✓		
बूढ़ा	बूढ़ा	✓		
औरत	औरत	✓		
हाथी	हाथी	✓		
पेड़	पेड़	✓		
लैम्प	लैम्प	✓		
पंखा	पंखा	✓		

तृतीय प्रयास की सारणी

उद्दीपक शब्द (Stimulus Words)	पुनर्स्मृति से बताए हुए शब्द (Reproduced Words)	सही उत्तर	गलत	टिप्पणी (Remarks)
अच्छा	अच्छा	✓		विषयी ने छः गलतियाँ कीं उसने केवल दस ही सही उत्तर दिए।
गोरा	गोरा	✓		
साँवला	साँवला	✓		
दरी	दरी	✓		
लिफाफा	–	–	×	
फाटक	फाटक	✓		
अच्छा	अच्छा	✓		
घास	–	–	×	
मकान	मकान	✓		
घोड़ा	घोड़ा	✓		
ऊँट	–	–	×	
रोटी	रोटी	✓		
दूध	दूध	✓		
साइकिल	–	–	×	
मधु	मधु	✓		
लोटा	–	–	×	
सुन्दर	सुन्दर	✓		
काला	काला	✓		
घास	–	–	×	

चौथे प्रयास की सारणी

उद्दीपक शब्द (Stimulus Words)	पुनर्स्मृति से बताए हुए शब्द (Reprduced Words)	सही उत्तर	गलत	टिप्पणी (Remarks)
भेड़	–	–	×	विषयी ने आठ सही और आठ गलत उत्तर दिए।
शेर	शेर	✓		
चाकू	–	–	×	
जल जहाज	–	–	×	
वायुयान	–	–	×	
रेलगाड़ी	–	–	×	
बैलगाड़ी	बैलगाड़ी	✓		
पुलिस	पुलिस	✓		
पोस्टमैन	–	–	×	
अण्डरवियर	–	–	×	
बालक	–	–	×	
खिलौना	खिलौना	✓		
शीशी	शीशी	✓		
छाता	छाता	✓		
कप	कप	✓		
थाली	थाली	✓		

चारों सारणियों का सारांश

प्रयास क्रम संख्या	अक्रमिक पुनर्स्मरण		क्रमिक पुनर्स्मरण		आवृत्ति	टिप्पणी
	सही उत्तर	गलत उत्तर	सही उत्तर	गलत उत्तर		
1.	0	0	14	2	8	आवृत्ति के कम होने से गलतियाँ बढ़ गई।
2.	16	0	12	4	6	
3.	0	0	10	6	4	
4.	0	0	8	8	2	

फल (Result)

उपर्युक्त सारांश से स्पष्ट है कि प्रथम प्रयास में जब कार्ड आठ बार दिखाये गये तो गलतियाँ केवल दो ही हुईं। तब विषयी को पुनर्स्मरण में विशेष कठिनाई नहीं हुई। दूसरे प्रयास में कार्ड केवल छः बार ही दिखाये गये, इसलिये क्रमिक रूप में सही उत्तर केवल बारह ही मिले, यद्यपि अक्रमिक सही उत्तरों के हिसाब से कोई गलती नहीं हुई। तृतीय प्रयास में विषयी को कार्ड केवल चार ही बार दिखाये गये। इसलिए इस प्रयास में उसने छः गलतियाँ कीं। चूँकि चौथे प्रयास में कार्डों को केवल दो ही बार दिखाया गया इसलिए उसने आठ गलतियाँ कीं।

व्याख्या और विवेचन (Interpretation and Discussion)

इस प्रयोग में बारम्बारता अथवा आवृत्ति का पुनर्स्मरण पर प्रभाव स्पष्ट है। सीखने का यह एक नियम भी है कि आवृत्ति से मानसिक संस्कार दृढ़तर हो जाते हैं। इसीलिए जब कार्डों की आवृत्ति आठ बार की गई तो सही उत्तरों की संख्या अधिक आई।

शैक्षिक महत्त्व

अध्यापक को अधिगम (सीखने या Learning) के विभिन्न नियमों से अवगत होना चाहिए और प्रसंगानुसार उसे सीखने की उपयुक्त विधि का प्रयोग करना चाहिए। खेल के रूप में भी सीखने की प्रक्रिया को सरल बनाया जा सकता है। विविध प्रकार के कार्ड जो इस प्रयोग में दिखाये गये वे विद्यार्थियों में कौतुहल पैदा करते थे और एक-दूसरे से आगे बढ़ जाने की आकांक्षा से उन्होंने अधिक सतर्कता के साथ कार्डों को देखा और याद किया होगा। इस प्रकार उनमें प्रतियोगिता की एक भावना जागृत हुई। प्रतियोगिता सीखने की एक प्रबल

अभिप्रेरणा (Motivation) होती है। इस अभिप्रेरणा का महत्त्व प्रस्तुत प्रयोग से स्पष्ट होता है। इस प्रकार से सीखने अथवा याद करने की प्रक्रिया एक प्रकार का खेल का स्वरूप ले लेती है। फलतः सीखना आनन्दप्रद हो जाता है और विद्यार्थी में उपेक्षा की भावना नहीं रहती। इस प्रयोग से श्रव्य-दृश्य विधि (Audio-Visual Method) का भी महत्त्व स्पष्ट होता है। इस विधि से सीखने की प्रक्रिया को और रुचिकर बनाया जा सकता है। इस प्रकार के सीखने में सीखने वाले को अपनी सफलता का ज्ञान होता है। इस ज्ञान से वह उत्साहित होता है।

अध्याय 6

अवधान

(Attention)

- **अवधान का विस्तार अथवा अवबोध का विस्तार (Span of Attention or Span of Apprehension)**
- **अवधान का विचलन (Distraction of Attention)**
- **अवधान का विभाजन (Division of Attention)**
- **अवधान पर मानसिक तत्परता का प्रभाव (Impact of Mental Set on Attention)**

प्रयोग 21

Experiment-21

अवधान का विस्तार अथवा अवबोध का विस्तार

(Span of Attention or Span of Apprehension)

प्रत्यक्षीकरण एवं वाचन (Perception and Reading)

अवधान-विस्तार (Span of Attention) के प्रयोग में यह देखा जाता है कि कोई विषयी (Subject) एक निश्चित अवधि में एक साथ कितनी वस्तुओं को ध्यान में रख सकता है। इस बात के प्रयोग के लिए कुछ कार्डों पर सार्थक (Meaningful) तथा निरर्थक (Meaningless) शब्द छपवा लिए जाते हैं। ये शब्द 2 अक्षरों से लेकर, 11, 12 अक्षरों तक के हो सकते हैं। शब्द विषयी की योग्यता और क्षमता को ध्यान में रखते हुए चुने जाते हैं। इस प्रयोग में टैचिस्टोस्कोप (Tachistoscope) नामक उपकरण का उपयोग होता है। इसमें एक छोटा लकड़ी का पट्ट (Board) होता है जिसे बटन दबाकर नीचे किया जा सकता है और हाथ से ऊपर उठाया जा सकता है। इसी बोर्ड पर शब्दों वाले कार्ड लगा दिये जाते हैं।

प्रयोग (Experiment)

दिनांक (Date)………………… दिवस (Day)………………… समय (Time)…………
प्रयोग की अवधि (Duration of the Experiment)………………………………………
विषयी का नाम (Name of the Subject)……………………………………………………
आयु (Age)………………… लिंग (Sex)………………… कक्षा (Class)…………………
संस्था का नाम (Name of the Institution)………………………………………………

उद्देश्य (Aim)

(1) विषयी के अवधान-विस्तार का सार्थक और निरर्थक शब्दों के माध्यम से निर्धारण करना।
(2) विषयी द्वारा अपनाए गए वाचन के क्रम को समझना।
(3) इस नियम (Law) का परीक्षण करना कि "मन की चेतना में स्थिति की समग्रता निहित होती है।" और "स्थिति के किसी अंश का समावेश विषय के मन में समग्र वस्तु को उसके सामने प्रस्तुत करने के ढंग पर निर्भर करता है।"

उपकरण और सामग्रियाँ (Instruments and Materials)

(1) टैचिस्टोस्कोप (Tachistoscope)
(2) सार्थक एवं निरर्थक शब्दों के कार्ड। इन शब्दों की लम्बाई 2 अक्षरों से लेकर 12 अक्षरों तक की होती है।

विधि (Method)

प्रयोगकर्त्ता सभी कार्ड जिन पर शब्द लिखे होते हैं अपने पास ही रखता है। वह पहले विषयी को प्रयोग के स्वरूप को समझाता है। टैचिस्टोस्कोप का शटर गिरा दिया जाता है और दो अक्षरों वाला शब्द कार्ड लगा दिया जाता है। विषयी को इस उपकरण के ठीक सामने इस प्रकार बैठा दिया जाता है कि वह टैचिस्टोस्कोप (Tachistoscope) की खिड़की (Window) में से उस शब्द-कार्ड को देख सके। संकेत मिलते ही विषयी उपकरण की खिड़की या छिद्र पर अपना अवधान केन्द्रित कर देता है। दो-तीन सेकण्ड बाद टैचिस्टोस्कोप का शटर गिरा दिया जाता है और एक सेकण्ड तक विषयी को शब्दों वाला कार्ड देखने दिया जाता है। यदि विषयी इस कार्ड के शब्द को पढ़ लेता है तब उसे बारी-बारी से अधिक

बड़े शब्द दिखाये जाते हैं। उसे ये शब्द तब तक दिखाये जाते हैं जब तक वह उन्हें पढ़ने में असमर्थ नहीं होता। यदि विषयी किसी कार्ड के शब्द को पढ़ने में समर्थ नहीं होता तो उसे उतने ही अक्षरों के अन्य शब्द दो बार दिखाये जाते हैं। इस प्रकार विषयी द्वारा किये गये इन तीन वाचन प्रयासों (Reading Attempts) में विषयी जितने बड़े से बड़े शब्द पढ़ लेता है उन्हें अवधान का विस्तार (Span of Attention) मान लिया जाता है। अब विषयी और प्रयोगकर्त्ता दोनों आपस में अपना स्थान बदल लेते हैं और पहले की भाँति सार्थक और निरर्थक दोनों शब्दों के साथ प्रयोग को दोहराते हैं विषयी को गलत लिखे शब्द भी दिखाए जाते हैं और विषयी से कहा जाता है कि वह उन शब्दों में हुई गलती की ओर संकेत करे।

निरीक्षण (Observation)

सार्थक (Meaningful) तथा निरर्थक (Meaningless) और अशुद्ध लिखे शब्दों की तालिका निम्नलिखित ढंग से तैयार की जाती है–

क्रम संख्या	दिखाये गये अक्षर	पढ़े गये अक्षर	शुद्ध पढ़े गये अक्षरों की संख्या	शुद्धता का प्रतिशत	अन्तर्दर्शन
1.	AEHSW	AESHM	3	60	विषयी इस सम्बन्ध में जो कुछ भी कहे।
2.	घड़ा (Pitcher)	घड़ा (Pitcher)	6	85.6	
3.	गाँधी ग्राउण्ड (Gandhi Ground)	गाँधी ग्राउण्ड (Gandhi Ground)	सभी (All)	100	
4.	मोरारजी देसाई (Morarji Desai)	मोरारजी देसाई (Morarji Desai)	सभी (All)	100	

सावधानी (Precaution)

विषयी को ठीक शटर के छिद्र (Aperture) के सामने बैठना चाहिए। जैसे ही विषयी को संकेत मिले बटन दबाकर शटर नीचे गिरा दिया जाये।

निष्कर्ष (Conclusion)

विषयी के अवधान का विस्तार केवल 4 अक्षरों तक सीमित है, क्योंकि वह 5 अक्षरों वाले निरर्थक शब्द पढ़ने में असमर्थ है। इस सम्बन्ध में उसकी वाचन-शुद्धता 60 प्रतिशत है। सार्थक शब्दों के पढ़ने में वह पूर्णतः सफल है। वह शब्दों की त्रुटि को नहीं पकड़ सका।

यह नियम कि "मन अपनी चेतना (Consciousness) में स्थिति की समग्रता (Wholeness) को निहित कर लेता है" पुष्ट हो जाता है, अन्यथा सार्थक और निरर्थक शब्दों के अवधान-विस्तार में अन्तर नहीं पाया जाता।

विषयी अशुद्ध लिखे शब्दों को शुद्धता के साथ पढ़ने में समर्थ है क्योंकि गलत और सही दोनों शब्द उसके लिए समान प्रतीत होते हैं। वह शब्दों की अशुद्धियों को पकड़ने में असफल है, क्योंकि मन की चेतना (Consciousness) में समग्र बात तभी आ सकती है जब समूची वस्तु उसे दिखाई जाए और उसके अवधान में लायी जाए। इस प्रकार प्रत्यक्षीकरण (Perception) की दृष्टि से समग्रता के नियम (Law of the Wholeness) की पुष्टि होती है।

प्रयोग 22

Experiment-22

अवधान का विचलन

(Distraction of Attention)

दिनांक (Date)………………… दिवस (Day)………………… समय (Time)…………

प्रयोग की अवधि (Duration of the Experiment)……………………………………

विषयी का नाम (Name of the Subject)……………………………………………

आयु (Age)………………… लिंग (Sex)………………… कक्षा (Class)…………………

विषयी की सामान्य दशा (His General Condition)…………………………………

संस्था का नाम (Name of the Institution)……………………………………………

उद्देश्य (Aim)

लघु उद्दीपन (Minor Stimulus) को दिखाकर और न दिखाकर अवधान के विचलन (Distraction of Attention) की माप करना।

उपकरण और सामग्रियाँ (Instruments and Materials)

मोटर पर लगी मैसन डिस्क (Masson Disc); 2 या 3 से.मी. आकार का एक काला पर्दा (Screen); 3-4 मिनट की अवधि में गति करने वाला काइमोग्राफ (Kymograph); विराम घड़ी (Stop Watch), एक टैम्बर (Tambour) अर्थात् लकड़ी का खोखला ढोल जो एक ओर से लचकदार (रबर आदि) पर्दे से मढ़ा

हो जिसमें एक ट्वीजर (Tweezer) अर्थात् नोंकदार भाग जो ढोल पर गति के साथ-साथ ग्राफ बना सकता हो; एक रबर की नली तथा बल्ब।

विधि (Method)

ढोल (Tambour) को धुएँदार लौ (Flame) के चारों ओर घुमाया जाता है जिससे उस पर चिपका कागज काला हो जाए। प्रयोगकर्त्ता प्रारम्भ में ही प्रयोग में प्रयुक्त होने वाले सभी उपकरणों और सामग्रियों से परिचित हो जाता है। यह निश्चित कर लिया जाता है कि मैसन डिस्क के घूमने पर विषयी रिंग (Ring) को भली प्रकार देख सकता है। चकती (Disc) के घुमाने पर रिंग (Ring) कभी दिखायी देती है और कभी नहीं दिखाई देती। अब प्रयोगकर्त्ता काले पर्दे को चकती (Disc) के सहारे इस प्रकार रखता है कि विषयी वृत्त के केन्द्र से उस पर्दे का कुछ भाग भली प्रकार देख सकता है। बल्ब द्वारा प्रकाश इस प्रकार किया जाता है कि डिस्क पर किसी प्रकार की छाया न पड़े। अब चकती (Disc) को घुमाया जाता है और विषयी किसी प्रकार घूमती हुई रिंग (Ring) को देख लेता है और अपना ध्यान रिंग पर केन्द्रित करता है। प्रयोगकर्त्ता अपने हाथ में बल्ब लेकर उसे इस प्रकार व्यवस्थित करता है कि रिंग पर विषयी का ध्यान जाए। जब रिंग विषयी के अवधान में आ जाती है तो बल्ब को इस प्रकार व्यवस्थित किया जाता है कि विषयी को रिंग न दीखे। जब विषयी रिंग न देख पाये तब बल्ब पर पुनः दबाव डालकर उसे इस प्रकार व्यवस्थित करता है कि विषयी को पुनः रिंग दीखने लगे। रिंग को प्रकाश की सहायता से दिखाने और न दिखाने की प्रक्रिया का अभ्यास प्रयोगकर्त्ता पहले से ही भली प्रकार कर लेता है। अब प्रयोगकर्त्ता ढोल (Tambour) को घुमाता है और उसके एक चक्र (Rotation) का समय विराम घड़ी की सहायता से लिख लेता है। जब ड्रम से धुएँदार कागज हटाया जाता है तो उससे पहले विषयी के हस्ताक्षर, समय, दिनांक उस पर लिख लिये जाते हैं और केवल उतना ही भाग ढोल से निकाल लिया जाता है। अब विषयी और प्रयोगकर्त्ता दोनों अपना स्थान आपस में परिवर्तन कर लेते हैं। ड्रम (Tambour) में चिपके हुए अभिलिखित (Recorded) कागज को काट लेने पर उस पर वार्निश लगाकर सुखा लेना चाहिए। इसे फिर कभी भी देखा और सुरक्षित रखा जा सकता है।

सावधानी (Precaution)

विषयी को प्रयोग-सम्बन्धी सभी बातें पहले ही स्पष्ट कर देनी चाहिए।

निरीक्षण (Observation)

चकती को देखना	चकती को न देख पाना	औसत (Average)
?	?	?

निष्कर्ष (Conclusion)

देखने और न देखने के औसत से अवधान के विचलन की माप हो जाती है।

प्रयोग 23
Experiment-23
अवधान का विभाजन
(Division of Attention)

दिनांक (Date)………………… दिवस (Day)………………… समय (Time)…………
प्रयोग की अवधि (Duration of the Experiment)……………………………………
विषयी का नाम (Name of the Subject)…………………………………………
आयु (Age)…………………… लिंग (Sex)…………………… कक्षा (Class)……………
संस्था का नाम (Name of the Institution)………………………………………

उद्देश्य (Aim)

किसी साधारण कार्य करने के बाद अवधान-विचलन की खोज करना।

उपकरण एवं सामग्रियाँ (Instruments and Materials)

मैकडुअल डिस्क (McDougall Disc), अपूर्ण वाक्यों की सूची जिन्हें पूरा किया जा सके; विराम घड़ी (Stop Watch), कागज की शीट जिस पर स्थिरीकरण (Fixation) बिन्दु बना हो।

विधि (Method)

प्रयोग के पहले भाग में प्रयोगकर्त्ता मैकडुअल डिस्क को एक छड़ (Rod) पर अव्यवस्थित ढंग से स्थिर कर देता है और उपकरण के पीछे वह विषयी की

दृष्टि में आने के लिए स्थिरीकरण बिन्दु (Fixation Point) को रख देता है। विषयी से कहा जाता है कि वह स्थिरीकरण बिन्दु पर अपनी दृष्टि जमाए। प्रयोगकर्त्ता काली डिस्क को बायीं ओर की छड़ से और सफेद डिस्क को दायीं ओर की छड़ से एक ही हाथ से स्थिर करता है। वह यह काम जितना शीघ्र कर सके एक ही हाथ से करता है। वह अपनी गलती के सुधार के लिए कहीं रुकता नहीं। वह ऐसा करने में कितना समय लेता है उसे विराम घड़ी से माप लेता है। इसके बाद विषयी और प्रयोगकर्त्ता अपने स्थान आपस में बदल लेते हैं।

दूसरे भाग में पहले की भाँति ही डिस्क छड़ में लगा दी जाती है। परन्तु इस बार स्थिरीकरण बिन्दु (Fixation Point) के स्थान पर प्रयोगकर्त्ता अपूर्ण वाक्यों की सूची को डिस्क के सहारे लगाता है ताकि विषयी उन्हें देखकर उन्हें पूरा कर सके। जब प्रयोगकर्त्ता छड़ (Rod) में चकतियाँ (Discs) लगाता है उस समय विषयी अधूरे वाक्यों को जोर से बोलकर पूरा करता जाता है। विराम घड़ी से वाक्य पूरा करने की प्रक्रिया का समय लिख लिया जाता है।

निरीक्षण (Observation)

डिस्क को छड़ में लगाने में लगा समय	छड़ में डिस्क लगाने और वाक्यों को पढ़ने में लगा समय	बढ़े हुए समय का प्रतिशत	पढ़े गये वाक्यों का प्रतिशत
?	?	?	?

सावधानी (Precaution)

विषयी को प्रत्येक बात भली प्रकार स्पष्ट कर दी जाए।

निष्कर्ष (Conclusion)

अवधान-विचलन (Division of Attention) के कारण किसी काम को पूरा करने में अपेक्षाकृत अधिक समय लगता है।

प्रयोग 24

Experiment-24

अवधान पर मानसिक तत्परता का प्रभाव
(Impact of Mental Set on Attention)

दिनांक (Date)...................... दिवस (Day)...................... समय (Time)............
प्रयोग की अवधि (Duration of the Experiment)..
विषयी का नाम (Name of the Subject)..
आयु (Age)........................ लिंग (Sex)........................ कक्षा (Class)....................
विषयी की सामान्य दशा (His General Condition)..
संस्था का नाम (Name of the Institution)..

उद्देश्य (Aim)

अवधान पर मानसिक तत्परता के प्रभाव का पता लगाना (To find out the influence of set on attention).

उपकरण और सामग्री (Instruments and Materials)

(1) वर्ण-विपर्यास के दो जोड़े (Two sets of anagram) अलग-अलग कागज पर बड़े अक्षरों में लिखे हुए; जैसे—

वर्ग 'क'	वर्ग 'ख'
न अ मा नु	ल री गि ह
क तो रि पा षि	ड म द च गा
र अ त्व भ	र या सि
ता ष वि म	ल ध या ड़ि
ना क ई ठि	या ड़ि भे
रि म प श्र	आ दु ते
र दू जा ग	घा बा सिं र ह
ट न स स ना ह	री ब क
ठ र्म क ता	ला व ने
ता त ल शी	नि थि ह

(2) अनुक्रिया-काल (Time of Response) को समझने के लिए प्रत्येक वर्ण विपर्यास हेतु दो तालिकायें (Tables); जैसे–

वर्ग श्रेणी 'क'

क्रम संख्या	वर्ण विपर्यास	अनुक्रिया सही (✓) या गलत (✗)	कितना समय लिया
1.	न अ मा नु	✓	3 सेकण्ड
2.	क तो रि पा षि	✓	4 सेकण्ड
3.	र अ त्व म	✗	5 सेकण्ड
4.	ता ष वि म	✓	3 सेकण्ड
5.	ना क ई ठि	✗	10 सेकण्ड
6.	रि म म श्र	✗	18 सेकण्ड
7.	र टू जा ग	✗	20 सेकण्ड
8.	ट न स स ना ह ट	✓	15 सेकण्ड
9.	न ल दा फू	✗	10 सेकण्ड
10.	ता त ल शी	✗	12 सेकण्ड

वर्ग श्रेणी 'ख'

क्रम संख्या	वर्ण-विपर्यास	प्रतिक्रिया	कितना समय लिया
1.	ल री गि ह	✓	4 सेकण्ड
2.	ड़ म द़ च गा	✓	3 सेकण्ड
3.	र या षि	✗	10 सेकण्ड
4.	ल ध या ड़ि	✓	15 सेकण्ड
5.	या डि भे	✓	10 सेकण्ड
6.	आ दु तें	✓	15 सेकण्ड
7.	था बा सि र ह	✗	20 सेकण्ड
8.	री ब क	✓	15 सेकण्ड
9.	ल व ने	✓	10 सेकण्ड
10.	नी थि ह	✗	5 सेकण्ड

नोट–स्पष्टता हेतु नीचे प्रत्येक वर्ण विपर्यास के प्रत्येक उत्तर को वर्गानुसार तथा क्रमानुसार दिया जा रहा है, जिससे शुद्ध गणना में परीक्षणकर्त्ता को सरलता है।

	वर्ग 'क'	वर्ग 'ख'
1.	अनुमान	गिलहरी
2.	पारितोषिक	चमगादड़
3.	अमरत्व	सियार
4.	विषमता	घड़ियाल
5.	कठिनाई	भेड़िया
6.	परिश्रम	तेंदुआ
7.	जादूगर	बारहसिंघा
8.	सनसनाहट	बकरी
9.	फूलदान	नेवला
10.	शीतलता	हथिनी

(3) समान आकार के कागज के दो टुकड़े, जिन पर वर्ण-विपर्यास लिखे हुए हों। जिस कागज पर वर्ण-विपर्यास लिखे गये हों उसी आकार के कागज के दो टुकड़े इन कागज के प्रत्येक टुकड़े पर ऊपर लगभग एक इंच का चौकोर छेद कटा हुआ होगा। इस छेद में से बारी-बारी से प्रत्येक वर्ण-विपर्यास को दिखाया जायेगा।

(4) विराम घड़ी (सेकण्ड दिखलाते हुए कोई साधारण घड़ी भी काम में लायी जा सकती है)।

(5) गणना करने के लिए कलम या पेन्सिल।

आवश्यक तैयारियाँ

परीक्षण का कमरा हवादार और प्रकाशयुक्त हो। मेज की दूसरी ओर विषयी के आराम से बैठने के लिए स्थान हो। उसे आवश्यक निर्देश अच्छी तरह इस प्रकार समझा दिया जाए—वर्ण-विपर्यास की एक सूची तुम्हें बारी-बारी से दिखलाई जायेगी। वर्ग 'क' में कुछ अक्षरों को एक साथ रखा गया है, परन्तु प्रत्येक वर्ण-विपर्यास के अक्षरों से कुछ सार्थक शब्द बनाए जा सकते हैं। 'ख' वर्ग की सूची में वर्ण-विपर्यास के अन्तर्गत प्रत्येक से किसी जानवर का नाम बनाया जा सकता है। तीस के अन्तर्गत प्रत्येक वर्ण-विपर्यास से बन जाने वाले सार्थक शब्द का नाम तुम्हें 30 सेकण्ड के अन्दर बताना होगा। कागज-पेन्सिल अनुमान लगाने के लिए नहीं दिया जायेगा।

सतर्कता (Precaution)

परीक्षणकर्त्ता द्वारा कुछ लिखी हुई बातें विषयी न देखने पाए। विषयी विराम घड़ी भी न देखने पावे। इन दोनों चीजों को देखने के प्रयास में विषयी का ध्यान विचलित होगा।

क्रिया-विधि (Procedure)

वर्ण-विपर्यास के प्रत्येक वर्ग के प्रत्येक वर्ण-विपर्यास को 30 सेकण्ड के लिए बारी-बारी से दिखाया जायेगा। यदि कोई विषयी 30 सेकण्ड के पहले ही अपनी अनुक्रिया (Response) दे देता है तो उसे दूसरा वर्ण-विपर्यास दिखाया जाता है। इस प्रकार वर्ग 'क' के वर्ण-विपर्यास की समाप्ति के बाद वर्ग 'ख' को इसी प्रकार के परीक्षण हेतु लिया जाता है और इसके साथ भी उसी क्रियाविधि का अनुसरण भी किया जाता है।

परीक्षण के समाप्त हो जाने पर विषयी को कुछ देर के लिए विश्राम का अवसर दिया जाता है। इसके बाद अन्तर्दर्शन सम्बन्धी बातें विषयी से पूछी जाती हैं और यह जानने का प्रयास किया जाता है कि उसने इस परीक्षण में अपने मन में किस विधि का सहारा लिया तथा उसने किस प्रकार की कठिनाइयों का सामना किया।

आँकड़े (Data)

परीक्षणकर्त्ता समस्या के प्रत्येक उत्तर (या अनुक्रिया) को लिखता गया तथा प्रत्येक उत्तर हेतु लिये गये समय को भी नोट-बुक में नोट करता रहा। इस प्रकार पूर्व निर्मित में प्रत्येक उत्तर के सामने सही है तो सही (✓) का चिह्न और गलत है तो क्रॉस का चिह्न (✗) लगाता गया, तथा प्रत्येक के लिये लिखा हुआ समय नोट करता गया। यदि कोई उत्तर ठीक है, परन्तु उसमें 30 सेकण्ड से अधिक समय लिया गया तो उसके सामने 'दोष' लिखा जाए। ठीक उत्तरों की गणना में "दोष" वाले उत्तरों को नहीं लिया जायेगा। इस प्रकार 'क' वर्ग में ठीक उत्तर 10 में से केवल 4 ही हैं। प्रत्येक के लिए समय की सीमा 30 सेकण्ड ही निर्धारित रही है। वर्ग 'ख' जानवरों के नाम के सम्बन्ध में, जो वर्ण-विपर्यास बनाये गये थे, 10 में से ठीक उत्तर 7 आये। विभिन्न ठीक उत्तरों हेतु विषयी ने निर्धारित 30 सेकण्ड की सीमा के अन्दर ही विभिन्न समय लिया।

आँकड़ों का विश्लेषण

'क' वर्ग में 4 ठीक उत्तरों हेतु वर्ण-विपर्यास के क्रमानुसार क्रमशः 3, 4, 3, 15 सेकण्ड लगे और गलत उत्तरों में क्रमशः 5, 10, 18, 20, 10 और 12 सेकण्ड लगे।

नोट—परीक्षणकर्त्ता का इसको माध्यिका (मीडियन) निकाल लेना चाहिए। 'ख' वर्ग में वर्ण-विपर्यास के क्रमानुसार ठीक उत्तरों के लिए क्रमशः 4, 3, 15, 10, 15, 15, 10 सेकण्ड लगे। गलत उत्तरों में क्रमशः 10, 20 और 5 सेकण्ड लगे।

'क' वर्ग के वर्ण-विपर्यास की तरह 'ख' वर्ग का भी माध्यिका निकाल कर उसकी 'क' वर्ग की माध्यिका से तुलना करनी चाहिए; और इस प्रकार देखना चाहिए कि किस वर्ग में अधिक समय विषयी ने लगाया।

अन्तर्दर्शन रिपोर्ट (Introspection Report)

प्रथमतः विषयी ने एक पेन्सिल और कागज का टुकड़ा माँगा, परन्तु शीघ्र ही उसने अपनी एक विधि उत्तर देने के लिए निकाल ली। विषयी को बार-बार विभिन्न अक्षरों को मिलाकर किसी सार्थक शब्द के बनाने की चेष्टा करनी पड़ी। कभी-कभी विषयी उलझन भी महसूस करता था।

व्याख्या (Interpretation)

आँकड़ों के विश्लेषण से पता चलता है कि वर्ग 'क' और 'ख' में समय की माध्यिका समान ही है, यद्यपि विषयी को पहले ही बता दिया था कि वर्ग 'ख' में कुछ साधारण जानवरों के नाम हैं। वर्ग 'क' में ठीक उत्तरों की संख्या अपेक्षाकृत वर्ग 'ख' में प्राप्त ठीक उत्तरों से कम है। इससे यह भान होता है कि विषयी वर्ग 'ख' में उत्तरों को अधिक इसलिए बता सका क्योंकि उसमें उत्तरों को प्राप्त करने की कुछ तैयारी हो गयी थी। यह पहले से ही बता देने से कि वर्ग 'ख' के सभी वर्ण-विपर्यास में जानवरों के नाम बनते हैं विषयी की कुछ मानसिक तैयारी (Mental Set) हो गई थी। इसीलिए तो इस वर्ग में सात ठीक उत्तर थे, जबकि 'क' वर्ग में केवल चार ही ठीक हुए। वर्ग 'क' के वर्ण-विपर्यास के लिए कोई तैयारी नहीं बन पाई थी, क्योंकि इस सम्बन्ध में केवल इतना ही बताया गया था कि विपर्यास समूहों से कुछ साधारण सार्थक शब्द बन सकते हैं। स्पष्ट है कि वर्ग 'ख' के वर्ण-विपर्यास में ध्यान का केन्द्रीकरण अधिक हुआ, इसीलिए सही उत्तरों की संख्या भी इस वर्ग में अधिक रही है।

विवेचन (Discussion)

यहाँ कुछ मनोवैज्ञानिकों द्वारा प्रदत्त अवधान के स्वरूप सम्बन्धी कुछ परिभाषायें दी जा सकती हैं। इसके पश्चात् अवधान के स्वरूप की ओर स्वयं संकेत किया जा सकता है; जैसे—अवधान मन की एक चयनात्मक क्रिया है। व्यक्ति एक बात पर ध्यान न देकर अपने मन की किसी दूसरी बात पर ही ध्यान देता है; अर्थात् मन अपनी इच्छानुसार ही किसी एक बात पर ध्यान देता है। वह अपने ध्यान की परिधि में सभी अनाप-शनाप की बातें नहीं रखता। अवधान के बारे में इस परीक्षण के आधार पर हम निम्नलिखित निष्कर्ष निकाल सकते हैं—

(1) अवधान चयनात्मक (Selective) होता है।
(2) अवधान किसी वस्तु पर केवल थोड़े ही समय के लिए टिकता हैं—अर्थात् इसकी प्रकृति अस्थिर (Instable) होती है।
(3) अवधान की प्रकृति नई बातों के पता लगाने के क्रम में स्थानान्तरशील (Shifting) होती है।
(4) अवधान दो प्रकार का होता है : ऐच्छिक (Voluntary) और अनैच्छिक (Involuntary)। ऐच्छिक में व्यक्ति को किसी बात पर अवधान टिकाने के लिए जानबूझकर प्रयास करना होता है। अनैच्छिक में किसी बात या वस्तु की विशिष्ट प्रकृति के कारण अवधान उस पर अनायास चला जाता है। इस प्रकार उत्तेजना (Stimulus) की प्रकृति के अनुसार अवधान किसी बात पर टिकता है अथवा उससे हट जाता है। यह याद रखना चाहिए कि अवधान पर परिस्थिति (Situatïon), आकार (Size), अस्थिरता (Instable Nature), विरोधाभास (Contrast), अवधि (Duration) तथा मानसिक तत्परता (Mental Set) का प्रभाव पड़ता है। अन्य बातें, जिनका अवधान पर प्रभाव पड़ता है उनका सम्बन्ध व्यक्ति की आन्तरिक बातों (Internal Factors) से होता है; जैसे—रुचि, आदत, इच्छा, विगत अनुभव, प्रवृत्ति (Tendency), प्रशिक्षण और सम्मान (Inclination)। इन सभी बातों पर रुचि की प्रधानता होती है। वस्तुतः अवधान, रुचि का सक्रिय रूप है (Attention is interest in action) मानसिक तत्परता (Set) उद्दीपन (Stimulus) के प्रति अवधान की गति को प्रभावित करती है। प्रस्तुत परीक्षण में इस गति को अच्छी तरह पहचाना जा सकता है। अवधान किस दिशा में क्रियाशील होता है इसका प्रतिक्रिया दिखलाने के समय पर प्रभाव पड़ता है। इस परीक्षण में यह देखा गया कि जब अवधान अनुक्रिया (Response) दिखलाने पर केन्द्रित हो जाता है तो प्रतिक्रिया-समय (Time of Reaction) कम लगता है; और जब अवधान उद्दीपन पर केन्द्रित होता है तो प्रतिक्रिया-समय कुछ अधिक होता है। वस्तुतः अपेक्षित उद्दीपन हेतु मस्तिष्क (Mind) पहले से ही तैयार हो जाता है और प्रतिक्रिया (Reaction) तुरन्त हो जाती है।

शैक्षिक महत्त्व (Educational Significance)

अध्यापन में सफलता विद्यार्थियों के ध्यान को यथासमय पढ़ाने वाली बातों पर केन्द्रित कर सकने पर निर्भर है। इसके लिए पाठ में उनकी रुचि उत्पन्न करना है जिससे वह शीघ्रातिशीघ्र विषय-वस्तु को सीख सकें। कहना न होगा कि इस

उद्देश्य की प्राप्ति हेतु पाठ्यक्रम बच्चों की रुचियों के अनुकूल हो तथा अध्यापक का व्यक्तित्व और उसके पढ़ाने की शैली आकर्षक हो। अध्यापन की शैली और पाठ्यवस्तु विद्यार्थियों की योग्यता के अनुसार व्यवस्थित करनी होगी। साथ ही, यह भी देखना होगा कि पाठ्यवस्तु न अधिक कठिन हो और न अधिक सरल; क्योंकि इन दोनों स्थितियों में अध्यापक विद्यार्थी के ध्यान को केन्द्रित नहीं कर पायेगा। विद्यार्थियों को उत्साहित करने के लिए आवश्यक होगा कि उनके सामने एक निश्चित उद्देश्य रखा जाए। विभिन्न प्रकार के दृश्य-श्रव्य सहायक उपकरणों की सहायता से बच्चों की पाठ्यवस्तु में रुचि उत्पन्न करके उनके ध्यान को केन्द्रित किया जा सकता है।

इस परीक्षण से स्पष्ट होता है कि अध्यापन की प्रक्रिया में सर्वप्रथम विद्यार्थियों की मानसिक तैयारी करनी चाहिए। इस मानसिक तैयारी की शिक्षक को रक्षा करनी चाहिए। इसके लिए उसे कक्षा में व्यर्थ की बातें नहीं करनी चाहिए।

निष्कर्ष (Conclusion)

इस परीक्षण में देखा गया कि वर्ग 'क' में विषयी ने अधिक समय लिया और वर्ग 'ख' में कम। इसका कारण यह था कि वर्ग 'ख' हेतु विषयी में कुछ मानसिक तैयारी हो गई थी, क्योंकि उन्हें यह बता दिया गया था कि प्रत्येक वर्ण-विपर्यास से एक ऐसा शब्द बनेगा जो किसी जानवर का नाम होगा। अतः स्पष्ट है कि अवधान मानसिक तत्परता से प्रभावित होता है।

अध्याय 7

प्रतिमा और कल्पना
(Image and Imagination)

- **प्रतिमा प्रकार (Image Type)**
- **रचनात्मक योग्यता की परीक्षा (Creative Ability Test)**
- **कल्पना की उर्वरता (Fertility of Imagination)**

प्रयोग 25
Experiment-25

प्रतिमा प्रकार
(Image Type)

दिनांक (Date)...................... दिवस (Day)...................... समय (Time)............
प्रयोग की अवधि (Duration of the Experiment)..
विषयी का नाम (Name of the Subject)..
आयु (Age)........................ लिंग (Sex)........................ कक्षा (Class)........................
विषयी की सामान्य दशा (His General Condition)..
संस्था का नाम (Name of the Institution)..

उद्देश्य (Aim)

प्रतिमा प्रकार की स्मृति का पता लगाना और यह देखना कि विषयी में कौन-सी स्मृति-प्रतिमा (Memory Image) अधिक विकसित है।

नोट—प्रतिमा का सम्बन्ध हमारे विगत अनुभवों (Past Experience) के मानसिक चित्र (Mental Picture) से होता है। अपनी विविध ज्ञानेन्द्रियों

(Senses) के माध्यम से हम अनुभव प्राप्त करते हैं। हमारे कुछ अनुभव बहुत स्पष्ट होते हैं और कुछ क्षीण। तद्नुसार हमारी मानसिक प्रतिमायें भी प्रति प्रबल अथवा क्षीण या अत्यन्त क्षीण होती हैं। परन्तु अपने विगत अनुभवों की 'बहुत स्पष्ट' या 'कम स्पष्ट' प्रतिमा प्रत्येक व्यक्ति के पास होती है। मनोवैज्ञानिकों के अनुसार हमारी अधिकांश मानसिक प्रतिमाओं में दृष्टि (Vision), ध्वनि (Sound) तथा गतिबोधक (Kinaesthetic) प्रतिमायें अन्य की अपेक्षा बहुधा अधिक तीव्र होती हैं। हाँ, वैयक्तिक कारणों के आधार पर इनमें वैयक्तिक भेद (Individual Differences) का होना स्वाभाविक है। जिस व्यक्ति में जिस प्रतिमा की प्रबलता होती है उसे उसी कोटि में रखा जाता है। वस्तुतः व्यक्ति-विशेष अपनी जिस ज्ञानेन्द्रिय-विशेष का अत्यधिक प्रयोग करता है उसकी उससे सम्बन्धित प्रतिमा अधिक प्रबल हो सकती है।

उपकरण (Material)

प्रत्येक ज्ञानेन्द्रिय (Sense-organ) से आबद्ध (Associated) दस शब्दों या वाक्यों की सूची। इस प्रकार हमारी पाँच प्रमुख ज्ञानेन्द्रियों के लिए उनसे आबद्ध 50 शब्द या 50 वाक्यों की सूची होनी चाहिए; कागज, पेन्सिल तथा विराम घड़ी (Stop Watch)।

प्रतिमाओं की प्रबलता या क्षीणता की पहचान के लिए निम्नलिखित प्रकार का एक माप-सारणी (Scale) मानक लिख लिया जाए।

प्रतिमा मान-सारणी (Image Scale)

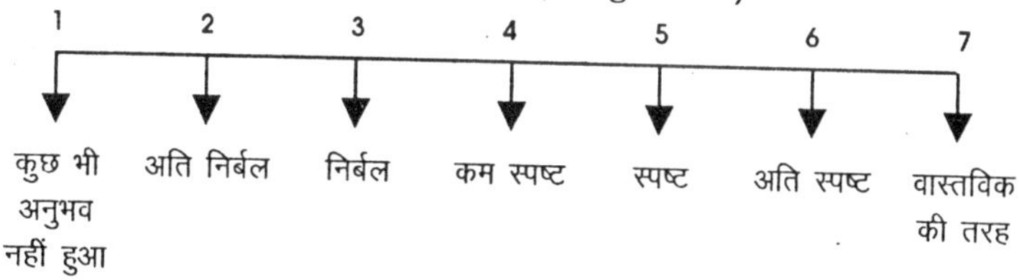

नोट—मान-सारणी में सात बिन्दु (Points) के स्थान पर केवल तीन या पाँच भी रखे जा सकते हैं।

निर्देश (Instruction)

"सावधान" कहने पर अपनी आँखें बन्द करके आराम से अपने स्थान पर बैठ जाओ और अपने मस्तिष्क से सभी विचार बाहर निकाल देने का प्रयत्न करो;

अर्थात् यथासम्भव कुछ न सोचो। मैं कुछ शब्द बोलूँगा। प्रत्येक शब्द से सम्बन्धित चित्र तुम अपने मन में ले आओ और मुझे बताओ कि उस चित्र के स्वरूप का तुम स्पष्टतः अनुभव कर रहे हो या नहीं। यदि अनुभव कर रहे हो तो प्रतिमा 'अति निर्बल', 'निर्बल', 'कम स्पष्ट', 'स्पष्ट', 'अति स्पष्ट' या 'वास्तविक की तरह' है। इनमें से तुम्हारे सम्बन्ध में उस प्रतिमा का प्रकार क्या है यह तुम्हें बताना है।

तैयारी (Preparation)

वास्तविक प्रयोग के पूर्व विषयी से कुछ शांत प्रश्न पूछने चाहिए, जिससे स्पष्ट हो जाए कि प्रयोग के स्वरूप को उसने ठीक-ठीक समझ लिया है। यह प्रश्न प्रत्येक ज्ञानेन्द्रिय (Sense-organ) से सम्बन्धित होना चाहिए और इसका सम्बन्ध प्रयोग से हो।

आँकड़े (Data)

(अ) दृष्टि प्रतिमा (Visual Image)

(1) नीचे की वस्तुओं के आकार अथवा रंग का आप जैसा अनुभव कर रहे हो, प्रतिमा मान-सारिणी (Image Scale) के अनुसार बताइए।

नोट—अधोलिखित शब्दों की सूचियाँ केवल उदाहरणार्थ हैं। प्रयोगकर्त्ता अपनी दूसरी सूचियाँ बना सकता है।

प्रतिमा की वस्तु (The Material for the Image)	प्रतिमा की स्पष्टता का स्वरूप (Nature of the Vividness of Image)	मध्यमान (Mean)
1. पीपल की हरी पत्ती		
2. काला कुत्ता		
3. मोटी गाय		
4. शंकर की मूर्ति		
5. जवाहरलाल नेहरू का चित्र		
6. हाथी		
7. वर्षा		
8. थाली		
9. बेल		
10. टमाटर		

(ब) ध्वनि प्रतिमा (Auditory Image)

(2) निम्नलिखित ध्वनियों की प्रतिमा को आप कैसा अनुभव कर रहे हैं?

ध्वनि जिसकी प्रतिमा हो सकती है (The Sound whereof Image is Possible)	प्रतिमा की स्पष्टता का स्वरूप (Nature of Vividness of Image)	मध्यमान (Mean)
1. सितार वादन		
2. बाँसुरी की ध्वनि		
3. कुत्ते का भौंकना		
4. कौवे की काँव–काँव		
5. पायल की झन्कार		
6. जन–गण–मन अधिनायक का गाना		
7. चूड़ी की खनखनाहट		
8. नवजात शिशु का रोना		
9. किसी विधवा का हृदय–विदारक रुदन		
10. स्कूटर स्टार्ट होने की तेज आवाज		

(स) गतिबोधक प्रतिमा (Kinesthetic Image)

(3) क्या आप अधोलिखित गतिबोधक प्रतिमाओं को अनुभव कर सकते हैं?

गतिबोधक क्रिया जिसकी प्रतिमा सम्भव है (The Kinesthetic Activity whereof Image is Possible)	प्रतिमा की स्पष्टता का स्वरूप (The Nature of Vividness of the Image)	मध्यमान (Mean)
1. खेल के मैदान में बच्चों का दौड़ना		
2. स्काउटों की परेड		
3. कड़ा भूँजा (चबैना) चबाते समय चेहरे की नसों में गति		
4. घास काटना		
5. एक कुत्ते का तेज दौड़कर दूसरे कुत्ते का पीछा करना		
6. हाथी का झूमते हुए चलना		
7. एक नेत्र को दबाकर शिकारी का बन्दूक से निशाना लगाना		
8. दो पहलवानों की कुश्ती लड़ना		
9. दाढ़ी बनाना		
10. बदन में तेल मालिश करना		

(द) स्वाद-प्रतिमा (Gustatory Image)

(4) क्या अधोलिखित के स्वाद की कल्पना या प्रतिमा आप अपने मन में ला सकते हैं?

स्वाद बोधक वस्तु (Gustatory Article)	स्वाद प्रतिमा की स्पष्टता का स्वरूप (The Nature of Vividness of the Image)	मध्यमान (Mean)
1. आम का अचार		
2. कच्चे आम, हरी धनिया और मिर्च की चटनी		
3. रसमलाई (मिठाई)		
4. लवंग की तीक्तता		
5. आलू और गोभी की स्वादिष्ट बनी हुई सब्जी		
6. पंचमेवों से युक्त खीर		
7. मीठे पके आम का रस		
8. मीठा खरबूजा		
9. करेले की कड़वाहट		
10. तुलसी की पत्ती का काढ़ा		

(इ) गन्ध प्रतिमा (Olfactory Image)

(5) क्या आप अधोलिखित की गन्धों की प्रतिमा मन में ला सकते हैं?

प्रतिमा की वस्तु (The Article of the Image)	गन्ध प्रतिमा की स्पष्टता का स्वरूप (The Nature of Vividness of the Image)	मध्यमान (Mean)
1. भुनी हुई धनिया का सिल पर पीसा जाना		
2. सड़ी छछूँदर		
3. सिगरेट का धुँआ		
4. रसोई में मसालेदार सब्जी का पकना		
5. लहसुन की गन्ध		
6. वर्षा ऋतु में जलते हुए लैम्प के पास छोटे-छोटे, हरे-हरे कीड़े जो घेर लेते हैं, उनकी गन्ध		
7. गर्मी के दिनों में शरीर पर तेज गन्ध का पाउडर		
8. चमेली के फूल की महक		
9. पुदीने की सुगन्ध		
10. बकरी के दूध की महक		

(ई) त्वक् प्रतिमा (Cutaneous Image)

(6) आप अधोलिखित त्वक्-प्रतिमाओं का अनुभव किस प्रकार करते हैं?

प्रतिमा की वस्तुएँ (The Article for the Image)	त्वक् प्रतिमा की स्पष्टता का स्वरूप (The Nature of Vividness of the Cutaneous Image)	मध्यमान (Mean)
1. प्यार से माता का खुली पीठ पर हाथ रखना		
2. ठण्डे पानी से स्नान		
3. पैर के तलवे में किसी नुकीली चीज का गड़ जाना		
4. खुरदरे पदार्थ का स्पर्श		
5. सनमायका टेबल का स्पर्श		
6. मसूड़े का दर्द		
7. हाथ पर मक्खी बैठना		
8. पीठ पर चींटी का रेंगना		
9. सिर में कंघी करना		
10. मखमली कपड़े का स्पर्श		

अन्तर्निरीक्षण आख्या (Introspection Report)

विषयी से कहा जाए कि वह बताये कि किस प्रतिमा का उसने कैसा अनुभव किया, अर्थात् उसने 'अति तीव्र', 'तीव्र', या 'निर्मल' आदि का अनुभव किया। ज्ञानेन्द्रियों के प्रत्येक प्रकार से सम्बन्धित प्रतिमाओं के स्वरूप का वह उल्लेख करे। वह बताये कि प्रतिमायें सरलता से मस्तिष्क में आ जाती थीं या उसमें कुछ कठिनाई होती थी। क्या बाद की प्रतिमाओं के बताने में कुछ अभ्यास का भी प्रभाव पड़ा? विषयी यह भी बताये कि प्रश्न करने के बाद ही प्रतिमाओं का अनुमान होता था अथवा इसमें कुछ समय लगता था। [कहना न होगा कि इस प्रकार के प्रश्नों के उत्तर में प्रत्येक विषयी की अपनी अलग-अलग अन्तर्निरीक्षणात्मक आख्या होगी।]

आँकड़ों का विश्लेषण (Data Analysis)

ऊपर के स्तम्भों में उल्लिखित प्रतिमा-प्रकारों की एक तालिका बनानी चाहिए। हर प्रकार की प्रतिमा की स्पष्टता का मध्यमान निकाल कर इस तालिका में लिखना चाहिए। प्रतिमा की स्पष्टता को ग्राफ द्वारा भी प्रदर्शित किया जा सकता है। विद्यार्थी अपने अध्यापक से पूछे कि यह ग्राफ कैसे बनाया जाए।

विवेचन (Discussion)

विवेचन में लिखना चाहिए कि विभिन्न प्रतिमायें विषयी के वर्तमान जीवन में क्या

स्थान रखती हैं; अर्थात् कौन-सी प्रतिमा अधिक स्पष्ट है और कौन-सी अति निर्बल है, आदि बातों का विस्तृत वर्णन होना चाहिए। यह वर्णन बनी हुई तालिका के अनुसार होगा। इन प्रतिमाओं के आधार पर विषयी के मानसिक जीवन पर जो प्रकाश पड़ता है उसे भी स्पष्टतः लिखना चाहिए। बनाया हुआ ग्राफ प्रतिमाओं को किस प्रकार स्पष्ट करता है इसे भी अच्छी तरह दिखाना चाहिए।

[**नोट**—विवेचन करने के क्रम में याद रखना चाहिए कि अपनी प्रतिमाओं का उल्लेख विषयी अपने अन्तर्निरीक्षण के आधार पर करता है। फलतः इसमें अतिश्योक्ति का भी पुट आ जाना स्वाभाविक हैं।]

प्रयोग 26

Experiment-26

रचनात्मक योग्यता की परीक्षा
(Creative Ability Test)

कुछ सामान्य बातें

साधारणतः पाया जाता है कि जो अत्यधिक लिखते हैं वे बहुधा बड़े-बड़े वाक्य लिखते हैं और कम लिखने वाले छोटे-छोटे वाक्य लिखते हैं। इस प्रकार के व्यक्तियों के छोटे-छोटे वाक्यों में कल्पना का भी अभाव रहता है। अपने प्रयोगों के आधार पर मनोवैज्ञानिकों की धारणा है कि 'क्रिया' शब्दों का जिसे अधिक ज्ञान होता है, वह कम संज्ञा शब्दों के ज्ञान वाले व्यक्ति की अपेक्षा अधिक अच्छा वाक्य लिखता है। किसी व्यक्ति की रचनात्मक योग्यता उसकी बुद्धि, कल्पना-शक्ति, अनुभव तथा उसके वातावरण द्वारा प्रभावित होती है।

दिनांक (Date)............ दिवस (Day)............ समय (Time)............
विषयी का नाम (Name of the Subject)............
आयु (Age)............ लिंग (Sex)............ कक्षा (Class)............
सामान्य स्वास्थ्य (General Health)............
संस्था का नाम (Name of the Institution)............

उपकरण (Materials)

प्रत्येक पर तीन-तीन 'संज्ञा' शब्द लिखे हुए ऐसे आठ कार्ड तथा आठ ऐसे कार्ड, जिन पर प्रत्येक पर केवल 'क्रिया' शब्द लिखे हों, पर्दा (Screen), विराम या बन्द घड़ी (Stop Watch), कागज और पेन्सिल।

प्रक्रिया (Procedure)

तैयारी—प्रयोग प्रारम्भ करने की तैयारी अधोलिखित रूप में की जाए—

विराम घड़ी, 'संज्ञा' और 'क्रिया' शब्द लिखे हुए कार्डों को पर्दे की आड़ में रखा जाए। इसके बाद विषयी को इस प्रकार निर्देश दिया जाएः—

'सावधान' कहने के बाद तुम्हें मैं एक कार्ड दूँगा जिस पर 'क्रिया' द्योतक तीन शब्द लिखे होंगे। इन शब्दों के साथ जितने वाक्य तुम बना सकते हो उतने बनाओ। इन शब्दों के सहारे चाहे जिस 'काल' (Tense) और वचन (Singular or Plural Number) वाले वाक्य बनाओ। इसी प्रकार तुम्हें पुनः सात कार्ड और एक-एक करके बारी-बारी से दिये जायेंगे। इन कार्डों में भी प्रत्येक पर तीन-तीन 'क्रिया' शब्द लिखे हुए हैं। इन विभिन्न अर्थात् $3 \times 7 = 21$ 'क्रिया' शब्दों की सहायता पर पूर्ववत् वाक्य बनाओ। इसी प्रकार बारी-बारी से तुम्हें आठ 'संज्ञा' शब्द वाले भी कार्ड दिये जायेंगे। इस समूह के भी प्रत्येक कार्ड पर 'तीन-तीन' 'संज्ञा' शब्द लिखे हुए हैं। इन शब्दों के साथ जितने वाक्य तुम बना सकते हो उतने बनाओ। प्रत्येक कार्ड पर लिखे हुए संज्ञा शब्द के अतिरिक्त मनचाहे अन्य 'संज्ञा' शब्दों का भी प्रयोग कर सकते हो। इस प्रकार तुम्हें कुल 8 'क्रिया' शब्द तथा 8 'संज्ञा' शब्द अर्थात् कुल $8 + 8 = 16$ शब्दों के आधार पर अलग-अलग वाक्य बनाने हैं। याद रखो कि प्रति कार्ड पर लिखे हुए शब्दों के आधार पर वाक्य बनाने हेतु कुल पाँच मिनट दिये जायेंगे। एक कार्ड के शब्दों वाले वाक्य लिख लेने पर तुम्हें एक मिनट का विश्राम दिया जायेगा। 'क्रिया' शब्द वाले कार्डों के आधार पर वाक्य-रचना कर लेने पर 15 मिनट का विश्राम दिया जायेगा। इस प्रकार इस प्रयोग की योजना निम्नलिखित प्रक़ार की बनती है—

प्रकार 'क्रिया' शब्द वाले वाक्य

समय प्रति कार्ड	कार्ड की संख्या	दो कार्डो के बीच का विश्राम	प्रयुक्त शब्द की संख्या	वाक्य संख्या
5 मिनट	8	एक मिनट	—	—

'क्रिया' और संज्ञा के बीच विश्राम का समय 15 मिनट

प्रकार 'संज्ञा' शब्द वाले वाक्य

समय प्रति कार्ड	कार्ड की संख्या	दो कार्डों के बीच का विश्राम	प्रयुक्त शब्द की संख्या	वाक्य संख्या
5 मिनट	8	एक मिनट	—	—

प्रत्येक प्रकार में प्रयुक्त शब्दों तथा वाक्यों को यथासमय लिख लेना चाहिए। उपर्युक्त प्रकार से सारी प्रक्रिया समझा देने के बाद वास्तविक प्रयोग पर आना चाहिए।

वास्तविक प्रयोग

अब विषयी को कागज और पेन्सिल देकर 'आरम्भ' करने को कहा जाए। सर्व प्रथम केवल एक ही प्रकार का, चाहे 'क्रिया' शब्द अथवा 'संज्ञा' शब्द वाले कार्ड देकर प्रयोग आरम्भ करना चाहिए। प्रारम्भ करने पर विराम घड़ी चला देनी चाहिए। पाँच मिनट तक एक कार्ड के अनुसार वाक्य लिख लेने पर विराम घड़ी बन्द कर दी जाए और लिखा हुआ कार्ड विषयी से ले लिया जाए। इसके बाद एक मिनट का विश्राम देकर पुनः दूसरा कार्ड देना चाहिए। इसी तरह आठवें कार्ड तक प्रयोग किया जाए और प्रत्येक कार्ड के कार्य के बाद एक मिनट का विश्राम दिया जाए। पहले प्रकार के कार्डों पर प्रयोग की समाप्ति पर 15 मिनट का विश्राम देना चाहिए। इस विश्राम के बाद दूसरे प्रकार के आठ कार्डों पर पहले ही की तरह प्रत्येक कार्ड के शब्दों पर वाक्य-रचना की जाए। याद रहे कि समय प्रति कार्ड केवल 5 मिनट ही है तथा हर एक कार्ड के कार्य के बाद एक मिनट का विश्राम देना है। इस प्रकार पूरा प्रयोग विधिवत् कर लेने के बाद परिणाम तालिका बनानी चाहिए।

आँकड़े (Data)

'क्रिया' शब्द की तालिका

कार्ड संख्या	वाक्य संख्या	शब्द संख्या
1.		
2.		
3.		
4.		
5.		
6.		
7.		
8.		

"संज्ञा" शब्द की तालिका

कार्ड संख्या	वाक्य संख्या	शब्द संख्या
1.		
2.		
3.		
4.		
5.		
6.		
7.		
8.		

अन्तर्निरीक्षणात्मक आख्या (Introspection Report)

विषयी से पूछा जाए कि वह किस विधि से वाक्यों की रचना करता था। वाक्यों की रचना में शब्दों को तुरन्त मन में पा जाता था अथवा उनके बारे में उसे बहुत सोचना पड़ता था। इसके बारे में भी विषयी से जानकारी की जाए। विषयी से यह भी जान लिया जाए कि क्या वाक्य-रचना मे उसके मन में वस्तुओं की प्रतिमा का आभास होता था। उससे पूछा जाए कि 'संज्ञा' वाले वाक्यों की रचना में उसे सरलता होती थी या "क्रिया" वाले शब्दों से सम्बन्धित वाक्यों की रचना में।

सांख्यिकीय विश्लेषण (Statistical Analysis)

प्रत्येक प्रकार अर्थात् 'क्रिया' और 'संज्ञा' से सम्बन्धित वाक्यों तथा वाक्यों में व्यवहृत शब्दों का माध्य या मध्यमान (Mean) स्पष्टतः निकालना चाहिए।

विवेचना (Discussion)

'क्रिया' तथा 'संज्ञा' वाले वाक्यों की छानबीन कर लेने के बाद यह बताया जाना चाहिए कि प्रत्येक समूह में विषयी के वाक्यों का प्रकार उसकी किस प्रकार की योग्यता की ओर संकेत करता है। विषयी प्रायः लम्बा वाक्य लिखता है या छोटा-छोटा लिखता है? इसे बताना चाहिए। विषयी के वाक्यों में उसकी कल्पना और चिन्तन का स्वरूप कैसा है? ये सब बातें विस्तारपूर्वक लिखनी चाहिए।

कार्ड पर लिखे हुए 24 "क्रिया" शब्द

जाना, हँसना, रोना, गाना, थूकना, पटकना, फेंकना, लिखना, गिराना, तोड़ना, नहाना, पीना, सुनना, सोचना, भूंजना, सेकना, लगाना, खिलाना, पहनना, धोना, ऐंठना, पीटना, भूलना, याद करना।

कार्ड पर लिखे हुए 24 "संज्ञा" शब्द

कलम, कागज, हाथी, चूहा, दूध, रोटी, चावल, घास, पेड़, नदी, सागर, पर्वत, जंगल, शेर, दाना, रात, दिन, प्रकाश, अन्धकार, खरगोश, गाय, कुत्ता, इंग्लैण्ड, इटली।

प्रयोग 27
Experiment-27
कल्पना की उर्वरता
(Fertility of Imagination)

कुछ सामान्य बातें

कल्पना द्वारा हम अपने विगत् अनुभवों (Past Experiences) को नया रूप देना चाहते हैं। कल्पना करना प्रत्येक व्यक्ति का स्वभाव होता है। परन्तु अधिक या कम कल्पना करना उसकी कल्पना की उर्वरता या रचनात्मकता (Creativeness) पर निर्भर है। आयु और अनुभव के साथ व्यक्ति की कल्पना-शक्ति में उत्तरोत्तर विकास होता रहता है। इसीलिए तो वयस्कों की कल्पना-शक्ति बच्चों की तुलना में अधिक दूर तक जाती है। कल्पना की उर्वरता पर पाइल (Pyle) ने बच्चों और वयस्कों (पुरुष और स्त्री दोनों) पर एक प्रयोग किया। अपने प्रयोग में उसने देखा कि स्त्रियों ने तीन मिनट में लगभग दस पदार्थों की कल्पना की, पुरुषों ने ग्यारह, और 8—14 वर्ष के बच्चों ने सामान्यतः (औसत रूप में) केवल सात पदार्थों का ही उल्लेख किया। हमारी कल्पनाएं बहुधा वैज्ञानिक, साहित्यिक, राजनैतिक, भौगोलिक, धार्मिक तथा पौराणिक आदि बातों से सम्बन्धित हो सकती हैं। परन्तु किसी क्षेत्र में विशेषज्ञ की कल्पना उसके विशिष्ट क्षेत्र से ही सम्बन्धित होगी। अतः व्यक्ति की कल्पना-विशेष के बाहुल्य से उसके विशिष्ट कार्य-क्षेत्र, जीवन-शैली तथा व्यक्तित्व के स्वरूप का कुछ अनुमान हो सकता है। अतः किसी के व्यक्तित्व को समझने में उसके कल्पना के स्वरूप को समझना सहायक होगा।

दिनांक (Date)................. दिवस (Day)................. समय (Time)..........
विषयी का नाम (Name of the Subject)..
आयु (Age)................. लिंग (Sex)................. कक्षा (Class)..............
विषयी की सामान्य दशा (His General Condition)................................
प्रयोग की अवधि (Duration of the Experiment)..................................
संस्था का नाम (Name of the Institution).......................................

उद्देश्य (Aim)

विषयी की कल्पना की उर्वरता का पता लगाना।

उपकरण (Materials)

विराम घड़ी (Stop Watch), पर्दा (Screen), रोर्शाक के स्याही के दस धब्बे (Ten Ink-blots as conceived by Rorschach), नोटबुक, कलम या पेन्सिल।

प्रक्रिया (Procedure)

रोर्शाक के "स्याही के दस धब्बों" को सर्वप्रथम उलट कर रख देना चाहिए, परन्तु ऐसा करने में उसका क्रम न बिगड़े। इसके बाद 'धब्बे' को निर्दिष्ट स्थान पर रख कर विषयी को अधोलिखित निर्देश देना चाहिए–

"आरम्भ" कहकर तुम्हें एक कार्ड दूँगा। इस कार्ड पर कुछ धब्बे बने हुए हैं। इन्हें देखने के बाद तुम्हारे मन में जो बातें आएं उन्हें बताओ। धब्बों में तुम्हें कैसी-कैसी आकृतियाँ (Forms) मालूम हो रही हैं। उन्हें निःसंकोच बताओ। धब्बों को सभी ओर से देखना है। "समाप्त" कहने पर अपना सोचना और बताना बन्द कर देना। इसके बाद तुम्हें अन्य धब्बों के नौ कार्ड बारी-बारी से दिखाये जायेंगे। तुम धब्बे के प्रत्येक कार्ड के बारे में अपने मन में आई हुई बातों को इसी प्रकार बताना।

उपर्युक्त निर्देश दे देने के बाद "आरम्भ" की अनुमति देकर विराम घड़ी को चला देना चाहिए। एक-एक मिनट की अवधि में विषयी जो कहे, उसे लिखते रहना चाहिए और प्रति मिनट के बाद घड़ी कुछ देर के लिए बन्द कर देनी चाहिए। इसी प्रकार प्रत्येक कार्ड को एक मिनट की अवधि में दिखाते हुए विषयी द्वारा बताई हुई बातों को लिखना चाहिए।

आँकड़े (Data)

रोर्शाक धब्बों की संख्या	बताई हुई बातें	बताई हुई बातों की संख्या
1.		
2.		
3.		
4.		
5.		
6.		
7.		
8.		
9.		
10.		

सांख्यिकीय विश्लेषण (Statistical Analysis)

साहित्यिक, धार्मिक, पौराणिक, राजनैतिक, भौगोलिक तथा वैज्ञानिक आदि का वर्ग बनाकर बताई हुई बातों को उनसे संगत वर्ग में रखना चाहिए। प्रत्येक प्रकार की बात को व्यक्त करने में जो समय लगा हो उसे पहले से ही अंकित कर लेना चाहिए। सांख्यिकीय विश्लेषण में इस समय का विशेष महत्त्व है। बताई हुई बातों या वस्तुओं तथा प्रत्येक धब्बे से सम्बन्धित बताई हुई बातों को ग्राफ द्वारा प्रदर्शित करना चाहिए।

अन्तर्निरीक्षणात्मक आख्या (Introspection Report)

यह बताना चाहिए कि स्याही के धब्बों ने विषयी की कल्पना को किस प्रकार प्रभावित किया अर्थात् उनके सहारे उसने किन-किन बातों का उल्लेख किया। यह भी बताना चाहिए कि विषयी बताने में अधिक समय लेता था या अपनी बातें जल्दी-जल्दी कह देता था। क्या धब्बों के सहारे उसने अपनी जीवन-शैली अथवा किसी पेशे के बारे में भी कुछ कहा? इस प्रश्न का उत्तर स्पष्टतः आख्या में लिखना चाहिए। आख्या में यह भी बताना चाहिए कि विषयी धब्बों के रंग-विशेष, आकार अथवा अंश-विशेष में किस पर अधिक ध्यान देता था।

विवेचना (Discussion)

विषयी द्वारा बताये हुए शब्दों तथा उनकी श्रेणियों को व्यक्त करते हुए बताना चाहिए कि वह अपनी बातें धड़ाधड़ बताता जाता था अथवा इस क्रम में वह सोचते हुए दिखाई पड़ जाता था। विषयी द्वारा बताई हुई बातों के आधार पर प्रयोगकर्त्ता को व्यक्त करना चाहिए कि विषयी अत्यधिक कल्पनाशील है अथवा साधारण कोटि का है। अपने प्रयोग के परिणाम की तुलना अन्य मनोवैज्ञानिकों द्वारा ऐसे ही किये गये प्रयोगों के परिणाम से करनी चाहिए।

नोट–अच्छा होगा यदि प्रयोगकर्त्ता अपना अभिमत व्यक्त करे कि कल्पना की उर्वरता की परीक्षा के लिए इस प्रयोग की विधि कहाँ तक उपयुक्त है।

अध्याय 8

प्रतिक्रिया काल
(Reaction Time)

- प्रतिक्रिया काल (Reaction Time)

प्रयोग 28
Experiment-28
प्रतिक्रिया काल[1]
(Reaction Time)

दिनांक (Date)………………… दिवस (Day)………………… समय (Time)…………
प्रयोग की अवधि (Duration of the Experiment)……………………………………………
विषयी का नाम (Name of the Subject)…………………………………………………………
आयु (Age)………………… लिंग (Sex)………………… कक्षा (Class)…………………
संस्था का नाम (Name of the Institution)……………………………………………………

उद्देश्य (Aim)

एक दृश्य-उद्दीपन (Visual Stimulus) के प्रति विषयी प्रतिक्रिया दर्शाने में कितना समय लेता है, इसका ज्ञान प्राप्त करना।

1. प्रतिक्रिया काल (Reaction Time) रंगान्धता (Colour Blindness), रंगों के मेल (Colour Mixing), रंग की तीव्रता (Colour Acuity), रंग–विरोधिता (Colour Contrast), समकालिक रंग–विरोधिता (Simultaneous Colour Contrast), ध्वनियों का स्थानीयकरण (Localization of Sounds), थकान की माप (Measurement of Fatigability), आकार-भार विभ्रम (Size-Weight Illusion) के प्रयोगों के सम्बन्ध में लेखक कॉलिन्स तथा ड्रेवर (Colins and Drever) के प्रति तथा उनकी पुस्तक 'ए फर्स्ट लेबोरेटरी गाइड इन सायकॉलोजी' के प्रकाशक "मैथ्यू, लंदन 1948" के प्रति आधार व्यक्त करता है।

उपकरण और सामग्रियाँ (Instruments and Materials)

काइमोग्राफ (Kymograph), बिन्दु (Point), अंकित (Record) करने के लिए एक चुम्बक (Magnet), प्रतिक्रिया कुँजी के साथ प्रदर्शन उपकरण; प्रदर्शन उपकरण में लगा रंगीन कार्ड; काइमोग्राफ को धुँए से काला कर दिया जाता है, इस पर चिह्न इतने सूक्ष्म बनाये जाते हैं कि ये सेकण्ड का $\frac{1}{100}$ भाग भी अंकित कर सकें।

विधि (Method)

प्रयोगकर्त्ता पहले ट्वीजर्स (Tweezers) को व्यवस्थित करता है जिससे काइमोग्राफ पर चिह्न अंकित करने होते हैं। काइमोग्राफ का शटर ऊपर उठाया जाता है और उसे रंगीन कार्ड बोर्ड की पीठ के पीछे कर दिया जाता है। विषयी अपनी उँगली प्रतिक्रिया कुंजी (Reaction Key) पर रखता है और काइमोग्राफ क्रिया करने लगता है। प्रयोगकर्त्ता शटर गिरा देता है और दो सेकण्ड बाद विषयी को काम शुरू करने का संकेत देता है। रंग को देखकर विषयी प्रतिक्रिया कुंजी को दबाना बन्द कर देता है। विषयी से कहा जाता है कि वह शटर के गिरने-उठने से उत्पन्न ध्वनि पर बिल्कुल ध्यान न दे। तीन बार पूर्वाभ्यास कर लेने के बाद विषयी प्रयोग के समय दस बार प्रतिक्रिया-कुंजी से काम लेता है। इन दस बार की प्रतिक्रियाओं (Reactions) में लगे समयों के औसत को प्रतिक्रिया-काल (Reaction Time) कहा जाता है। विषयी से कहा जाता है कि वह अपना ध्यान रंगीन कार्ड पर ही केन्द्रित करे। यह प्रयोग अलग-अलग रंगों के कार्डों के साथ दोहराया जाता है। इस प्रकार अलग–अलग प्रयोगों से प्राप्त प्रतिक्रिया-काल को तुलनात्मक पद्धति से निर्धारित किया जायेगा। जब अनुक्रिया (Response) की तीव्रता या शीघ्रता पर ध्यान दिया जाता है तो विषयी की मांसपेशियों की प्रतिक्रियाओं के काल को भी ध्यान में रखा जाता है। इन प्रयोगों के लिए वास्तविक प्रयोग करने से पहले पर्याप्त अभ्यास की आवश्यकता होती है। प्रत्येक प्रयोग के बाद प्रयोगकर्त्ता और विषयी अपना स्थान बदल लेते हैं।

विषयी के विभेदीकृत (Discriminated) प्रतिक्रिया काल का पता लगाने के लिए कम से कम छः पृथक्-पृथक् रंगीन कार्डों पर प्रयोग करने की आवश्यकता होगी। विषयी को एक रंग का कार्ड नियमित रूप से पाँच बार क्रमशः दिखाया जाए और छठी बार विषयी से प्रतिक्रिया कुंजी दबवाकर उसकी प्रतिक्रिया जान ली जायेगी।

निरीक्षण (Observation)

प्रत्येक प्रयोग पर लिये गये प्रतिक्रिया-काल का औसत ले लिया जाए।

सावधानी (Precaution)

विषयी को प्रत्येक बात भली प्रकार समझा दी जाए।

निष्कर्ष (Conclusion)

विषयी द्वारा दर्शाये गये प्रतिक्रिया काल को व्यक्त करना।

अध्याय 9

कार्य और थकान
(Work and Fatigue)

- **गति और शुद्धता में सम्बन्ध**
  (Relation between Speed and Accuracy)
- **थकान की माप (Measurement of Fatigability)**
- **मानसिक कार्य और गुणन द्वारा थकान**
  (Mental Work and Fatigue by Multiplication)

प्रयोग 29
Experiment-29
गति और शुद्धता में सम्बन्ध
(Relation between Speed and Accuracy)

गति और शुद्धता में सम्बन्ध देखने के लिए कुछ अक्षरों (Letters) की एक सूची अव्यवस्थित क्रम में निम्नलिखित ढंग से तैयार की जाती है—

ट	फ	क	न	प	त	ड	भ	ट	च
न	ज	च	थ	ह	ज	म	ड	ल	
ह	स	छ	न	ध	ट	ढ	भ	त	
च	ट	प	ध	झ	थ	ध	फ	ल	

नोट—उपर्युक्त सूची का आकार बढ़ाया जा सकता है।

संकेत मिलते ही विषयी अव्यवस्थित अक्षरों को निर्देशित क्रम में रेखांकित करने का प्रयत्न करने लगता है। उदाहरण के लिए, वह उन अक्षरों को रेखांकित कर सकता है जिनके मेल से कोई सार्थक शब्द बन सकता हो। वह ऐसा कितनी गति और शुद्धता से कर सकता है यही इसमें देखना होता है।

दिनांक (Date)................... दिवस (Day)................... समय (Time)..........
प्रयोग की अवधि (Duration of the Experiment)..
विषयी का नाम (Name of the Subject)..
आयु (Age).................... लिंग (Sex)..................... कक्षा (Class)...................
विषयी की सामान्य दशा (His General Condition)..
संस्था का नाम (Name of the Institution)...

उद्देश्य (Aim)

गति (Speed) और शुद्धता (Accuracy) में सह-सम्बन्ध निर्धारित करना।

उपकरण और सामग्रियाँ (Instruments and Materials)

विराम घड़ी (Stop Watch) अव्यवस्थित अक्षरों की उपर्युक्त तालिका।

विधि (Method)

यह प्रयोग समूह-प्रयोग (Group Experiment) के रूप में किया जा सकता है। अव्यवस्थित अक्षरों की सूची को उलट कर इस प्रकार रखा जाता है कि कोई प्रयोग से पूर्व न पढ़ सके। प्रयोगकर्त्ता विषयी को निर्देश देता है कि वह सूची के अक्षरों को रेखांकित करेगा जिनसे मिलकर कोई सार्थक शब्द बनता है। ऐसा करने में वह जितनी शीघ्रता कर सके उतना अच्छा है। यदि किसी सार्थक शब्द में कोई अक्षर दो बार आता हो तो उसे नीचे-ऊपर दो बार रेखांकित किया जाए। इसका अर्थ है कि दूसरे सार्थक शब्द के नीचे के अक्षरों की समान्तर पंक्ति में से अक्षरों को रेखांकित करना होगा। जब सभी सार्थक शब्द रेखांकित हो जाते हों तो विराम घड़ी बन्द करके समय लिख लिया जाए और कुल समय जान लिया जाए। तब देखा जाए कि विषयी कितने समय में कितने शुद्ध सार्थक शब्द तैयार कर सका है।

निरीक्षण एवं गणना (Observation and Calculation)

विषयी की क्रम संख्या	रेखांकित शब्द	गति : सेकण्डों में समय	शुद्धता की श्रेणी RA	गति की श्रेणी RS	गति-शुद्धता में अन्तर D = RA – RS	D^2
1.	57	900	3	15	12	144
2.	68	700	4	3	1.0	1.0

अब सह-सम्बन्ध (Correlation) विधि से गति और शुद्धता के बीच सम्बन्ध ज्ञात कर लिया जायेगा।

निष्कर्ष (Conclusion)

गति और शुद्धता के बीच सम्बन्ध पता लग जायेगा। यदि सह-सम्बन्ध सूकांक ऋणात्मक (Negative) आता है तो पता चलता है कि काम की गति (Speed) और शुद्धता (Accuracy) साथ-साथ नहीं चल सकती। यदि सह-सम्बन्ध सूकांक धनात्मक (Positive) आता है तो स्पष्ट हो जाता है कि गति और शुद्धता दोनों साथ-साथ चलते हैं।

प्रयोग 30
Experiment-30
थकान की माप
(The Measurement of Fatigability)

दिनांक (Date)...................... दिवस (Day)...................... समय (Time)...........
प्रयोग की अवधि (Duration of the Experiment)..
विषयी का नाम (Name of the Subject)..
आयु (Age)...................... लिंग (Sex)...................... कक्षा (Class)......................
विषयी की सामान्य दशा (His General Condition)..
संस्था का नाम (Name of the Institution)..

उद्देश्य (Aim)

व्यक्ति (विषयी) की थकान की माप करना।

उपकरण एवं सामग्रियाँ (Instruments and Materials)

विराम घड़ी (Stop Watch), पंक्तियों में छपे अंकों की एक सूची।

विधि (Method)

यह प्रयोग चार दिन तक चलाया जाता है। पहले दिन विषयी को दस मिनट तक

एक अंक वाली संख्याएँ जोड़ने को दी जाती हैं। उसे पाँच मिनट का विश्राम देकर पुनः वह पहले की भाँति संख्याओं को जोड़ता है। अब प्रयोगकर्त्ता और विषयी अपना-अपना स्थान आपस में बदल लेते हैं।

दूसरे दिन विषयी दस मिनट तक संख्याओं को जोड़ने के बाद दस मिनट का विश्राम करता है और फिर दस मिनट तक संख्याओं का जोड़ लगाता है। विषयी और प्रयोगकर्त्ता स्थान आपस में बदल कर प्रयोग दोहराते हैं।

तीसरे दिन विषयी दस मिनट तक संख्याएँ जोड़ता है और पन्द्रह मिनट के विश्राम के बाद पुनः दस मिनट तक अंकों का जोड़ लगाता है। विषयी और प्रयोगकर्त्ता अपना स्थान आपस में बदल कर प्रयोग दोहराते हैं।

चौथे दिन विषयी बिना विश्राम किये 20 मिनट तक जोड़ लगाता है। पहले मिनट में वह कितने अंकों को जोड़ लगाता है वहाँ चिह्न लगा दिया जाता है। विषयी और प्रयोगकर्त्ता दोनों स्थान बदल कर प्रयोग करते हैं। प्रत्येक दिन विषयी कितने अंक, कितने समय में, कितनी शुद्धता से जोड़ता है उसे लिख लिया जाता है।

निरीक्षण (Observation)

प्रथम अवधि	दूसरी अवधि	दूसरी अवधि में कार्य की वृद्धि
प्रथम दिन		
दूसरा दिन		
तीसरा दिन		
चौथा दिन		

निष्कर्ष (Conclusion)

पहले, दूसरे और तीसरे दिन दूसरी अवधि में जो प्रगति हुई हो उसका प्रतिशत ज्ञात कर लेना चाहिए। तीनों दिन की प्रगति की सर्वोच्च प्रतिशत मात्रा को सर्वोत्तम प्रगति माना जाए और उसे चौथे दिन के पहले दस मिनट में की गयी प्रगति में जोड़ दिया जाए। इस योग (Total) में तथा चौथे दिन के अन्तिम दस मिनट में किये गये कार्य की प्रगति के अन्तर को थकान का प्रभाव (Effect of Fatigue) मान लिया जायेगा।

प्रयोग 31

Experiment-31

मानसिक कार्य और गुणन द्वारा थकान
(Mental Work and Fatigue by Multiplication)

दिनांक (Date).................... दिवस (Day).................... समय (Time)............
प्रयोग की अवधि (Duration of the Experiment)..
विषयी का नाम (Name of the Subject)..
आयु (Age)..................... लिंग (Sex)..................... कक्षा (Class)...................
विषयी की सामान्य दशा (His General Condition)..
संस्था का नाम (Name of the Institution)..

उद्देश्य (Aim)

एक प्रयास (Attempt) से दूसरे प्रयास तक निरन्तर मानसिक कार्य करने पर कार्य-क्षमता की प्रगति को समझना।

उपकरण और सामग्री (Instruments and Materials)

विराम घड़ी (Stop Watch), गुणा का चार्ट (Multiplication Chart), पर्दे का एक टुकड़ा; नोट बुक और ग्राफ पेपर।

व्यवस्था (Arrangement)

विषयी को एक आराम कुर्सी पर बैठा दिया जाता है। पर्दे के नीचे विषयी के सामने गुणा का चार्ट रख दिया जाता है। तब उसे निम्नलिखित निर्देश दिया जाता है–

"मैं तुम्हें तैयार होने की चेतावनी दूँगा। जैसे ही मै काम शुरू करने का संकेत दूँ, कृपया पर्दे के नीचे से गुणा का चार्ट निकाल लें और तालिका में दिये अंकों की एक-एक करके गुणा करना शुरू कर दो।"

मान लीजिए, तालिका (Table) इस प्रकार की है–

9
4
6
8

7

3

5

2

तब तुम्हें पहली संख्या से दूसरी को गुणा करना है (9 × 4 = 36), तब तीसरी संख्या (6) को पहली दो संख्याओं के गुणनफल (36) के अन्तिम अंक 6 से गुणा करना है (6 × 6 = 36); अब 36 के 6 को चौथी संख्या 8 से गुणा करना है (8 × 6 = 48); तब 48 के 8 को पाँचवीं संख्या 7 से गुणा करना है (7 × 8 = 56); अब 56 के 6 को छठवीं संख्या 3 से गुणा करना है (6 × 3 = 18) अब 18 के 8 को सातवीं संख्या 5 से गुणा करना है (8 × 5 = 40) यहाँ 0 (शून्य) को 1 (एक) माना जायेगा। अतः 40 के शून्य अर्थात् 1 को आठवीं संख्या 2 से गुणा करना है (1 × 2 = 2) प्राप्त परिणाम को निम्नलिखित ढंग से लिखा जायेगा—

संख्याएँ	गुणनफल का इकाई का अंक
9	
4	9 × 4 = 36 का 6
6	6 × 6 = 36 का 6
8	6 × 8 = 48 का 8
7	8 × 7 = 56 का 6
3	6 × 3 = 18 का 8
5	8 × 5 = 40 का 0 या 01
2	1 × 2 = 02 का 2

यह तुम्हें 30 मिनट तक करना है। जब मैं कहूँ—रुक जाओ तो तुम जहाँ भी हो वहीं पूर्ण विराम लगा दो। परन्तु तुम्हें रुकना नहीं है, गुणा के चार्ट के दूसरे कॉलम के अंकों की गुणा पहले की भाँति करना शुरू कर दो। विषयी को ऊपर से नीचे को लिखी पंक्ति में अंकित अंकों की तालिका गुणा के लिए देनी है जैसा ऊपर दिखाया गया है। उस प्रयोग के अन्त में एक गुणा-तालिका (Multiplication Chart) दिया गया है।

प्रयोग (Experiment)

उपर्युक्त निर्देश देने के बाद विषयी को दो मिनट के लिए सरल अंकों का गुणा करने का काम दिया जाता है। इससे विषयी को अभ्यास हो जाता है। तब उचित निर्देश देकर प्रयोग शुरू किया जाता है। विराम घड़ी चला दी जाती है। प्रत्येक

2 मिनट के बाद विषयी से किये गये गुणा कार्य पर पूर्ण विराम का चिन्ह लगाने को कहा जाता है। इस प्रकार विषयी 30 मिनट तक गुणा करने का कार्य करता है। इस प्रकार विषयी को 15 प्रयास करने के अवसर मिलते हैं। 15 प्रयास समाप्त होते ही उसे एक प्रयास (Trial) और करने का अवसर दिया जाता है। प्रयोग समाप्त होते ही विषयी से गुणा के चार्ट वापिस ले लिये जाते हैं। तब देखा जाता है कि प्रति 2 मिनट में विषयी ने कितने गुणा किये हैं।

अन्तर्दर्शन आख्या (Introspection Report)

विषयी अपने मन की स्थिति का स्पष्टीकरण इस प्रकार दे सकता है—

"मैं इस प्रयोग में बिल्कुल रुचि नहीं ले रहा था क्योंकि यह बड़ा ही नीरस काम है। प्रयोग का वातावरण बिल्कुल शान्त था, मैं कोई बाधा नहीं अनुभव कर रहा था। मुझे तब बड़ी शान्ति मिली जब प्रयोगकर्त्ता ने सूचित किया कि मुझे एक अन्तिम प्रयास और करना है। फिर भी मैं इस काम से शीघ्र से शीघ्र छुटकारा पाना चाहता था। कभी-कभी मैंने गुणा का कार्य बड़ी तीव्रता से किया, कहीं धीमी गति से किया। मुझे इस काम में रुचि नहीं थी। मैं तो बीच में ही बहुत थक गया था।"

सावधानियाँ (Precautions)

1. प्रयोग का वातावरण बहुत ही शान्त होना चाहिए।
2. यह ध्यान रखा जाए कि विषयी समान ढंग से काम में लगा रहे।
3. यह अवश्य ध्यान रहे कि विषयी प्रयोग के आरम्भ में ही न थक जाए।

आँकड़े (Data)

प्रयासों की क्रम संख्या	गुणा के लिए अंक	त्रुटियाँ (Errors)	टिप्पणी (Remark)
1.			
2.			
3.			
4.			
5.			
6.			
7.			
+			
+			
15.			

आँकड़े (Data)

एक कार्य-वलय (Word-Curve) उपर्युक्त आँकड़ों के आधार पर ग्राफ पेपर पर खींची जा सकती है। यह कार्य-वलय त्रुटियों (Errors) तथा गुणा के अंकों (Multiplication Figures) के बीच खींची जा सकती है।

चर्चा और निष्कर्ष (Discussion and Conclusion)

कार्य-वलय (Work-Curve) की व्याख्या की जाए। इससे पता चलेगा कि विषयी प्रारम्भ में उत्साहित था या निरुत्साहित था। इससे विषयी की कार्य के अन्त की मनोदशा (Mood) का भी पता चलेगा। इससे यह भी स्पष्ट होगा कि विषयी की अन्तर्दर्शन आख्या और कार्य-वलय की व्याख्या में कितनी समानता है।

गुणा चार्ट (Multiplication Chart)

5	7	6	8	3	2
6	8	5	7	4	1
9	2	4	5	5	3
8	3	5	4	3	5
7	5	7	3	2	3
6	4	6	2	2	3
5	3	1	1	7	6
4	4	2	4	6	5
3	3	7	6	4	7
2	1	8	6	4	7
1	6	8	4	3	6
9	6	4	3	8	6
8	8	8	2	7	1
7	6	3	5	5	5
6	9	2	5	3	4
5	4	5	4	2	3
4	9	2	3	6	3
3	5	6	7	6	9

इसी प्रकार अन्य खड़ी पंक्तियों में बहुत से अंक लिखकर तालिका बनायी जा सकती है।

अध्याय 10

अधिगम या सीखना (Learning)

- प्रतिस्थापन या कूट (कोड) विधि द्वारा अधिगम (Learning by Substitution Method or Code Learning)
- प्रयास और त्रुटि द्वारा अधिगम (Learning by Trial and Error)
- अधिगम तथा बचत विधि (स्थायी स्मृति) (Learning and Saving Method : Permanent Memory)
- समग्र और खण्डशः विधि द्वारा अधिगम (Learning by Whole and Part Method)
- कार्डों की छँटनी द्वारा आदत-बाधा अधिगम (Learning by Sorting of Cards—Habit Interference)
- मनुष्य द्वारा भूलभुलैया अधिगम (Human Maze Learning)
- अधिगम का एक हाथ से दूसरे हाथ को द्विपार्श्विक स्थानान्तरण-दर्पण-चित्रण (Bilateral Transfer of Learning from Left Hand to Right Hand and *vice versa*—Mirror Drawing)
- शाब्दिक अभिसन्धान (Verbal Conditioning)
- युग्मित साहचर्य से सीखना (Learning by Paired Association)

प्रयोग 32

Experiment-32

प्रतिस्थापन या कूट (कोड) विधि द्वारा अधिगम (Learning by Substitution Method or Code Learning)

कभी-कभी स्थानापन्न (Substitution) विधि द्वारा सीखा जाता है। इसकी प्रक्रिया को जानने के लिए प्रयोग की आवश्यकता होती है। इस प्रयोग में प्रयोगकर्त्ता

अक्षरों की एक सूची अव्यवस्थित क्रम में तैयार कर लेता है। प्रत्येक अक्षर के लिए एक संख्या नियत कर दी जाती है। एक अन्य सूची भी तैयार की जाती है जिसमें संख्या नहीं लिखी होती; जैसे–

सूची संख्या 1

	A	D	F	H	K	M	P	S	Q	Y
या	क	ग	च	ट	म	म	प	स	ज	य
	1	2	3	4	5	6	7	8	9	10

सूची संख्या 2

	H	J	L	N	P	S	U	D	E	G
या	ह	ज न	+ ल	न	प	स	य	द	ई	ग
	1	2	3	4	5	6	7	8	9	10

अक्षरों की सूची (List of Letters)

	A	K	F	D	P	M	S	Y	Q	H	A
या	अ	क	फ	ड	प	म	स	य	ल	ह	अ
	M	P	Y	S	D	F	A	K	H	Q	H
या	म	प	य	स	ड	फ	अ	क	ह	क	ह
	K	H	S	F	D	Y	P	K	S	H	S
या	क	ह	स	फ	ड	य	प	क	स	ह	स
	H	K	Y	A	S	D	M	P	K	K	F
या	ह	क	य	अ	स	ड	म	प	य	क	फ
	S	M	D	Y	K	A	H	P	D	D	K
या	स	म	ड	य	क	अ	ह	प	ड	ड	क
	D	K	F	P	A	Y	H	K	F	D	S
या	ड	क	फ	प	अ	य	ह	क	फ	ड	स
	Y	K	D	A	F	A	M	K	M	S	P
या	य	क	ड	अ	फ	अ	म	क	म	स	प
	F	D	P	S	A	F	M	D	D	K	Y
या	फ	ड	प	स	अ	फ	म	ड	ड	क	य
	P	K	K	Y	D	F	A	M	K	P	K
या	प	क	क	य	ड	फ	अ	म	क	प	क
	K	F	M	A	P	S	K	Y	S	M	P
या	क	फ	म	अ	प	स	क	य	स	म	प

दिनांक (Date)..................... दिवस (Day)..................... समय (Time)...........

प्रयोग की अवधि (Duration of the Experiment)..

विषयी का नाम (Name of the Subject)..

आयु (Age)..................... लिंग (Sex)..................... कक्षा (Class)...........

विषयी की सामान्य दशा (His General Condition)..
संस्था का नाम (Name of the Institution)..

उद्देश्य (Aim)

एक व्यक्ति (Individual) और समूह (Group) के अधिगम वलय या वक्र (Learning Curve) को समझना।

उपकरण एवं सामग्रियाँ (Instruments and Materials)

विराम घड़ी (Stop Watch), अक्षरों की सूची का निर्धारण करने वाली एक पुस्तिका (Manual), और अक्षरों के लिए निर्धारित संख्या।

विधि (Method)

सामान्यतः यह प्रयोग एक समूह (Group) पर किया जाता है। अक्षरों की सूची उल्टी करके प्रयोज्य के सामने रख दी जाती है, जिससे वह उसे प्रयोग से पूर्व न पढ़ ले। प्रयोगकर्त्ता प्रयोज्य को प्रयोग के स्वरूप के सम्बन्ध में स्पष्ट करता है। प्रयोगकर्त्ता के संकेत पर प्रयोज्य बिना संख्या वाले अक्षरों की सूची उठाकर प्रत्येक अक्षर के नीचे संख्या लिखने लगता है और वह ऐसा 30 सेकण्ड तक करता है। अब प्रयोज्य को संख्या लिखने से रोक दिया जाता है। प्रयोज्य जहाँ रुकता है वहाँ एक लम्बवत् रेखा खींच देता है। 30 सेकण्ड के विश्राम के बाद प्रयोज्य पुनः प्रयोग दोहराता है। इस प्रकार प्रति 30 सेकण्ड काम करने के बाद प्रयोज्य को हर बार 30 सेकण्ड का विश्राम मिलता है। इस प्रकार प्रयोग 12 मिनट तक चलता है। तब प्रयोगकर्त्ता कहता है कि प्रयोग दो बार और चलेगा। इस प्रकार प्रयोग प्रति सेकण्ड तक दो बार और दोहराया जाता है। यदि प्रयोग किसी एक व्यक्ति (Individual) के साथ किया जाता है तो उससे अन्तर्दर्शन आख्या (Introspection Report) भी ले ली जाती है।

अब प्रयोज्य द्वारा सही लिखी संख्याएँ गिन ली जाती हैं। गलत संख्याओं की संख्या को शुद्ध संख्याओं में से घटा लेते हैं। इस प्रकार व्यक्ति या समूह या प्राप्तांक (Score) प्राप्त कर लिया जाता है। इसे निम्नलिखित ढंग से लिखा जायेगा।

निरीक्षण एवं गणना (Observation and Calculation)

प्रयोगों की क्रम संख्या	विषयी (Subject)					योग (Total)	औसत (Average)
	1	2	3	4	.... 15 तक		
?	?	?	?	?	?	?	?

निष्कर्ष (Conclusion)

प्रत्येक प्रयोज्य के प्रयासों (Attempts) के योग को प्रयोज्य की संख्या से भाग करके औसत (Average) ज्ञात कर लिया जाता है। यदि हमें वक्र या वलय (Curve) खींचकर निष्कर्ष निकालना होता है तो प्रयोज्य एवं औसत के बीच वक्र या वलय (Curve) तैयार कर लिया जाता है। वक्र (Curve) को देखकर पता चलता है कि प्रारम्भ में तो अधिगम (Learning) की गति धीमी रहती है क्योंकि उसे बार-बार संख्याओं की लघु पुस्तिका (Manual) को देखना पड़ता है। कुछ अभ्यास के बाद अधिगम की गति बढ़ने लगती है। अतः वक्र या वलय (Curve) ऊपर उठने लगता है। इसके पश्चात् थकान और अवधान में कमी आने से अधिगम की गति कम हो जाती है। फलतः वक्र (Curve) पुनः नीचे आने लगता है। इसके पश्चात् जब प्रयोज्य यह अनुभव करता है कि उसके पास काम अधिक और समय कम है तो उसे कुछ प्रेरणा मिलती है तो उसकी गति अधिक बढ़ जाती है और वक्र (Curve) ऊँचा उठने लगता है और वक्र ऊँच्रा उठता दिखायी पड़ता है।

प्रयोग 33

Experiment-33

प्रयास और त्रुटि द्वारा अधिगम
(Learning by Trial and Error)

दिनांक (Date)...................... दिवस (Day)...................... समय (Time)............
प्रयोग की अवधि (Duration of the Experiment)..
विषयी का नाम (Name of the Subject)..
आयु (Age)...................... लिंग (Sex)...................... कक्षा (Class)......................
विषयी की सामान्य दशा (His General Condition)..
संस्था का नाम (Name of the Institution)..

उद्देश्य (Aim)

(1) प्रयास एवं त्रुटि द्वारा अधिगम करने (Learning by Trial and Errors) में हाथ और आँख के बीच समन्वय (Co-ordination) को समझना।
(2) थॉर्नडाइक (Thorndike) के अभ्यास और प्रभाव (Exercise and Effect) के नियम की वैधता (Validity) का निर्धारण करना।

उपकरण एवं सामग्रियाँ (Instruments and Materials)

दर्पण (Mirror); विराम घड़ी (Stop Watch), अभिकेन्द्रण (Focusing) के लिए कागज; पिनें (Pins), चित्र (दोहरी पंक्ति का अभिकेन्द्रण करने के लिए); कार्ड बोर्ड का पर्दा (Screen)।

विधि (Method)

प्रारम्भ में प्रयोगकर्त्ता अभिकेन्द्रण के लिए कागज के साथ चित्र को पिन से नत्थी कर देता है। अब कार्ड बोर्ड वाला पर्दा इस प्रकार लगाया जाता है कि चित्र का पर्दे पर प्रतिबिम्ब (Reflection) दिखे और चित्र सीधा न दिखे। चित्र पर गुणा (काट) का चिह्न (×) लगा दिया जाता है। विषयी की पेन्सिल चित्र के बीचों बीच प्रतिबिम्ब देखते हुए स्थिर करनी पड़ती है। जैसे ही प्रयोगकर्त्ता से संकेत मिलता है विषयी पेन्सिल को गुणा के चिह्न (×) के निकट लाने का प्रयास करता है। कहीं से वह चित्र बनाना शुरू करता है। दर्पण में देखते हुए वह घड़ी की सुई की दिशा में पेन्सिल घुमाते हुए जहाँ से चित्र बनाना शुरू किया था वहीं पेन्सिल ले जाता है। उसे कम से कम समय में वह चित्र बनाना होता है। उसे यह भी ध्यान रखना पड़ता है कि वह, जहाँ तक हो, चित्र बनाने में गलती न करे। जब विषयी पेन्सिल को प्रारम्भिक स्थान पर लौटा कर ले आता है तब विराम घड़ी से समय लिख लिया जाता है, घड़ी बन्द कर दी जाती है। इस प्रकार विषयी इस प्रयोग को कई बार दोहराता है। प्रत्येक बार का समय लिख लिया जाता है। शुरू में विषयी यह काम बाएँ हाथ से करता है। अब विषयी और प्रयोगकर्त्ता अपना स्थान बदल लेते हैं। अब वे दोनों काम को दायें हाथ से पाँच बार करते हैं। परन्तु अन्त के तीन प्रयोग वे बाँयें हाथ से ही करते हैं। इस प्रकार कई कागजों पर दस-दस बार चित्र बनाने का प्रयास किया जाता है। अन्त में विषयी अपनी अन्तर्दर्शन आख्या (Introspection Report) प्रस्तुत करता है।

निरीक्षण (Observation)

क्रम संख्या	दायें हाथ से	बायें हाथ से	सेकण्डों में लिया गया समय	त्रुटियों की संख्या	अन्तर्दर्शन आख्या

निष्कर्ष (Conclusion)

उपर्युक्त निरीक्षण के आधार पर दो लेखाचित्र (Graphs) खींचे जाते हैं। एक लेखाचित्र समय दर्शाने वाला तथा दूसरा त्रुटियाँ दर्शाने वाला होता है।

त्रुटि-ग्राफ से पता चलता है कि शुरू में बाँया हाथ गलत दिशा में घूमता है। इसलिए प्रारम्भ में अधिक त्रुटियाँ होती हैं और समय अधिक लगता है। जितना कम समय चित्र बनाने में लगता है उतनी ही त्रुटियाँ भी कम होती हैं। ऐसी स्थिति में सीखने वाला शीघ्रता से अधिगम करता है। जैसे ही विषयी को चित्र बनाने से सन्तोष मिलता है उसकी अधिगम-गति तीव्र हो जाती है। इस समय विषयी के हाथों और आँखों में अच्छा समन्वय स्थापित होता है। अब दोनों हाथों से किये गये प्रयासों में लिए गये समयों में तुलना की जाती है। तुलना से पता चलता है कि जब विषयी दाएँ हाथ से काम करता है तो उसका मस्तिष्क अधिक क्रियाशील हो जाता है और बाएँ हाथ से काम करने के प्रयास को बढ़ावा मिलता है। इसी प्रकार बाएँ हाथ से किये गये काम के अभ्यास से दायें हाथ से काम करने में सहायता मिलती है। अन्तर्दर्शन आख्या से पता चलता है कि विषयी बीच-बीच में त्रुटियों की ओर ध्यान देने लगता है। इससे अधिगम की गति में कुछ सेकण्डों के लिए बाधा पैदा हो जाती है।

प्रयोग 34

Experiment-34

अधिगम तथा बचत विधि (स्थायी स्मृति)
(Learning and Saving Method: Permanent Memory)

दिनांक (Date)................. दिवस (Day)................. समय (Time)..........
प्रयोग की अवधि (Duration of the Experiment)..............................
विषयी का नाम (Name of the Subject)..............................
आयु (Age)................. लिंग (Sex)................. कक्षा (Class)..........
विषयी की सामान्य दशा (His General Condition)..............................
संस्था का नाम (Name of the Institution)..............................

उद्देश्य (Aim)

निम्नलिखित सन्दर्भों में यह पता लगाना कि विषयी कितने असम्बन्धित युगल सह-शब्द (Paired Associates) याद कर सकता है—

(1) सार्थक सामग्री का लम्बाईयों (Lengths of Meaningful Material) की दृष्टि से।

(2) समय और संख्या की दृष्टि से पुनरावृत्ति-प्रयासों की बचत को ध्यान में रखते हुए।

उपकरण और सामग्रियाँ (Instruments and Materials)

विराम घड़ी (Stop Watch), कागज के कुछ टुकड़े, निम्नलिखित प्रकार के असम्बद्ध शब्दों के जोड़े (Pairs)–

पाँच जोड़े	दस जोड़े	पन्द्रह जोड़े
1. कलम–दूध	1. कागज–गाय	1. दर–तीसरी बार
2. लैम्प–कुत्ता	2. कलम–घोड़ा	2. चूहा–मक्खन
3. रोटी–लकड़ी	3. हाथी–कपड़ा	3. गेंद–बकरी
4. घण्टी–पुस्तक	4. घर–विकेट	4. तार–रानी
5. घड़ी–लोहा	5. गाय–मकड़ा	5. सुन्दर–लाल
	6. नरक–नींद	6. काला–नदी
	7. दौड़ना–टोंटी	7. पालतू–गाय
	8. पूर्व–पागल	8. आत्मा–पाखण्ड
	9. बुद्धि–चिड़िया	9. चिल्लाहट–पीना
	10. शिक्षक–पटरी	10. टिमटिमाहट–जहाज
		11. बेचा–पाया
		12. क्या–चोटी (शिखर)
		13. ऊँघना–वृक्ष
		14. नींद–बोलना
		15. चित्र–चिल्लाहट

विधि (Method)

यह प्रयोग व्यक्ति (Individual) तथा समूह (Group) दोनों के साथ किया जा सकता है। प्रयोगकर्त्ता विराम घड़ी द्वारा समय पर नियन्त्रण रखता है और विषयी के पास कागज के टुकड़े और पेन्सिल रहती हैं। प्रयोगकर्त्ता विषयी को निम्नलिखित निर्देश देता है–"मैं प्रति शब्द-युगल (Pair of Words) को पाँच सेकण्ड में पढ़ूँगा। शब्द असम्बद्ध होंगे। इन जोड़ों को इस प्रकार याद रखें कि जोड़े के पहले शब्द का पहला अक्षर बोलने पर तुम उसका सही साथी शब्द बोल सको। पहले मैं पूरी शब्द-युगल सूची पढ़ूँगा। तब पहले जोड़े के पहले शब्द का पहला अक्षर बोलूँगा, तुम्हें पाँच सेकण्ड के अन्तराल में अक्षर सुनते ही कागज पर पेन्सिल से उस शब्द का पूरा और ठीक जोड़ा लिखना होगा। तब मैं देखूँगा कि

तुम कितने शब्दों के जोड़े याद रख पाते हो। मैं प्रत्येक शब्द युगल की सूची को चार बार साफ-साफ पढ़ूँगा। यही विधि सभी सूचियों के साथ अपनायी जायेगी।

परिणाम की शुद्धता के लिए प्रत्येक प्रयोग तीन बार दोहराया जाएगा और इन तीनों परिणामों का औसत (Average) ही विषयी की स्थायी स्मृति (Permanent Memory) मानी जायेगी।

निरीक्षण एवं गणना (Observation and Calculation)

शब्दों के जोड़ों की संख्या	कितनी बार सूची पढ़ी गयी?	विषयी कितने जोड़े शुद्ध दोहरा सका							औसत	प्रतिशतता
		1	2	3	4	5	6	7 इत्यादि		
5	1 2 3 4									
10	1 2 3 4									

यदि उपर्युक्त प्रयोग को एक-दो दिन या सप्ताह बाद दोहराया जाए तो पता चलेगा कि विषयी द्वारा याद करने में कितना समय और पुनरावृत्तियाँ बचायी गयीं। समय और पुनरावृत्ति की बचत से सम्बन्धित लेखाचित्र (Graph) भी तैयार किया जा सकता है। विषयी की अन्तर्दर्शन आख्या के आधार पर विषयी की याद करने की प्रक्रिया, विधियों, साहचर्य, और प्रतिमाओं के सम्बन्ध में जाना जा सकता है।

प्रयोग 35

Experiment-35

समग्र और खंडशः विधि द्वारा अधिगम
(Learning by Whole and Part Method)

दिनांक (Date)...................... दिवस (Day)...................... समय (Time)............
प्रयोग की अवधि (Duration of the Experiment)...

विषयी का नाम (Name of the Subject)..
आयु (Age)................ लिंग (Sex)................ कक्षा (Class)................
विषयी की सामान्य दशा (His General Condition)..............................
संस्था का नाम (Name of the Institution)..

उद्देश्य (Aim)

अधिगम गति (Speed of Learning) तथा धारणा (Retention) की दृष्टि से याद करने (सीखने) की समग्र विधि एवं खण्डशः विधि की तुलना करना।

उपकरण एवं सामग्रियाँ (Instruments and Materials)

विराम घड़ी (Stop Watch), लगभग समान प्रकृति और विस्तार (Nature and Span) की कविता के कुछ अंश।

विधि (Method)

यह प्रयोग व्यक्ति (Individual) तथा समूह (Group) दोनों पर किया जा सकता है। यदि यह प्रयोग समूह पर करना है तो सभी विषयी व्यक्तियों को अलग-अलग कविताओं के अंश जो समान प्रकृति और विस्तार के होंगे, दिये जायेंगे। इन्हें वे समग्र विधि एवं खण्डशः विधि से याद करेंगे। पहले विषयी को कहा जायेगा कि वे समूची कविता को समग्र रूप में आदि से अन्त तक दोहरायें। इसे तब तक दोहराएँ जब तक उन्हें यह विश्वास न हो जाए कि वे उसे शुद्ध रूप से बिना देखे याद करके सुना सकते हैं। प्रत्येक बार विषयी की मेज पर कविता को रख दिया जाएगा और विराम घड़ी से पता लगाया जाएगा कि समग्र विधि से उसे सीखने (दोहराने) में कितना समय लगता है। यदि विषयी को कण्ठस्थ कविता को सुनाने में झिझक होती है तो उसे पुनः याद करने का अवसर मिलेगा। अब पुनरावृत्ति (Repetition) की आवृत्ति (Frequency) को लिख लिया जाएगा। यदि विषयी कविता को दोहराने में एक बार भी गलती नहीं करता है और उसे बिना एक बार भी देखे ठीक सुना देता है तो तीन मिनट के विश्राम के बाद उसे याद की गयी कविता को लिखने का अवसर दिया जाएगा। प्रति दस मिनट के विश्राम के बाद प्रत्येक विषयी को नयी कविता का अंश खण्डशः विधि से याद करने के लिए दिया जाएगा। कविता का एक अंश याद कर लेने पर विषयी उसे बिना देखे दोहराएगा। यदि वह ऐसा नहीं कर पाता है तो उसे इस अंश को पुनः याद करने का अवसर मिलेगा। अब वह कितनी बार याद करने पर उसे ठीक शुद्ध रूप में सुना या दोहरा पाता है उसकी आवृत्ति को लिख लिया जाएगा। जब अंश-अंश करके विषयी समूची कविता याद कर ले तो उसे पूरे रूप में सुनाने के

लिए कहा जाएगा। वह कविता सुनाने में कितनी बार लिखी कविता को देखता है उसे लिख लिया जाएगा। ऐसा तब तक किया जाएगा जब तक विषयी पूरी कविता को खण्डशः विधि से याद करके ठीक से नहीं सुना देता। पहली पुनरावृत्ति और अन्तिम पुनरावृत्ति में विषयी ने कितना-कितना समय लिया, इसे लिख लिया जाता है। तीन मिनट के विश्राम के बाद विषयी याद की गयी कविता को कागज पर लिखता है। स्मृति के स्थायित्व (Permanency) को देखने के लिए विषयी से उस कविता को कुछ दिन बाद या सप्ताह बाद पुनः सुना जाता है। जब विषयी को कविता भली प्रकार याद हो जाती है तो निरीक्षण-तालिका तैयार कर ली जाती है।

निरीक्षण (Observation)

विषयी व्यक्तियों की क्रम संख्या	पुनरावृत्तियों की संख्या					पूर्ण लिया गया समय			
	दिनांक	दिनांक	दिनांक	दिनांक	दिनांक	दिनांक	दिनांक	दिनांक	दिनांक
1. 2. 3. 4. इत्यादि									

औसत (Average)

उपर्युक्त निरीक्षण-तालिका खण्डशः विधि (Part Method) तथा समग्र विधि (Whole Method) दोनों के लिए अलग-अलग तैयार की जाए। प्रत्येक विधि के प्रयोग के लिए न्यूनतम 12 विषयी अवश्य लिये जाएँ। उनके परिणामों के औसत के आधार पर निष्कर्ष निकाल लिया जाए। औसत या परिणामों के आधार पर लेखाचित्र (Graph) भी बना लिया जाए।

सावधानी (Precaution)

याद करने (Memorization) की अवधि में विषयी के मार्ग में किसी प्रकार की बाधा न डाली जाए। यदि लम्बी अवधि के बाद प्रयोग दोहराना हो तो विषयी की मनोदशा की अवहेलना न की जाए। यह सम्भव हो सकता है कि इस बीच विषयी बीमार हो गया हो, मानसिक दुश्चिन्ता से घिर गया हो या किसी कारण दुर्बल हो गया हो। इससे उसकी धारणा (Retention) प्रभावित हो सकती है।

निष्कर्ष (Conclusion)

याद करने वाले विषयी का प्रतिशत दिया जाए और पता लगाया जाए कि एक विशिष्ट परिस्थिति में समग्र विधि या खण्डशः विधि में से कौन-सी अधिक सरल है। विषयी-सम्बन्धी वैयक्तिक भेद (Individual Differences) को भी ध्यान में रखते हुए उसका उल्लेख किया जाए।

प्रयोग 36

Experiment-36

कार्डों की छँटनी द्वारा आदत-बाधा-अधिगम
(Learning by Sorting of Cards-Habit Interference)

दिनांक (Date)...................... दिवस (Day)...................... समय (Time)............
प्रयोग की अवधि (Duration of the Experiment)..
विषयी का नाम (Name of the Subject)..
आयु (Age)...................... लिंग (Sex)...................... कक्षा (Class)....................
विषयी की सामान्य दशा (His General Condition)..
संस्था का नाम (Name of the Institution)..

उद्देश्य (Aim)

किसी नई बात को सीखने में आदत किस प्रकार बाधा डालती है या कार्ड-छँटनी (Card Sorting) द्वारा सीखने में आदत कैसे बाधक हो सकती है, यह जानने का प्रयत्न करना।

उपकरण एवं सामग्रियाँ (Instruments and Materials)

एक ट्रे जिसमें से कार्डों को छाँटा जा सके और जिसमें कार्डों की संख्या या क्रमांक अव्यवस्थित हों, कार्डों की एक गड्डी, लेखाचित्र के लिए कागज तथा विराम घड़ी (Stop Watch)।

प्रयोग-व्यवस्था (The Setting)

विषयी के सामने मेज पर कार्ड छाँटने के लिए एक ट्रे रख दी जाती है। विषयी

को कार्डों की एक गड्डी दी जाती है जिसमें कार्डों के क्रमांक पूरी तरह अव्यवस्थित होते हैं। विराम घड़ी तथा अन्य सामग्रियाँ यथास्थान क्रमानुसार रख दी जाती हैं। विषयी को निम्नलिखित निर्देश दिया जाता है–

"कृपया ध्यान दें ! ट्रे में **30** खाने हैं। जब मैं शुरू करने का संकेत दूँ तो कार्ड की गड्डी में से कार्ड निकालकर सम्बन्धित क्रम के खाने में कार्ड डालना है। ऐसा करने में शीघ्रता करनी होगी और समय बर्बाद नहीं करना होगा। यदि आप कार्ड को गलत खाने में डाल दें तो उसे छोड़कर आगे बढ़िए। उसे सही खाने में डालने का प्रयत्न मत कीजिए।"

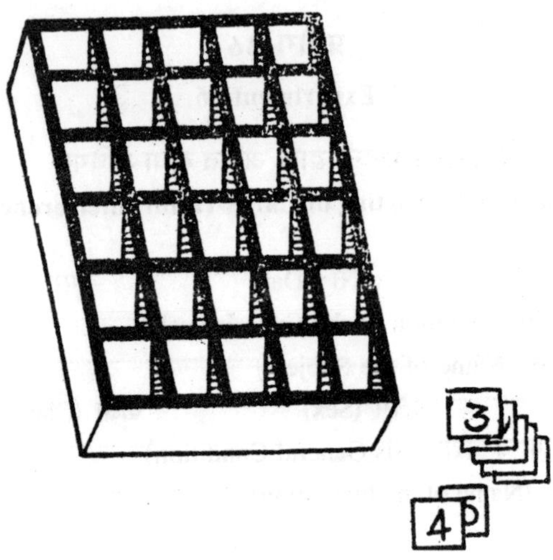

चित्र 1: कार्ड छाँटने के लिए ट्रे

प्रयोग (The Experiment)

'तैयार' कहकर विषयी को प्रयोग शुरू करने का संकेत दिया जाता है। विराम घड़ी चला दी जाती है। प्रत्येक बार कार्ड छाँटने में लगे समय को लिख लिया जाता है और गलत खानों में डाले कार्डों की गलती भी लिख ली जाती है। प्रत्येक प्रयास (Attempt) के बाद दो मिनट का विश्राम दिया जाता है। विश्राम के समय ट्रे में डाले गये कार्ड निकाल कर पुनः अव्यवस्थित क्रम में लगा दिये जाते हैं। इस प्रकार विषयी को पन्द्रह बार प्रयास करने का अवसर दिया जाता है।

सावधानियाँ (Precautions)

(1) विषयी के मार्ग में किसी प्रकार का विघ्न न डाला जाए।

(2) प्रत्येक प्रयास के बाद कार्डों को भली प्रकार अव्यवस्थित करके रखा जाए।
(3) 'समय' और त्रुटियों को भली प्रकार लिख लिया जाए।

आँकड़े (Data) या निरीक्षण (Observation)

क्रम संख्या (प्रयास)	त्रुटियाँ	सेकण्डों में लिया गया समय
1.		
2.		
3.		
4.		
5.		
6.		
7.		
8.		
9.		
10.		
11.		
12.		
13.		
14.		
15.		

अन्तर्दर्शन आख्या (Introspection Report)

विषयी अपनी आख्या इस प्रकार दे सकता है:—

"प्रारम्भ में मेरा हाथ ट्रे के खानों की ओर जाता था और मैंने कई कार्ड गलत खानों में डाल दिए। परन्तु बाद में प्रयोग के अन्तिम चरण में मैंने सही क्रम के कार्ड को सही खाने में डालना शुरू कर दिया। मैंने इस काम से थक-सा गया था और इस काम से मुक्त होना चाहता था। फिर भी पूरे प्रयोग की अवधि में मुझे कोई मानसिक तनाव नहीं हुआ।"

परिणाम (Result)

आँकड़ों के आधार पर एक लेखाचित्र (Graph) तैयार किया जा सकता है।

चर्चा और निष्कर्ष (Discussion and Conclusion)

बनाया हुआ लेखाचित्र (Graph) स्पष्ट करता है कि विषयी ने पिछले प्रयासों से अपने अगले प्रयासों का सुधार किया। आने वाले प्रयासों में उसने कम त्रुटियाँ कीं और काम पूरा करने में कम समय लिया। लेखाचित्र (Graph) में उभार और गिरावट से पता चलता है कि विषयी को प्रयास के बीच में अथवा अन्तिम चरण में कुछ कठिनाई अनुभव हुई। विषयी ने इसे चुनौती मानकर शीघ्रता से पूरा करने का प्रयास किया और बीच में रुका नहीं। वक्र के गिरने का तात्पर्य विषयी की थकावट भी हो सकती है। प्रत्येक बार ट्रे की स्थिति बदल कर खानों की स्थिति भी बदल दी जाती थी। ऐसा करने से दाएँ खाने बायीं ओर या बाएँ खाने दायीं ओर पहुँच जाते थे। इस कारण विषयी को मस्तिष्क पर अधिक जोर डालना पड़ता था।

जब काम का थोड़ा-सा अभ्यास हो जाता है तो काम सरल हो जाता है। परन्तु यह अभ्यास (आदत) नये काम को करने या सीखने में बाधक भी हो जाता है। यदि कार्य-विधि बदल जाए तो पहली कार्य-विधि की आदत सीखने में बाधक हो जाती है। इसे आदत-बाधा (Habit Interefence) कहते हैं। कार्ड छाँटने की प्रक्रिया में इसी बाधा को देखा गया। हमने पाया कि कार्ड छाँटने के 15 प्रयासों में कार्ड अव्यवस्थित क्रम में रखे गये ट्रे की दिशा बदली गयी। शुरू की अपेक्षा बाद में त्रुटियाँ कम हुईं और काम पूरा करने में समय भी कम लगा। इससे थॉर्नडाइक के अभ्यास के नियम की पुष्टि होती है। लेखाचित्र (Graph) से भी इस बात की पुष्टि होती है। 15वें प्रयास में तो कोई त्रुटि नहीं हुई और पिछले प्रयासों की अपेक्षा कम समय लिया गया। 11, 12 तथा 13वें प्रयास में क्रम बदलने से 15वें प्रयास की अपेक्षा अधिक गल्तियाँ हुईं और समय भी अधिक लगा। इससे स्पष्ट है कि आदत नये काम के करने में यदि कार्य प्रणाली नयी हो तो सीखने में बाध ा पैदा होती है। अतः सीखते समय ऐसी बाधा आने पर सीखने वाले को प्रोत्साहित करना चाहिए कि आगे ये सभी कठिनाइयाँ धीरे-धीरे समाप्त हो जायेंगी।

प्रयोग 37

Experiment-37

मनुष्य द्वारा भूल-भुलैया अधिगम
(Human Maze Learning)

दिनांक (Date)........................ दिवस (Day)........................ समय (Time)............
प्रयोग की अवधि (Duration of the Experiment).......................................

विषयी का नाम (Name of the Subject)..
आयु (Age)...................... लिंग (Sex)...................... कक्षा (Class)..........
.......विषयी की सामान्य दशा (His General Condition)..................................
.....संस्था का नाम (Name of the Institution)...
....

उद्देश्य (Aim)

यदि मानव भूल-भुलैया (Human Maze) द्वारा किसी विषयी को अधिगम का अवसर देकर उसकी प्रगति के स्वरूप का पता लगाना।

उपकरण एवं सामग्री (Instruments and Materials)

मनुष्य के सीखने के लिए कोई भूल-भुलैया (Maze)—प्रयोगशाला में ऐसी कोई भी भूल-भुलैया उपयोग में लायी जा सकती है। विराम घड़ी, स्टाइलस (Stylus)। यहाँ हम ऐसी भूल-भुलैया प्रयोग में ला रहे हैं जहाँ शुरू करने के स्थान पर 'S' लिखा है तथा अन्तिम लक्ष्य पर 'G' लिखा है।

विधि (Method)

विषयी को भूल-भुलैया (Maze) के सामने शान्ति और आराम के साथ बैठा दिया जाता है। उसे एक स्टाइलस (Stylus) दे दिया जाता है। वह अपना स्टाइलस (Stylus) भूल-भुलैया के 'S' बिन्दु के पास रखता है। यहीं से उसे 'G' (लक्ष्य) तक पहुँचना होता है। यदि वह गलत मार्ग से आगे बढ़ता है तो बल्ब जल जाता है और विषयी की त्रुटि लिख ली जाती है। चित्र संख्या 2 देखें।

विषयी के लिए निर्देश (Instructions)

विषयी से कहा जाता है:—

"जब कहा जाए तुम तभी प्रयोग शुरू करोगे। जब 'G' (लक्ष्य) तक पहुँच जाओ तो रुक जाओ और पुनः कहने पर प्रयोग शुरू करो। सावधानीपूर्वक काम करो और कम से कम त्रुटियाँ करो। जो उपकरण तुम्हारे सामने हैं यह मानव वैद्युतिक भूल-भुलैया (Human Electric Maze) है; यहाँ यह स्टाइलस (Stylus) हैं जो कलम जैसा है। तुम्हें इसकी सहायता से 'S' से

प्रारम्भ करके 'G' तक पहुँचना है। तुम सीधे 180° पर अथवा 90° पर चलने का प्रयास कर सकते हो। किसी और मार्ग से नहीं जाओगे। स्टाइलस (Stylus) से तुम सभी बोल्टों को स्पर्श करते जाओगे। यदि बल्ब जल उठता है तो इसका अर्थ है तुमने गल्ती की है। तुम इस प्रयोग को तब तक करते रहोगे जब तक तुम तीन बार बिना त्रुटि किये 'G' तक नहीं पहुँच जाते। प्रयोग के समाप्त होने पर तुम अपनी अन्तर्दर्शन आख्या दोगे। इसलिए तुम्हारे मन में जो भी विचार हों उन्हें ध्यान में रखो। यदि इस प्रयोग में कोई कठिनाई अनुभव हो तो स्पष्ट करो ताकि उसे दूर किया जा सके।"

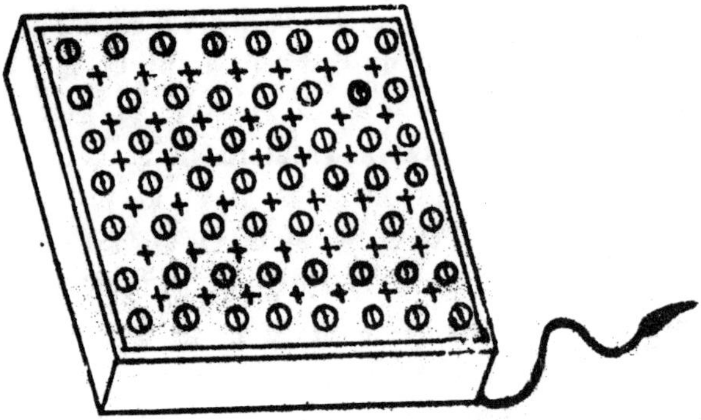

चित्र 2: एक मानव भूल-भुलैया

वास्तविक प्रयोग (Real Experiment)

जैसे ही 'तैयार' का संकेत मिलता है, विषयी स्टाइलस (Stylus) को 'S' के निकट लाकर 'G' तक निर्देशानुसार पहुँचने का प्रयास शुरू कर देता है। जैसे ही बल्ब जल उठता है प्रयोगकर्त्ता उसे 'त्रुटि' के रूप में लिख लेता है। वह ध्यान रखता है कि विषयी केवल 180° या 90° पर ही आगे बढ़े। जैसे ही विषयी 'G' पर पहुँच जाता है विराम घड़ी बन्द करके समय लिख लिया जाता है। एक मिनट के विश्राम के बाद विषयी से दूसरा प्रयास 'S' से 'G' तक पहुँचने का कराया जाता है। ऐसा तब तक कराया जाता है जब तक विषयी बिना किसी त्रुटि के तीन सफल प्रयास कर लेता है। प्रयोग के अन्तर्गत देखा गया कि 10वें प्रयास में विषयी ने कोई त्रुटि नहीं की, परन्तु 11वें और 12वें प्रयास में दो-दो त्रुटियाँ कीं। 13वें, 14वें और 15वें प्रयास में भी विषयी ने गलती नहीं की। इस प्रकार प्रयोग को रोक दिया गया। प्राप्त आँकड़ों को आगे निरीक्षण तालिका में अंकित कर दिया गया।

विशेष—समय और त्रुटियों की संख्या के बीच दो पृथक्-पृथक् लेखाचित्र (Graphs) तैयार किए जाएँ। ग्राफों के लिए निम्नलिखित आँकड़े उपयोग में लाये जाएँ।

निरीक्षण (आँकड़े और गणना) (Observation—Data and Calculation)

प्रयासों की संख्या	सेकण्डों में लिया गया समय	त्रुटियों की संख्या	विशेष टिप्पणी
1.	109	21	विषयी दो बार 180° तथा 90° पर न चलकर आड़ी दिशा में दो बार चला।
2.	105	18	
3.	104	15	
4.	101	10	
5.	98	7	
6.	95	6	
7.	90	5	
8.	85	4	
9.	80	3	
10.	70	0	
11.	60	2	
12.	50	2	
13.	25	0	
14.	20	0	
15.	18	0	

सांख्यिकीय विश्लेषण (Statistical Analysis)

पहले 3 प्रयासों में लिया गया औसत समय $= \frac{X}{N} = \frac{109+105+104}{3}$

$= \frac{318}{3} = 106$ सेकण्ड

अन्तिम तीन प्रयासों में लिया गया औसत समय $= \frac{X}{N} = \frac{25+20+18}{3}$

$= \frac{63}{3} = 21$ सेकण्ड

पहले 3 प्रयासों में त्रुटियों का औसत $= \frac{Y}{N} = \frac{21+18+5}{3}$

$= \frac{54}{3} = 18$ त्रुटियाँ

अन्तिम तीन प्रयासों में त्रुटियों का औसत $= \frac{Y}{N} = \frac{0+0+0}{3}$

$= \frac{0}{3} = 0$ त्रुटियाँ

अन्तर्दर्शन आख्या (Introspection Report)

विषयी ने अन्तर्दर्शन के आधार पर निम्नलिखित आख्या दी–

> "प्रयोग के प्रारम्भ में मैं बहुत प्रसन्न था कि मैं अधिगम की प्रक्रिया में विशिष्ट समय में अपनी कार्य क्षमता को पहचान सकूँगा। परन्तु प्रयोग की प्रक्रिया के बीच मुझ से त्रुटियाँ हुईं और मैंने काम को शीघ्र समाप्त करने का प्रयत्न किया। कोई त्रुटि न करने का प्रयास किया। कुछ समय बाद मैंने पाया कि मैं सही मार्ग के प्रति सचेत हूँ और त्रुटियाँ कम होती जा रही हैं। अन्त में मैं सही लक्ष्य 'G' तक पहुँचने में बिना कोई त्रुटि किए सफल रहा।"

पर्यवेक्षण (Supervision)

जब भी त्रुटि दर्शाने वाला बल्ब जल उठता था, विषयी चिन्तित हो उठता था। विषयी ने कई बार आड़े चलने का प्रयास किया। धीरे-धीरे बल्ब जलना कम हो गया और अन्त में विषयी बिना त्रुटि किये 'G' तक पहुँचने में सफल हो गया।

चर्चा और निष्कर्ष (Discussion and Conclusion)

इस प्रयोग का लक्ष्य मनुष्य के अधिगम के स्वरूप का जानना था। इस प्रयोग में विषयी के सामने नयी परिस्थिति पैदा की गयी। विषयी जानता था कि उसे 'S' से चलकर 'G' तक पहुँचना है, परन्तु यह ज्ञात नहीं था कि किस मार्ग से आगे बढ़ना है। इसलिए विषयी के लिए त्रुटियाँ करना स्वाभाविक था। प्रारम्भ में विषयी ने अधिक गलतियाँ कीं और अधिक समय लिया, परन्तु धीरे-धीरे उसकी त्रुटियाँ कम हो गयीं और समय भी कम खर्च हुआ।

इस प्रयोग से थॉर्नडाइक के 'प्रयास और त्रुटि द्वारा सीखना' (Learning by Trial and Error) और अभ्यास के प्रभाव के नियम (Law of Effect of Exercise) की पुष्टि होती है। अतः यह नियम पशु और मनुष्य दोनों पर समान रूप से लागू होता है।

प्रयोग 38

Experiment-38

अधिगम का एक हाथ से दूसरे हाथ को पार्श्विक स्थानान्तरण दर्पण-चित्रण (Bilateral Transfer of Learning from Left Hand to Right Hand and *Vice Versa* Mirror Drawing)

दिनांक (Date)..................... दिवस (Day)..................... समय (Time)............
प्रयोग की अवधि (Duration of the Experiment)..
विषयी का नाम (Name of the Subject)..
आयु (Age)..................... लिंग (Sex)..................... कक्षा (Class)..................
विषयी की सामान्य दशा (His General Condition)..
संस्था का नाम (Name of the Institution)..

उद्देश्य (Aim)

अधिगम के एक हाथ से दूसरे हाथ को होने वाले द्विपार्श्विक (Bilateral) स्थानान्तरण (Transfer) का अध्ययन करना।

उपकरण और सामग्रियाँ (Instruments and Materials)

दर्पण-चित्रण उपकरण (Mirror Drawing Instrument), पेन्सिल, चार ड्राइंग पिनें, विराम घड़ी (Stop Watch), तारा बना कागज, लेखाचित्र के पेपर (Graph Paper)।

दर्पण-चित्रण उपकरण—इस उपकरण में लम्बवत् दर्पण लगा रहता है। बोर्ड पर तारे की आकृति वाले कागज को रखने का स्थान होता है। तारे की आकृति के कागज को ढँकने के लिए एक पर्दा (Screen) होता है जिससे विषयी उसे सीधा न देख सके। वह उसे दर्पण के माध्यम से देख सकता है। चित्र संख्या 3 देखें।

व्यवस्था (Arrangement)

विषयी को एक कुर्सी पर बैठा दिया जाता है और दर्पण-चित्रण-उपकरण विषयी के सामने रख दिया जाता है। बोर्ड पर तारे की आकृति वाला कागज जमा दिया जाता है और उसे एक पर्दे से ढक दिया जाता है। अब विषयी तारे की आकृति का चित्रण करने की दृष्टि से दर्पण में देखते हुए चित्रण का प्रारम्भ करने के लिए निश्चित बिन्दु के पास अपनी पेन्सिल जमाता है। प्रयोगकर्त्ता विषयी को निम्नलिखित निर्देश देता है—

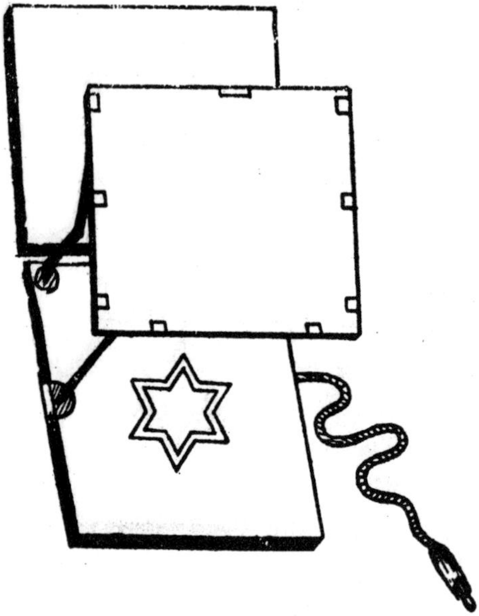

चित्र 3: दर्पण चित्रण उपकरण

दो सेकण्ड बाद मैं 'तैयार' कहूँगा और तुम चित्रण करना शुरू करोगे। तुम निश्चित बिन्दु से प्रारम्भ करोगे और निर्दिष्ट दिशा में ही पेन्सिल घुमाओगे। ऐसा प्रयास तुम तारे की आकृति दर्पण में देखते हुए करोगे। तुम इस काम को बहुत ही शीघ्रता से करोगे परन्तु ध्यान रखोगे कि तुम्हारी पेन्सिल तारे की बाहरी सीमा रेखा (Outline) को नहीं छूएगी। तुम एक चक्र पूरा करने पर पुनः शुरूआत वाले बिन्दु (Starting Point) की ओर अपनी पेन्सिल वापिस मोड़ोगे। तुम्हारे कार्य की क्षमता का निर्धारण निम्नलिखित दो बातों के आधार पर होगा—

(i) तुम अपने लक्ष्य तक पेन्सिल घुमाते हुए कितनी शीघ्रता से आते हो?
(ii) तुम इस प्रक्रिया में कितनी त्रुटियाँ करते हो?

तुम्हें ध्यान रखना है कि तुम अपनी पेन्सिल कागज से नहीं हटाओगे।

वास्तविक प्रयोग (Real Experiment)

उपर्युक्त निर्देश देने के बाद विषयी से तैयार रहने को कहा जाता है। दो सेकण्ड बाद 'शुरू करो' का निर्देश दिया जाता है और विराम घड़ी चालू कर

दी जाती है। जब विषयी दर्पण में देखते हुए पेन्सिल घुमाकर चित्र बनता है तो की गयी त्रुटियों को गिन लिया जाता है। जब विषयी लक्ष्य तक पहुँच जाता है तो विराम घड़ी बन्द कर दी जाती है। इस प्रयोग में लिया गया समय भी लिख लिया जाता है। इस प्रकार बाएँ हाथ से विषयी तीन प्रयास करता है; बाद में दायें हाथ से दस प्रयास करने का अवसर दिया जाता है। फिर बाएं हाथ से तीन प्रयास और करने को दिये जाते हैं। प्रत्येक प्रयास के बीच एक मिनट का विश्राम दिया जाता है।

सावधानियाँ (Precautions)

(1) विराम घड़ी ठीक समय पर चलाकर ठीक समय पर बन्द की जाए।
(2) प्रत्येक प्रयास के बाद एक मिनट का विश्राम दिया जाए।
(3) वातावरण शान्त और विघ्नरहित होना चाहिए।

आँकड़े और निरीक्षण (Data and Observation)

निम्नलिखित तालिका तैयार की जाएगी—

प्रयासों की क्रम संख्या	प्रयुक्त हाथ	लिया गया समय	त्रुटियाँ	विशेष टिप्पणी (यदि कोई हो)
1.	बाँया			
2.	बाँया			
3.	बाँया			
4.	दाँया			
5.	दाँया			
6.	दाँया			
7.	दाँया			
8.	दाँया			
9.	दाँया			
10.	दाँया			
11.	दाँया			
12.	दाँया			
13.	दाँया			
14.	बाँया			
15.	बाँया			
16.	बाँया			

उपर्युक्त आँकड़ों के आधार पर 'समय' और 'त्रुटियों' के दो अलग-अलग लेखाचित्र (Graphs) बनाये जाएँ। निम्नलिखित सांख्यकीय विश्लेषण किया जाना आवश्यक है–

E = पहले तीन प्रयासों में लगे समय का औसत ज्ञात किया जाए।
F = पहले तीन प्रयासों में हुई त्रुटियों का औसत ज्ञात किया जाए।
G = दायें हाथ से किये गये दस प्रयासों के समय का औसत लिया जाए।
H = दायें हाथ से किये गये दस प्रयासों में हुई त्रुटियों का औसत लिया जाए।
I = अन्तिम तीन प्रयासों (बाएँ हाथ से) में लगे समय का औसत।
J = अन्तिम तीन प्रयासों (बाएँ हाथ से) में हुई त्रुटियों का औसत।

स्थानान्तरण गुणांक (Transfer Co-efficient) $= \frac{E-F}{E} + 100$

अन्तर्दर्शन आख्या (Introspection Report)

विषयी अन्तर्दर्शन द्वारा निम्नलिखित आख्या प्रस्तुत करता है–

"शुरू-शुरू में मुझे पेंसिल घुमाने में कठिनाई हुई। लक्ष्य तक पहुँचने पर मुझे सन्तोष हुआ। जब मैं लक्ष्य के निकट पहुँचने लगा तो मुझे शीघ्र काम करने की प्रेरणा मिली। दाएँ हाथ से काम करने के बाद मुझे बायें हाथ से काम करने में पर्याप्त सहायता मिली।

चर्चा और निष्कर्ष (Discussion and Conclusion)

उपर्युक्त आँकड़ों के आधार पर थॉर्नडाइक के सीखने के नियमों की जाँच की जा सकती है। ग्राफ खींचकर उसे भली प्रकार स्पष्ट किया जाए। यदि लेखाचित्र (Graph) में कहीं पठार (Plateau) की स्थिति आती है तो उसके कारण को स्पष्ट किया जाए। दर्पण-चित्रण में यदि आँख और हाथ के बीच समन्वय (Co-ordination) मिले तो उसकी भी चर्चा होनी चाहिए। विषयी प्रयोग के बीच जो मानसिक प्रतिमाएँ (Mental Images) बनाता है उनका भी भली प्रकार निर्धारण किया जाए।

प्रयोग 39

Experiment-39

शाब्दिक अभिसन्धान
(Verbal Conditioning)

कुछ सामान्य बातें

शाब्दिक अभिसन्धान द्वारा हम बहुत-से शब्दों को सीखते हैं और उनका अपने नित्य के लिखने तथा बोलने आदि में प्रयोग करते हैं। सीखने या अधिगम (Learning) की अभिसन्धान विधि का प्रारम्भ एक प्रकार से पवलव के अपने कुत्ते पर प्रयोग से शुरू होता है। उसका यह प्रयोग इतना प्रसिद्ध है कि उसका स्पष्टीकरण यहाँ आवश्यक नहीं है। पवलव ने यह सिद्ध किया है कि हमारी अनेक प्रकार की सीखने की प्रक्रियायें अभिसन्धान द्वारा ही सम्पादित होती हैं। पवलव के सिद्धान्त को थॉर्नडाइक ने भी आगे बढ़ाया है। पवलव और थॉर्नडाइक के अभिसन्धान द्वारा सीखने (Learning by Conditioning) का सिद्धान्त उद्दीपक और अनुक्रिया (Stimulus and Response) के बीच साहचर्य (Association) स्थापना पर निर्भर करता है। इस साहचर्य के स्थापित हो जाने पर व्यक्ति कोई सम्बन्धित चीज सीख लेता है। इस प्रयोग में हम यह समझना चाहते हैं कि शाब्दिक इकाइयों (Verbal Units) में साहचर्य की स्थापना प्रमुखतः कैसे होती है।

दिनांक (Date)………………… दिवस (Day)………………… समय (Time)…………
प्रयोग की अवधि (Duration of the Experiment)……………………………………………
विषयी का नाम (Name of the Subject)……………………………………………………
आयु (Age)………………… लिंग (Sex)………………… कक्षा (Class)………………
विषयी का सामान्य स्वास्थ्य (His General Health)…………………………………………
संस्था का नाम (Name of the Institution)………………………………………………

उद्देश्य (Aim)

विषयी के शाब्दिक अभिसन्धान की प्रक्रिया को समझना।

उपकरण (Materials)

तीस भूतकाल क्रियाओं की दो सूचियाँ; यथा गाया, पढ़ा, पीटा, गया, नाचा,

बजाया, लिखा, मारा, देखा, सुना, आदि। प्रत्येक शब्द को 3″×5″ के कार्ड पर लिखा जाए। प्रत्येक कार्ड पर क्रिया के ऊपर छः सर्वनाम के शब्द लिख लिए जाएँ; जैसे—मैं, हम, तुम, वह, वे, ये। इस प्रकार उद्दीपक के रूप में प्रयुक्त करने के लिए साठ कार्ड तैयार किए जाएँ। इन कार्डों को 30-30 के बराबर दो समूहों में बाँट लिया जाए। उदाहरणस्वरूप प्रत्येक कार्ड इस प्रकार बनाया जाए—

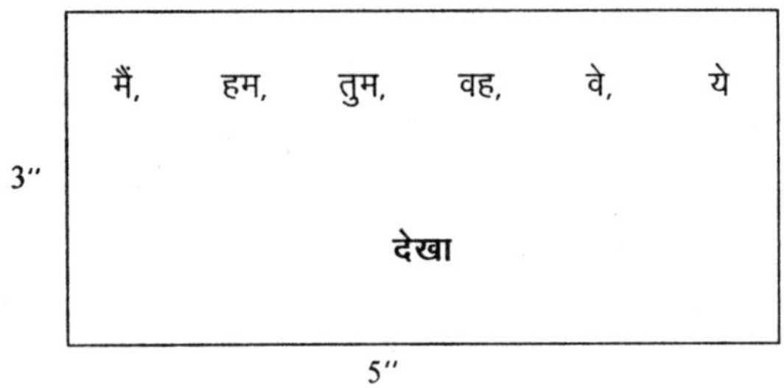

प्रविधि (Procedure)

तीस-तीस कार्डों को अलग-अलग लेकर दो भागों में यह प्रयोग किया जाएगा। एक कार्ड उद्दीपक रूप में विषयी के सामने रखा जाता है और उस पर अंकित क्रिया तथा सर्वनाम के आधार पर उसे वाक्य बोलने होते हैं। जब विषयी 'मैं' सर्वनाम लेकर वाक्य बनाता है तो प्रयोगकर्त्ता "बहुत ठीक" कह कर उसे पुनर्बलन (Reinforcement) देता है। परन्तु जब वह द्वितीय या तृतीय पुरुष वाले सर्वनाम को लेकर वाक्य बनाता है तो उसे इस प्रकार उत्साहित नहीं किया जाता, अर्थात् उसे प्रयोगकर्त्ता की ओर से कोई पुनर्बलन प्राप्त नहीं होता। इसी तरह एक-एक कार्ड विषयी को दिया जाता है और मौखिक रूप से अनुक्रिया (Response) देने के लिए निर्देश दिया जाता है।

उपर्युक्त प्रकार से प्रयोग का दूसरा भाग भी पूरा करने के लिए विषयी से अनुक्रिया देने के लिए कहा जाता है। परन्तु इस द्वितीय भाग में विषयी को "बहुत ठीक" कह कर तभी पुनर्बलन दिया जाता है जब वह "तुम" सर्वनाम के साथ वाक्य बनाता है, अर्थात् अनुक्रिया देता है। जब विषयी अन्य सर्वनामों के साथ वाक्य बनाता है तो उसे कोई भी पुनर्बलन नहीं दिया जाता। इसके बाद प्रयोग के दोनों भागों से प्राप्त अनुक्रियाओं को दो तालिकाओं में अलग-अलग अधोलिखित रूप में व्यवस्थित किया जाएगा—

तालिका 1

उद्दीपन कार्ड की क्रम संख्या	मैं	हम	तुम	वह	वे	ये
1. 2. 3. 4. 5. 6. : 30.						
योग						
प्रतिशत						

नोट—उपर्युक्त प्रकार दूसरे भाग की दूसरी तालिका बनाई जायेगी।

परिणाम (Result)

प्रत्येक सर्वनाम के साथ विषयी ने कितने वाक्यों की रचना की, इनकी संख्या तालिका में दी जाती है। प्रयोग के पहले भाग में "मैं" सर्वनाम के प्रयुक्त करने पर उसे "बहुत ठीक" कह कर पुनर्बलन दिया गया। इसलिए इस सर्वनाम से निर्मित वाक्यों की संख्या अधिक होगी और अन्य सर्वनाम वाले वाक्यों की संख्या कम होगी। इसी प्रकार प्रयोग के दूसरे भाग में "तुम" सर्वनाम से बने हुए वाक्यों की संख्या अधिक होगी। इस प्रयोग के दोनों भागों में प्राप्त अनुक्रियाओं के आधार पर दो अलग-अलग ग्राफ बनाये जा सकते हैं। पड़ी या खड़ी रेखा (अक्ष 'क') पर सर्वनाम रखे जा सकते हैं और दूसरी रेखा अर्थात् अक्ष 'ख' पर अनुक्रियाओं की आवृत्ति का प्रतिशत रखा जाए। इस ग्राफ का तात्पर्य व्याख्या के अन्तर्गत समझाया जा सकता है।

व्याख्या (Interpretation)

प्रयोग के प्रथम भाग में केवल "मैं" सर्वनाम के साथ पुनर्बलन दिया गया। अतएव अन्य सर्वनामों के साथ वाक्यों की आवृत्ति कम रही। जिस सर्वनाम वाले वाक्यों के समय "बहुत ठीक" कहकर पुनर्बलन दिया गया विषयी उससे अधिक साहचर्य स्थापित करने के लिए उत्साहित हुआ। जिन "सर्वनामों" के समय कोई पुनर्बलन

नहीं दिया गया उनके साथ साहचर्य की स्थापना बड़ी निर्बल रही। प्रयोग के दूसरे भाग में "मैं" सर्वनामों के साथ प्रत्येक वाक्यों के समय कोई पुनर्बलन नहीं दिया गया, क्योंकि इस भाग में "तुम" सर्वनाम के प्रयोग होने पर पुनर्बलन दिया गया। इसलिए "मैं" सर्वनाम के साथ पहले का स्थापित अभिसन्धान प्रयोग के दूसरे भाग में निर्बल होता गया और "तुम" सर्वनाम, सम्बन्धी अभिसन्धान क्रमशः इस तरह होता गया। दोनों तालिकाओं के आधार पर निर्मित दोनों ग्राफों की वक्ररेखा में यह प्रवृत्ति स्पष्ट होती है कि प्रयोग के प्रथम भाग में अनुक्रिया की प्रवृत्ति प्रयोग के दूसरे भाग में क्रमशः निर्बल होती जाती है। परन्तु अन्य सर्वनामों से सम्बन्धित अनुक्रियाओं की स्थिति (Position) में अन्तर नहीं दिखाई पड़ता, क्योंकि उनके लिए कभी पुनर्बलन नहीं दिया गया। शाब्दिक अभिसन्धान को कौन-कौन से घटक प्रभावित करते हैं इसकी विवेचना इस प्रकार के परिणाम के आधार पर की जा सकती है।

प्रयोग 40
Experiment-40

युग्मित साहचर्य से सीखना
(Learning by Paired Association)

दिनांक (Date)………… दिवस (Day)………… समय (Time)…………
प्रयोग की अवधि (Duration of the Experiment)…………
विषयी का नाम (Name of the Subject)…………
आयु (Age)………… लिंग (Sex)………… कक्षा (Class)…………
विषयी की सामान्य दशा (His General Condition)…………
संस्था का नाम (Name of the Institution)…………

उद्देश्य (Aim)

(1) युग्मित साहचर्य विधि से सीखने की प्रक्रिया दिखलाना।
(2) सार्थक और निरर्थक वस्तु से सीखने के स्वरूप की तुलना करना।

उपकरण और सामग्री (Instruments and Materials)

(1) कार्ड के दो ऐसे सेट (Sets), जिनमें प्रत्येक में 15 शब्द हों। 'क' नामक सेट में सार्थक शब्द होंगे और सेट 'ख' में निरर्थक अक्षर। प्रत्येक कार्ड

के पीठ पर युगल का प्रथम शब्द अक्षर लिखा रहेगा। शब्दों और अक्षरों की सूची अलग-अलग कागज पर होगी।

(2) विराम घड़ी।

(3) कलम या पेन्सिल।

निर्देश (Instructions)

तुम्हें सर्वप्रथम 15 ऐसे कार्ड दिखलाये जायेंगे जिन पर कुछ सार्थक शब्दों के जोड़े लिखे हैं। प्रत्येक कार्ड 2 सेकण्ड के लिए दिखलाया जाएगा। इस प्रकार कार्डों को दिखलाने के क्रम में तुम्हें उन्हें याद कर लेना है। इस प्रक्रिया की समाप्ति के बाद तुम्हें युगल (Pair) का प्रथम भाग दिखाया जाएगा और तुम्हें उसके संगत वाला (Corresponding) शब्द बताना होगा। यही प्रक्रिया दूसरे सेट के कार्डों (जिन पर निरर्थक शब्द लिखे हुए हैं) के साथ भी अपनाई जाएगी। जब तुम्हें कोई कार्ड दिखाया जाएगा तो उस पर लिखे हुए निरर्थक अक्षरों को तुम्हें याद कर लेना चाहिए जिससे दूसरी बार पूछने पर तुम उसे ठीक-ठीक बता सको। यह प्रक्रिया तब तक चलायी जायेगी जब तक तुम दोनों सेटों के सभी शब्दों और अक्षरों को याद न कर लो।

सतर्कता (Precautions)

यह याद रखना आवश्यक है कि सार्थक और निरर्थक शब्दों और अक्षरों के जोड़े ऐसे हों कि उनके उच्चारण में किसी लय (Rhythm) या साहचर्य (Association) का आभास न हो; अन्यथा फल शुद्ध नहीं आयेगा क्योंकि उनके सहारे विषयी कुछ सहायता पा जाएगा। परीक्षणकर्त्ता मेज के एक ओर बैठेगा और विषयी दूसरी ओर। प्रत्येक प्रयत्न के बाद कार्डों को हेर-फेर (Shuffle) कर लेना चाहिए, ताकि विषयी किसी शब्द या अक्षर को किसी क्रम संख्या से सम्बद्ध न कर ले। किसी कार्ड को दिखाते समय यह ध्यान रहे कि विषयी किसी अन्य कार्ड को न देख सके।

क्रियाविधि (Procedure)

प्रत्येक प्रयास के लिए अलग-अलग एक स्तम्भ (Table) बना लिया जाए। आगे इस स्तम्भ का एक नमूना दिया गया है। इस स्तम्भ में सही अनुक्रिया के सामने सही (✓) का चिह्न लगाया जाएगा और गलत के सामने एक गुणा (×) का चिह्न लगाया जाएगा। दोनों सूचियों के प्रत्येक प्रयास में विराम घड़ी का उपयोग किया जाएगा। प्रत्येक सूची का प्रयास तब तक जारी रखा जाएगा जब तक सभी की

सही अनुक्रियाएँ न मिल जाएँ; क्योंकि इससे सिद्ध हो सकेगा कि विषयी सीखने (Learning) में सफल हुआ है। इस प्रकार अन्त में 'सही' और 'गलत' अनुक्रियाएँ जोड़ ली जाएंगी। दोनों सेटों (Sets) के प्रयासों के स्तम्भों (Tables) के आधार पर स्मृति-वक्र रेखा (Memory Curve) और त्रुटि-वक्र रेखा (Error Curve) ग्राफ पेपर (Graph) पर खींची जा सकती है।

सार्थक शब्दों की सूची के आँकड़े (Data in the List of Meaningful Words)

सार्थक शब्दों की सूची में परीक्षण के क्रम में 'सही' और 'गलत' अनुक्रियाओं को यथा समय परीक्षणकर्त्ता अंकित करता रहेगा। विभिन्न स्तम्भों से निम्नलिखित बातें परिलक्षित होती हैं। विषयी ने सभी सार्थक शब्दों की सूची में पाँच प्रयास किए। प्रथम प्रयास में सही अनुक्रियाओं की संख्या केवल 2 थी और गलत अनुक्रियाएँ 13 थीं। द्वितीय प्रयास में सही अनुक्रियाएँ 9 थीं और गलत अनुक्रियाएँ 6 थीं। तृतीय प्रयास में सही अनुक्रियाएँ 15 थीं और गलत अनुक्रियाएँ नहीं हुईं। चौथा प्रयास भी किया गया यह देखने के लिए कि विषयी ने सभी सही अनुक्रियाओं को याद कर लिया है या नहीं। इसमें भी उसकी सभी अनुक्रियाएँ सही निकलीं और कोई गलत नहीं हुई।

नोट—द्वितीय से पाँचवें प्रयास तक की संख्याएँ यहाँ केवल उदाहरणार्थ कल्पित रूप में दी हुई हैं। वास्तविक परीक्षण में प्रयोगकर्त्ता को अपनी वास्तविक संख्याएँ लिखनी चाहिए।

निरर्थक अक्षरों की सूची के आँकड़े (Data Pertaining to the List of Meaningless Words)

निरर्थक अक्षरों की सूची में विषयी ने सात प्रयास किए। प्रथम प्रयास में विषयी की चार सही अनुक्रियाएँ रहीं और ग्यारह गलत थीं। दूसरे प्रयास में सही अनुक्रियाएँ पाँच थीं और गलत दस थीं। तीसरे में सही अनुक्रियाएँ सात थीं और गलत आठ थीं। चौथे प्रयास में सही अनुक्रियाएँ छः थीं और गलत नौं थीं। पाँचवें प्रयास में सही आठ थीं और गलत सात। छठे प्रयास में सही दस थीं और गलत पाँच। सातवें प्रयास में सभी अनुक्रियाएँ सही थीं।

नोट—दूसरे से सातवें प्रयासों की संख्याएँ यहाँ केवल उदाहरणार्थ कल्पित रूप में दी हुई हैं। प्रयोगकर्त्ता को अपने विवरण में प्रयोग के अनुसार अनुक्रियाओं की वास्तविक संख्याएँ लिखनी चाहिए।

आँकड़ों का विश्लेषण (Analysis of Data)

सार्थक शब्दों और निरर्थक अक्षरों की सूचियों (Lists) में पाया गया कि प्रत्येक प्रयास में विषयी की सही अनुक्रियाएँ विगत प्रयास से अधिक रहीं। यह प्रगति तब तक चलती रही जब तक विषयी की सभी अनुक्रियाएँ ठीक नहीं हो गईं, अर्थात् जब तक उसने सभी को सही-सही याद नहीं कर लिया। प्रत्येक सूची के सम्बन्ध में एक अन्तिम प्रयास किया गया इस बात की पुष्टि के लिए कि विषयी ने सूची के सभी शब्दों को ठीक-ठीक याद कर लिया या नहीं।

सार्थक शब्दों और निरर्थक अक्षरों की सूची से प्राप्त उपर्युक्त आँकड़ों को ग्राफ द्वारा भी प्रदर्शित किया जा सकता है। अतः विद्यार्थी को अपने अध्यापक की सहायता से ग्राफ पेपर में स्मृति की अर्थात् सीखने की प्रगति (Progress in Learning) की वक्र-रेखा (Curve) दिखानी चाहिए।

उदाहरणस्वरूप, हम आगे सार्थक शब्दों और निरर्थक अक्षरों की सूची के नमूने दे रहे हैं। निरीक्षणकर्त्ता इसी प्रकार की स्वयं अपनी अलग सूची बना सकता है। यह ध्यान देने की बात है कि अधोलिखित सूची के अनुसार विभिन्न प्रयासों की 'सही' और 'गलत' अनुक्रियाएँ, जैसी प्राप्त हों, परीक्षणकर्त्ता को वैसी ही लगानी चाहिए। यहाँ केवल एक स्तम्भ (Table) में ही 'सही' और 'गलत' अनुक्रियाओं को चिह्नित किया गया है।

सार्थक शब्दों की सूची (List of Meaningful Words)

कार्ड के एक ओर लिखा हुआ जोड़ा (The pair written on one side of the card)	कार्ड के दूसरी ओर लिखा हुआ शब्द (Word on the Reverse Side of the Card)
1. घड़ी—चूहा	घड़ी
2. ढेला—मक्खी	ढेला
3. आलू—दवा	आलू
4. कागज—छड़	कागज
5. बिल्ली—मन	बिल्ली
6. बाल—मिट्टी	बाल
7. पानी—खुर्पी	पानी
8. शेर—ठेला	शेर
9. बर्फ—गेहूँ	बर्फ
10. राग—पथ	राग
11. टाट—रथ	टाट
12. हिरन—थल	हिरन
13. मेढ़क—बकरी	मेढ़क
14. डिबिया—साधु	डिबिया
15. बच्चा—दीमक	बच्चा

निरर्थक अक्षरों की सूची (List of Non-sense Syllables)

कार्ड के एक ओर लिखा जाने वाला जोड़ा (The pair of letters written on one side of the card)	कार्ड के दूसरी ओर लिखे जाने वाले अक्षर (The non-sense syllables to be written on the reverse side of the card)
1. स ट क—द क ड़	1. स ट क
2. म स र—ग ग क	2. म स र
3. ट थ ट—प ख घ	3. ट थ ट
4. क छ ज—त फ म	4. क छ ज
5. ल द भ—ढ थ फ	5. ल द भ
6. झ प ड—क य ल	6. झ प ड़
7. ख घ झ—त फ क	7. ख घ झ
8. न फ प—ड म प	8. न फ प
9. घ ल स—छ थ ध	9. घ ल स
10. ट म भ—क न ल	10. ट म भ
11. ज ध म—छ व स	11. ज ध म
12. र ध न—घ ड स	12. र ध न
13. ग ढ प—स थ म	13. ग ढ प
14. छ व द—न ख थ	14. छ व द
15. ड य द—ट म द	15. ड य द

नोट—प्रयोगकर्त्ता अपने अध्यापक की सहायता से उपर्युक्त जोड़ों से भिन्न तथा सरलतम जोड़े बना सकता है। उपर्युक्त जोड़े केवल उदाहरणस्वरूप दिये गये हैं।

नोट—सार्थक शब्दों की सूची तथा निरर्थक अक्षरों की सूची के प्रयास के गणन का केवल एक-एक नमूना ही सारणी रूप में नीचे दिया जा रहा है। परीक्षणकर्त्ता को अन्य प्रयासों की सारणी भी इस प्रकार बना लेनी चाहिए—

प्रथम प्रयास—सार्थक शब्द

(First Trial of the Meaningful Words)

क्रम संख्या (Sl. No.)	जोड़ा (Pair)	सही अनुक्रिया (Right Response)	गलत अनुक्रिया (Wrong Response)
1.	घड़ी—चूहा	1	—
2.	ढेला—मक्खी	×	1
3.	आलू—दवा	×	1
4.	कागज—छड़	×	1
5.	बिल्ली—मन	×	1

(क्रमशः)

क्रम संख्या (Sl. No.)	जोड़ा (Pair)	सही अनुक्रिया (Right Response)	गलत अनुक्रिया (Wrong Response)
6.	बाल–मिट्टी	×	1
7.	पानी–खुर्पी	×	1
8.	शेर–ठेला	1	—
9.	बर्फ–गेहूँ	×	1
10.	राग–पथ	×	1
11.	टाट–रथ	×	1
12.	हिरन–थल	×	1
13.	मेढ़क–बकरी	×	1
14.	डिबिया–साधु	×	1
15.	बच्चा–दीमक	×	1
	जोड़	**2**	**13**

प्रथम प्रयास–निरर्थक अक्षर
(First Trial of Non-sense Syllables)

क्रम संख्या (Sl. No.)	जोड़ा (Pair)	सही अनुक्रिया (Right Response)	गलत अनुक्रिया (Wrong Response)
1.	स ट क–ट क ड़	1	–
2.	म स र–ग ग क	–	1
3.	द थ ट–प ख ध	–	1
4.	क छ ज–त फ म	1	–
5.	ल द भ–ढ थ भ	–	1
6.	झ प ड–क य ल	–	1
7.	ख थ झ–त फ क	–	1
8.	न फ प–ड म प	1	–
9.	थ ल स–छ थ ध	–	1
10.	ट म भ–क न ल	–	1
11.	ज ध म–छ व स	–	1
12.	र ध न–घ ड स	–	1
13.	ग ढ प–स थ भ	–	1
14.	छ व द–न ख थ	–	1
15.	ड य द–ट म द	1	–
	जोड़	**4**	**11**

उपर्युक्त स्तम्भ से यह ज्ञात हो रहा है कि निरर्थक अक्षरों की सूची में प्रथम प्रयास में चार सही तथा ग्यारह गलत अनुक्रियाएँ हुईं। इसी प्रकार कुछ प्रयास तब तक चलाना चाहिए जब तक कि सभी अनुक्रियाएँ सही न हो जाएँ अर्थात् विषयी सभी जोड़ों (Pairs) को ठीक-ठीक याद न कर ले।

नोट—यदि उपर्युक्त जोड़े बहुत कठिन प्रतीत हों तो प्रयोगकर्त्ता को स्वयं सरलतर जोड़े बना लेने चाहिए।

अन्तर्दर्शन आख्या (Introspection Report)

विषयी ने बतलाया कि निरर्थक अक्षरों के जोड़ों को याद करने में उसे बड़ी ही कठिनाई हुई, क्योंकि उसने इसे व्यर्थ का कार्य समझा। विषयी का यह मनोभाव प्रथम प्रयास में प्राप्त अनुक्रिया से स्पष्ट परिलक्षित हो रहा है। परन्तु कुछ अभ्यास के बाद विषयी ने सार्थक और निरर्थक अक्षरों को याद करने की अपनी एक विधि अपनायी। इस विधि के कारण आगे के प्रयासों में सही अनुक्रियाओं की संख्या धीरे-धीरे बढ़ने लगी। सार्थक शब्दों की सूची के साथ अभ्यास में सही अनुक्रियाओं की संख्या शीघ्रतर बढ़ती रही। निरर्थक शब्दों की सूची के सम्बन्ध में विषयी ने यह बतलाया कि वह विभिन्न अक्षरों के साथ कुछ अन्य सार्थक शब्दों को जोड़ने लगा; जैसे—प्रथम क्रम-संख्या में विषयी ने 'स ट क' के साथ 'सटक सीताराम' मुहावरा जोड़ लिया और 'द क ड़' के साथ 'पकड़' का जोड़ा बैठा लिया। इस प्रकार 'स ट क' और 'द क ड़' के बारे में विषयी ने कहा कि ऐसे उपाय से इन्हें याद करने में उसे बड़ी सहायता मिली।

व्याख्या (Interpretation)

प्राप्त आँकड़ों के आधार पर कहा जा सकता है कि सार्थक शब्दों और निरर्थक अक्षरों को याद करने तथा स्मृति से उन्हें पुनः दोहराने में विषयी ने अपनी एक निश्चित विधि प्रदर्शित की है। इसमें सन्देह नहीं कि उसके सीखने में साहचर्य (Association) का प्रभाव स्पष्ट है, क्योंकि बहुत-से जोड़े के शब्द प्रथम शब्द के देखने पर ही विषयी बता देने में सफल हो जाता था। हाँ, यह कहना होगा कि सार्थक शब्दों और निरर्थक अक्षरों को याद करने तथा स्मृति से दोहराने में सफलता की सीमा अलग-अलग रही है, क्योंकि सार्थक शब्दों की पूरी सूची को ठीक-ठीक याद कर लेने में विषयी को निरर्थक अक्षरों को याद करने की अपेक्षा

कम प्रयास करने पड़े। कुछ प्रयासों के बाद थोड़ा अभ्यास हो जाने के कारण* विषयी को शब्दों के जोड़ों को याद करने में पहले से कम समय लगा।

शैक्षिक महत्त्व (Educational Significance)

इस परीक्षण में देखा गया कि युग्मित साहचर्य का सीखने पर पर्याप्त प्रभाव पड़ता है। अतः शिक्षक अपने अध्यापन के क्रम में यथासम्भव युग्मित साहचर्य के आधार पर विद्यार्थियों के सीखने या याद करने की प्रक्रिया को सरलतर बना सकता है। इस प्रकार किसी नीरस प्रकरण को रोचक बनाया जा सकता है। इस परीक्षण से यह भी हमें आभास होता है कि अध्यापक को अपने अध्यापन-क्रम में परिचित बातों से नई बातों की ओर अथवा सरल बातों से विषम बातों की ओर बढ़ना चाहिए। इस परीक्षण से यह भी सिद्धान्त निकलता है कि अध्यापन में यथासम्भव सार्थकता तथा साहचर्य का अंश वाक्य अवश्य लाना चाहिए, क्योंकि इसके अभाव में सीखने की प्रक्रिया कठिन हो जाएगी। इस परीक्षण से यह भी स्पष्ट होता है कि सीखने की प्रक्रिया में रुचि (Interest) का विशेष महत्त्व होता है। रुचि के होने पर सीखना और पुनर्स्मरण सरलतर हो जाता है।

---

* जब सार्थक शब्दों और निरर्थक अक्षरों से सम्बन्धित सीखने के ग्राफ बनाये जायँ तो दोनों की वक्र रेखाओं का सीखने और पुनर्स्मरण सम्बन्धी बातों का तुलनात्मक विवेचन किया जा सकता है।

अध्याय 11

बुद्धि
(Intelligence)

- बुद्धि का मौखिक परीक्षण (Verbal Test of Intelligence)
- अलैक्जेण्डर पैसेलौंग परीक्षण (Alexander Passalong Test)
- प्रयाग मेहता सामूहिक बुद्धि परीक्षण (Prayag Mehta Group Intelligence Test)
- रैवेन्स प्रोग्रेसिव मैट्रिसेज टेस्ट (Reven's Progressive Matrices Test)

प्रयोग 41
Experiment-41

बुद्धि का मौखिक परीक्षण
(Verbal Test of Intelligence)

दिनांक (Date)........................ दिवस (Day)........................ समय (Time)............

प्रयोग की अवधि (Duration of the Experiment)..

विषयी का नाम (Name of the Subject)..

आयु (Age)........................ लिंग (Sex)........................ कक्षा (Class)..................

विषयी की सामान्य दशा (His General Condition)..

संस्था का नाम (Name of the Institution)..

उद्देश्य (Aim)

जलोटा मानसिक योग्यता परीक्षण (Jalota's Mental Ability Test) के आधार पर विषयी की बुद्धि-लब्धि (I.Q.) का पता लगाना।

उपकरण और सामग्रियाँ (Instruments and Materials)

जलोटा मानसिक योग्यता परीक्षण की एक प्रति; प्राप्तांक कुंजी (Scoring Key), परीक्षण को करने की विधि का वर्णन करने वाली लघु पुस्तिका (Manual Book), उत्तर वाले कागज (Answer Sheet); विराम घड़ी, कागज और पेन्सिल आदि।

विशेष सूचना—8वीं से 11वीं (माध्यमिक कक्षा) के 13 से 16 वर्षीय विद्यार्थियों की मानसिक योग्यता (I.Q.) का परीक्षण करने के लिए जलोटा मानसिक योग्यता परीक्षण का प्रयोग किया जाता है। एक परीक्षण में 100 प्रश्न होते हैं जो निम्नलिखित मानसिक योग्यता पर आधारित होते हैं—

1. समान शब्दावली (Vocabulary Similar)
2. विलोम शब्दावली (Vocabulary Opposite)
3. संख्याओं का क्रम (Number Series)
4. वर्गीकरण (Classification)
5. सर्वोत्तम उत्तर (Best Answer)
6. निष्कर्ष (Inference)
7. सादृश्यताएँ (Analogies)

यह समूह-परीक्षण (Group Test) है। यह गति-परीक्षण (Speed Test) भी है। इसलिए इस परीक्षण की समय-सीमा निश्चित होती है। यह अवधि 20 मिनट की होती है। विषयी को 20 मिनट के समय में ही जितने प्रश्न पूछे जाते हैं उनमें से अधिक से अधिक का उत्तर देना पड़ता है।

निर्देश (Instruction)

विषयी को बताया जाता है कि वह 20 मिनट की अवधि में ही दिये गये प्रश्नों का उत्तर दे। प्रयोग करने से पहले परीक्षण सूची में उदाहरण के लिए दिये गये प्रश्नों को भली प्रकार समझा दिया जाता है जिससे वह वांछित उत्तर दे सके। तब परीक्षण (Test) पत्र विषयी को दे दिया जाता है। यदि किसी विषयी को कोई सन्देह होता है तो उसे सावधानीपूर्वक तत्काल ही दूर कर दिया जाता है। तब परीक्षण प्रारम्भ होता है। जब 10 मिनट बीत जाते हैं तो विषयी को बता दिया जाता है कि आधा समय बीत चुका है। 15 मिनट के बाद बताया जाता है कि परीक्षण के 5 मिनट शेष हैं। 20 मिनट बीतते ही विषयी को काम बन्द करने को कहा जाता है और उत्तर-पत्र इकट्ठे कर लिये जाते हैं।

प्रक्रम (Procedure)

उपर्युक्त निर्देश देने के बाद शान्ति के साथ परीक्षण प्रारम्भ कर दिया जाए। 20 मिनट में परीक्षण समाप्त कर दिया जाए।

सावधानियाँ (Precautions)

1. वातावरण विघ्नरहित होना चाहिए।
2. प्रयोगात्मक कक्ष में पर्याप्त प्रकाश और उपयुक्त शुद्ध हवा आने-जाने की व्यवस्था हो।
3. विषयी को अपना काम करना चाहिए। वह किसी से कुछ न पूछे न बताए।
4. विषयी तब तक काम शुरू न करे जब तक वैसा करने को कहा न जाए।
5. जैसे ही समय पूरा हो और काम रोकने को कहा जाए, विषयी काम रोक दे।

परिणाम और गणना (Result and Calculation)

प्राप्तांक-कुंजी (Score Key) के आधार पर विषयी के शुद्ध उत्तर जान लिए जाते हैं। शुद्ध उत्तरों के आधार पर विषयी की मानसिक योग्यता एवं बुद्धि-लब्धि (I.Q.) जान ली जाती है। इस सम्बन्ध में सूत्र इस प्रकार है—

$$\text{बुद्धि-लब्धि (I.Q.)} = \frac{\text{मानसिक आयु (Mental Age)}}{\text{शारीरिक आयु (Chronological Age)}} \times 100$$

अन्तर्दर्शन आख्या (Introspection Report)

परीक्षण समाप्त होने पर विषयी निम्नलिखित अन्तर्दर्शन आख्या दे सकता है—"शुरू में मुझे डर लगा और लगा कि मैं परीक्षण ठीक से नहीं कर पाऊँगा। परन्तु परीक्षण प्रारम्भ होने पर लगा कि उसके बहुत-से प्रश्न बहुत सरल हैं। मैंने उन्हें प्रसन्नतापूर्वक पढ़ा और उनका एक-एक करके उत्तर दिया। मैंने निर्देशानुसार किसी एक प्रश्न पर अधिक समय नहीं गँवाया। मैंने इस परीक्षण में कोई कठिनाई अनुभव नहीं की।"

पर्यवेक्षण (Supervision)

प्रयोगकर्त्ता ने प्रारम्भ में पाया कि विषयी बहुत डरे हुए थे। परन्तु जब उन्होंने प्रश्नों का उत्तर देना शुरू कर दिया तो उनका भय समाप्त हो गया। परीक्षण के अन्तिम प्रश्न उन्हें कठिन लगे। 'विषयी' लोगों की मुखमुद्रा और हाव-भाव से ऐसा ही प्रतीत होता था।

चर्चा और निष्कर्ष (Discussion and Conclusion)

जब विषयी की बुद्धि-लब्धि (I.Q.) निर्धारित सूत्र के अनुसार ज्ञात कर ली जाती है। $\left(\text{I.Q.} = \frac{\text{M.A.}}{\text{C.A.}} \times 100\right)$ तब विषयी की मानसिक योग्यता का स्थान एल. एम. टरमैन (L.M. Terman) तथा एम. ए. मेरिल (M.A. Merrill) द्वारा निर्धारित तालिका के आधार पर कर लिया जाता है–

बुद्धि-लब्धि (I.Q.)	मानसिक योग्यता का वर्ग (Category)
140–के ऊपर	प्रतिभाशाली (Genius)
130–139 तक	अतिश्रेष्ठ (Very Superior)
120–129 तक	श्रेष्ठतर (Superior)
110–119 तक	श्रेष्ठ (Bright)
90–109 तक	सामान्य (Normal)
80–89 तक	मन्द बुद्धि (Dull)
70–79 तक	हीन बुद्धि (Inferior)
60–69 तक	मूर्ख (Moron)
50–59 तक	मूढ़ (Imbecile)
40–49 तक	जड़ (Idiot)

यदि विषयी की बुद्धि-लब्धि (I.Q.) 90 और 190 के बीच आती है तो विषयी को सामान्य बुद्धि का मान लिया जाता है। इसलिए उसकी शैक्षिक उपलब्धि भी सामान्य होगी। उसके परीक्षण का परिणाम स्पष्ट करता है कि वह 50 प्रतिशत अंक ही प्राप्त कर पाता है। इस प्रकार उसे उसकी मानसिक योग्यता और रुचि के अनुकूल व्यवसाय अपनाने का परामर्श दिया जा सकता है और भविष्य की दिशा बतायी जा सकती है। विषयी को विगत शैक्षिक उपलब्धि (Educational Achievement) को देखकर निष्कर्ष निकाला जाता है कि जलोटा का सामान्य मानसिक योग्यता परीक्षण वैध (Valid) और विश्वसनीय (Reliable) है।

प्रयोग 42
Experiment-42

अलैक्जेण्डर पैसेलौंग परीक्षण
(Alexander Passalong Test)

दिनांक (Date).................... दिवस (Day).................... समय (Time)............
प्रयोग की अवधि (Duration of the Experiment)..
विषयी का नाम (Name of the Subject)...
आयु (Age)...................... लिंग (Sex)...................... कक्षा (Class)......................
संस्था का नाम (Name of the Institution)..

उद्देश्य (Aim)

विषयी की बुद्धि-लब्धि (I.Q.) पैसेलौंग परीक्षण (Passalong Test) के आधार पर ज्ञात करना।

उपकरण और सामग्रियाँ (Instruments and Materials)

अलैक्जेण्डर पैसेलौंग परीक्षण; विराम घड़ी; कागज और पेन्सिल आदि।

पैसेलौंग टैस्ट—इसमें लाल और नीले रंग के छोटे-छोटे लकड़ी के टुकड़े होते हैं। इन टुकड़ों की सहायता से विषयी को विविध माप की आकृतियाँ बनानी होती हैं। विषयी जैसे-जैसे आगे बढ़ता है आकृतियों का बनाना अधिक जटिल होता जाता है। इस परीक्षण के नौ उप-परीक्षण (Sub-Test) या उप-भाग (Sub-Parts) होते हैं। दूसरे और तीसरे उप-परीक्षणों के अभिकल्प (Design) एक कार्ड पर दिखाये जाते हैं। अभिकल्प (Design) दिखाने वाले कार्डों की संख्या 8 होती है। इन कार्डों के अतिरिक्त चार छोटी-छोटी ट्रे, जो विभिन्न आकार की होती हैं, इनमें छोटे-छोटे लाल और नीले रंग के लकड़ी के टुकड़े रखे जाते हैं। कुछ टुकड़े वर्गाकार तो कुछ आयताकार होते हैं। प्रत्येक ट्रे का एक किनारा (Border) लाल तो दूसरा नीला होता है। विषयी को लकड़ी के टुकड़े ट्रे में इस प्रकार रखने होते हैं कि नीले लकड़ी के टुकड़े नीले किनारे की ओर तथा लाल टुकड़े लाल किनारे की ओर रहें। ऐसा कार्ड पर बने अभिकल्प (Design) को देखकर करना पड़ता है। विषयी का काम है कि वह उँगली से नीले टुकड़े नीले किनारे की ओर और लाल टुकड़े लाल किनारे की ओर खिसकाता रहे। इस

प्रक्रिया में वह लकड़ी के टुकड़े हाथ में उठा नहीं सकता। उसे ऐसा कार्ड पर बने अभिकल्प के ही अनुसार करना पड़ता है। ये नौ उप-परीक्षण (Sub-Tests) इस प्रकार व्यवस्थित किये जाते हैं कि पहले वाले परीक्षण बाद में आने वाले परीक्षणों की अपेक्षा सरल होते हैं। विषयी को ये परीक्षण एक समय सीमा में पूरे करने होते हैं। समय विराम घड़ी से माप लिया जाता है। प्रयोग से पहले विषयी को कुर्सी पर आराम से बैठा दिया जाता है और उसके सामने पहले उप-परीक्षण का बक्स, जिसमें लकड़ी के टुकड़े होते हैं, रख दिया जाता है। अभिकल्पों (Designs) के कार्ड भी सामने रख दिये जाते हैं। छोटे-छोटे बक्सों में अन्य सामग्रियाँ भी रखी जाती हैं।

सावधानियाँ (Precautions)

1. परीक्षण-कक्ष पूर्णतः शान्त और निर्विघ्न हो।
2. प्रयोग आरम्भ होने से पूर्व विषयी अभिकल्प-कार्डों से बिल्कुल अनभिज्ञ हो।
3. कक्ष में पर्याप्त प्रकाश और शुद्ध हवा की व्यवस्था हो।
4. विराम घड़ी बहुत ही सतर्कता से उपयोग में लायी जाए।
5. विषयी लकड़ी के टुकड़ों को हाथ में न उठाये, वरन् उन्हें उँगलियों से ही खिसकाता रहे।
6. प्रयोग के बीच विषयी के हाव-भाव भली प्रकार देखे जाएँ जिससे पता चले कि परीक्षण उसे सरल लग रहा है या कठिन लग रहा है।

विषयी के लिए निर्देश (Instructions to the Subject)

विषयी को कुर्सी पर आराम से बैठाकर तथा आस-पास रखी वस्तुओं का सामान्य परिचय कराकर स्नेहपूर्वक निम्नलिखित निर्देश दिए जाएँ—

> "प्रत्येक व्यक्ति में जन्मजात बुद्धि होती है। उसी के अनुसार वह अपने व्यावसायिक जीवन का निर्वाह करता है। यह प्रयोग आपकी बुद्धि की परख के लिए किया जा रहा है। आपको इसमें खेल जैसा रोचक काम करना पड़ेगा। परन्तु आपको इस काम को गम्भीरतापूर्वक करना होगा जिससे आपकी बुद्धि शुद्धता के साथ मापी जा सके। यह पहला कार्ड है (कार्ड दिखाकर) इसी के आधार पर आपका पहला परीक्षण होगा। इस पर एक ट्रे और तीन लकड़ी के टुकड़ों के चित्र हैं जिसमें दो नीले लकड़ी के टुकड़े ट्रे के नीले किनारे की ओर और एक लाल टुकड़ा लाल किनारे की ओर है। यहाँ एक ट्रे है जिसमें लाल टुकड़े नीले किनारे की ओर और नीले टुकड़े लाल किनारे की ओर रखे गये हैं। जैसे ही 'तैयार' कहा जाए आप प्रयोग

शुरू कर देंगे। आपको टुकड़ों को बिना हाथ में उठाये नीले टुकड़े नीले किनारे की ओर और लाल टुकड़े लाल किनारे की ओर उँगली से खिसकाने हैं। कोई भी टुकड़ा ट्रे से बाहर नहीं आना है। आपको ऐसे ९ परीक्षण देने होंगे। प्रत्येक उप-परीक्षण के लिए समय निर्धारित है। इसलिए आपको समय नष्ट नहीं करना है और काम शीघ्र समाप्त करना है। परीक्षण में जितनी शीघ्रता से काम करोगे उतने ही अधिक अंक आप पायेंगे। प्रयोग शुरू होने से पहले मैं एक उप-परीक्षण करके दिखाऊँगा जिससे आप उसे समझकर कर सकें।"

वास्तविक परीक्षण (Real Test or Experiment)

इस बात की सन्तुष्टि करके कि विषयी निर्देशों को भली प्रकार समझ गये हैं। ट्रे के लाल किनारे की ओर लकड़ी के नीले टुकड़े और नीले किनारे की ओर लकड़ी के लाल टुकड़े रख दिये जाते हैं। संकेत मिलते ही विषयी प्रयोग करने लगता है और विराम घड़ी चला दी जाती है। जैसे ही विषयी पहला उप-परीक्षण पूरा कर लेता है विराम घड़ी बन्द करके परीक्षण का समय लिख लिया जाता है।

दूसरे उप-परीक्षण में नीले किनारे पर दो लाल लकड़ी के टुकड़े और ट्रे के लाल किनारे की ओर तीन नीले टुकड़े रखे जाते हैं। संकेत पाते ही विषयी प्रयोग शुरू कर देता है। प्रयोगकर्त्ता विराम घड़ी से इस परीक्षण का समय लिख लेता है। तीसरे उप-परीक्षण में पहले दो उप-परीक्षणों की अपेक्षा अभिकल्प (Design) भिन्न होता है। इसमें ट्रे के नीले किनारे पर एक लाल और एक नीला लकड़ी का टुकड़ा रख दिया जाता है तथा लाल किनारे पर दो नीले टुकड़ों के बीच एक लाल टुकड़ा भी रख दिया जाता है। नीचे इसे स्पष्ट किया गया है—

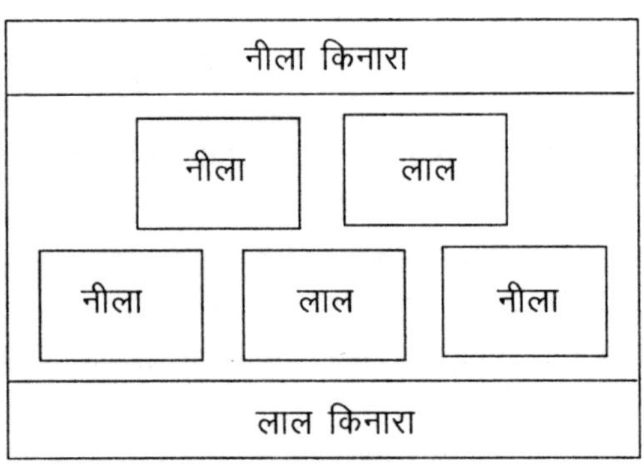

उप-परीक्षण संख्या—3

इस प्रकार लघु-पुस्तिका (Manual) के अनुसार कई उप-परीक्षण किये जाते हैं। प्रत्येक परीक्षण के लिए समय लिख लिया जाता है। अन्तिम तीन उप-परीक्षणों के लिए 240 सेकण्ड का समय निर्धारित होता है। अन्त के परीक्षण कुछ जटिल होते हैं। इसलिए विषयी अन्तिम दो परीक्षणों को निर्धारित समय में पूरा नहीं कर पाता।

निरीक्षण (Observation) एवं आँकड़े (Data)

तालिका–1 (समय सेकण्डों में)

उप-परीक्षण	निर्धारित समय सीमा	वास्तविक लिया गया समय	अंक (Score)
1	120	14	2
2	120	26	3
3	120	40	10
4	180	65	9
5	180	70	8
6	180	111	6
7	240	160	3
8	240	180	0
9	240		0

तालिका–2 (अंक-कुंजिका–समय सेकण्डों में) (Scoring Key)

क्रम संख्या	15	30	45	60	75	90	105	120	135	150	165	180	195	210	225	240
1	2	2	2	2	2	2	2	2								
2	4	4	3	3	2	2	1	1								
3	6	5	5	4	3	2	2	1								
4	8	7	7	6	5	5	4	3	3	2	1	1				
5	10	9	8	8	7	6	5	4	3	3	2	1				
6	12	11	10	9	8	7	6	5	4	3	2	1				
7	14	13	12	11	11	10	9	8	7	6	5	4	4	3	2	1
8	16	15	14	13	12	11	10	9	8	7	6	5	6	3	2	1
9	18	17	16	15	14	12	11	10	9	8	7	6	5	3	2	1

तालिका–3 परिवर्तन-तालिका (Conversion Table)

अंक (Score)	Y-M	अंक (Score)	Y-M	अंक (Score)	Y-M	अंक (Score)	Y-M
10	7.0	29	13.4	48	19.8	67	26.0
11	7.4	30	13.8	49	20.0	68	26.4
12	7.8	31	14.0	50	20.4	69	26.8
13	8.0	32	14.4	51	20.8	70	27.0
14	8.4	33	14.8	52	21.0	71	27.4
15	8.8	34	15.0	53	21.4	72	27.8
16	9.0	35	15.4	54	21.8	73	28.0
17	9.4	36	15.8	55	22.0	74	28.4
18	9.8	37	16.0	56	22.4	75	28.8
19	10.0	38	16.4	57	22.8	76	29.0
20	10.4	39	16.8	58	23.0	77	29.4
21	10.8	40	17.0	59	23.4	78	29.8
22	10.0	41	17.4	60	23.8	79	30.0
23	11.4	42	17.8	61	24.0	80	30.4
24	11.8	43	18.0	62	24.4	81	30.8
25	12.0	44	18.4	63	24.8	82	31.0
26	12.4	45	18.8	64	25.0	83	34.4
27	12.8	46	19.0	65	25.4	84	31.8
28	13.0	47	19.4	66	25.8	85	32.0

सांख्यिकीय विश्लेषण (Statistical Analysis)

पिछली तालिका 1 से पता चलता है कि विषयी के अंक (Score) 41 हैं। तालिका 3 के अनुसार अंक (Score) 41 पर मानसिक आयु 17.4 वर्ष है। मान लीजिए विषयी की शारीरिक आयु (Chronological Age) 15 वर्ष हो, तब–

$$\text{बुद्धि-लब्धि (I.Q.)} = \frac{\text{मानसिक आयु (Mental Age)}}{\text{शारीरिक आयु (Chronological Age)}} \times 100$$

$$= \frac{17.4}{15} \times 100 = 116$$

अन्तर्दर्शन आख्या (Introspection Report)

प्रयोग समाप्त होने पर विषयी निम्नलिखित अन्तर्दर्शन आख्या दे सकता है–"पहले उप-परीक्षण के समय मुझे लगा कि परीक्षण बहुत सरल होगा। पहले चार उप-

परीक्षणों में मुझे कोई कठिनाई नहीं हुई। परन्तु अगले उप-परीक्षण अपेक्षाकृत अधिक कठिन लगे। कई बार मन में आया कि मैं लकड़ी के टुकड़ों को हाथ से उठाकर किनारे पर रख दूँ, परन्तु मैंने ऐसा नहीं किया। यह सत्य है कि मैं अन्त के दो उप-परीक्षण नहीं कर सका। परन्तु मुझे अधिक समय मिलता तो मैं उन्हें भी कर डालता। संक्षेप में कहा जा सकता है कि प्रयोग वास्तव में व्यस्ततापूर्ण (Engaging) रहा। मुझे पता ही नहीं चला कि समय कैसे बीत गया।"

पर्यवेक्षण (Supervision)

प्रयोग की प्रक्रिया में देखने से पता चला कि विषयी अपने परीक्षण में तन्मयता के साथ व्यस्त रहा। वह सभी निर्देशों का पालन बड़ी निष्ठा से कर रहा था। प्रयोग के अन्त में विषयी के हाव-भाव को देखकर लगा कि वह परीक्षण में कठिनाई का अनुभव कर रहा था। वह प्रयोग की ओर सहायता की आशा से देखता था, परन्तु उसे कोई सहायता नहीं मिली।

परिणाम (Result)

पीछे सांख्यिकीय विश्लेषण के आधार पर विषयी की बुद्धि-लब्धि (I.Q.) 116 रही। चूँकि 'बुद्धि के मौखिक परीक्षण' में दी गयी तालिका के आधार पर विषयी 110-119 के वर्ग में आता है, अतः विषयी श्रेष्ठ (Bright) माना जा सकता है।

चर्चा (Discussion)

यह प्रयोग बुद्धि का क्रियात्मक परीक्षण (Performance Test) है। इस परीक्षण में भाषा (Language) का उपयोग नहीं हुआ है। सभी उप-परीक्षणों को 'सरल से जटिल की ओर' के क्रम में व्यवस्थित किया गया है। विषयी अन्तिम दो उप-परीक्षणों को निर्धारित समय में नहीं कर सका, क्योंकि वे बहुत कठिन थे। इसलिए विषयी को शून्य अंक (Score) प्राप्त हुआ। अंक-कुंजी (Scoring Key) के अनुसार विषयी का अंक 41 होता है। तालिका 3 के अनुसार 41 अंक पर मानसिक आयु 17.4 वर्ष है। शारीरिक आयु 15 वर्ष मानने पर बुद्धि-लब्धि (I.Q.) 116 होती है। इसलिए विषयी सामान्य से ऊपर श्रेष्ठ (Bright) बुद्धि का मान लिया गया है।

प्रयोग 43
Experiment-43
प्रयाग मेहता सामूहिक बुद्धि परीक्षण
(Prayag Mehta Group Intelligence Test)

दिनांक (Date)...................... दिवस (Day)...................... समय (Time)...........
प्रयोग की अवधि (Duration of the Experiment)..
विषयी का नाम (Name of the Subject)..
आयु (Age)...................... लिंग (Sex)...................... कक्षा (Class)......................
विषयी की सामान्य दशा (His General Condition)..
संस्था का नाम (Name of the Institution)..

उद्देश्य (Purpose)

इस परीक्षा के समय विद्यार्थी की मानसिक सामर्थ्य का मौखिक आकलन।

उपकरण और सामग्री (Instruments and Materials)

परीक्षण पुस्तिका, परीक्षण नियमावली (Test Manual), गणन कुञ्जी (Scoring Key), कलम, पेन्सिल, उत्तर लिखने हेतु कुछ कागज।

प्रारम्भिक व्यवस्था (Preliminary Set-up)

परीक्षणशाला में तथा आस-पास कहीं से कोई विघ्न न आये इसे सुनिश्चित कर लेना चाहिए। कक्ष में पर्याप्त प्रकाश और शुद्ध हवा का होना आवश्यक है। विद्यार्थियों को एक-दूसरे से कुछ दूरी पर बैठाया जाए। आवश्यक निर्देश स्पष्टतः दिये जायें। यह प्रयोग सामूहिक रूप से कई विद्यार्थियों को एक साथ हीं दिया जायेगा।

निर्देश (Instructions)

समूह के प्रत्येक विद्यार्थी को परीक्षण-पुस्तिका (Test Booklet) दे दी जाए और उन्हें इस प्रकार निर्देश दिया जाए—"इस पुस्तिका को बिना कहे न पढ़ो, और न किसी प्रश्न का उत्तर लिखने की चेष्टा करो। कहने पर ही पुस्तिका को पढ़ना

प्रारम्भ करें और एक बार प्रारम्भ कर देने पर अन्त तक प्रश्नों को करते रहो। यदि किसी प्रश्न का उत्तर नहीं आता है तो वहाँ तुम उलझ न जाओ। तब, उसे छोड़कर आगे के प्रश्नों को करने का प्रयास करो। सब प्रश्नों को कर लेने के बाद यदि समय बचे तो छोड़े हुए प्रश्नों को हल करने के लिए पुनः उन पर चले आओ। परन्तु यह ध्यान रहे कि किसी भी प्रश्न पर अधिक समय न लगाओ। जब तक तुम्हारे पास समय रहे तब तक छोड़े हुए प्रश्नों को हल करने का प्रयास कर सकते हो। परीक्षण प्रारम्भ हो जाने पर मुझसे कोई प्रश्न न पूछना। यदि तुम्हारे मन में कोई शंका हो तो प्रयोग प्रारम्भ होने से पहले ही उसका निवारण कर लो। पूरा प्रयोग 18 मिनटों में समाप्त करना है। 'प्रारम्भ' कहने पर प्रारम्भ करो और 'बन्द' कहने पर कलम या पेन्सिल नीचे रख दो और पुस्तिका बन्द कर दो। यह याद रखना कि तुम्हें परीक्षण-पुस्तिका (Booklet) में कुछ भी नहीं लिखना है। जो कागज तुम्हें दिया गया है उसी पर पुस्तिका के विविध प्रश्नों के क्रम के अनुसार जो संख्याएँ लिखी हुई हैं, उन्हीं के आगे क्रमानुसार तुम्हें अपने उत्तर बताना है।

प्रविधि (Procedure)

प्रत्येक विषयी को एक परीक्षण-पुस्तिका तथा उत्तर-प्रपत्र (Answer Sheet) दे दिया जाए। यथास्थान विषयी अपने बारे में आवश्यक सूचनाएँ भरें। निर्देश देते समय परीक्षण पुस्तिका को एकदम बन्द रखा जाए। "प्रारम्भ" कहने पर ही प्रयोग प्रारम्भ किया जाए। 'बन्द' कहने पर विषयी पुस्तिका को बन्द करके उसे प्रयोगकर्त्ता के हवाले कर दे। उत्तर-प्रपत्र पर दिये गये उत्तरों की जाँच गणन-कुंजी (Scoring Key) से की जाए। इस प्रकार प्रत्येक उत्तर प्रपत्र के शुद्ध उत्तरों को जोड़ लिया जाए।

आँकड़े (Data)

परीक्षण-नियमावली (Test Manual) की सहायता से शततमक श्रेणी (Percentile Rank) का निर्धारण कर लिया गया। विषयीगण सभी प्रश्नों को नहीं कर सके। कुल 60 प्रश्नों में 15* प्रश्नों को उन्होंने छोड़ दिया। शुद्ध उत्तरों का गणन 35* रहा।

---

* ये संख्यायें यहाँ केवल कल्पित हैं। उदाहरणस्वरूप उन्हें यहाँ दिया गया है। प्रयोगकर्त्ता अपने समूह के सम्बन्ध में, जैसा वास्तविक स्थिति पाये वैसा ही अपना विवरण लिखे।

आगे उत्तर-प्रपत्र का एक नमूना दिया जा रहा है—

नीचे उत्तर-प्रपत्र का एक नमूना दिया जा रहा है:—

प्रश्नों की क्रम-संख्या	**उत्तरों की क्रम-संख्या अर्थात् जिस क्रम-संख्या पर विषयों ने चिह्न लगाया है**	
1.		
2.		
3.		
4.		
5.		
6.		
7.		
8.		
9.		
10.		
11.		
12.		
13.		
14.		
15.		
16.		
17.		
18.		
19.		
20.		
21.		
22.		
23.		
24.		
25.		
26.		
27.		
28.		
29.		
30.		
31 से 60 तक	**कुल शुद्ध उत्तर**	**नोट**—निम्नलिखित प्रकार के चिह्न प्रयोगकर्त्ता अपने विवरण में ला सकता है— ✓ = ठीक उत्तर ✕ = गलत उत्तर — = प्रश्न छोड़ दिया

आँकड़ों की व्याख्या (Interpretation of Data)

परीक्षण-नियमावली के अनुसार गणन (Scores) का निर्धारण करके शततमक श्रेणी (Percentile Rank) निकालना चाहिए और यह देखना चाहिए कि विद्यार्थी शततमक श्रेणी में कहाँ आ रहे हैं। शततमक श्रेणी के आधार पर यह लिखना चाहिए कि कोई विद्यार्थी कितने विद्यार्थियों से ऊपर है अथवा कितने से नीचे है। शततमक समूह की रचना में विषयी की वास्तविक उम्र (Chronological Age) तथा उसके प्राप्तांक आधार रूप में लिये जा सकते हैं। परीक्षण नियमावली (Test Manual) के अनुसार शततमक बैण्ड (Percentile Band) 62-83 है और शततमक श्रेणी 77 है। इस शततमक बैण्ड और शततमक श्रेणी के हिसाब से किसी विषयी की बुद्धि के बारे में यह कहा जाएगा कि वह सामान्य, उत्कृष्ट या मन्द बुद्धि (Average, Superior or Dull Intelligence) का है।

विवेचन (Discussion)

इस "प्रयाग मेहता सामूहिक बुद्धि परीक्षण" के सम्बन्ध में प्रयोगकर्त्ता कुछ सामान्य बातों की चर्चा कर सकता है। इस चर्चा के क्रम में इस परीक्षण की विश्वसनीयता (Reliability) तथा वैधता (Validity) का भी उल्लेख करना चाहिए।

शैक्षिक महत्त्व (Educational Significance)

बालकों के शिक्षा-क्रम में बुद्धि-परीक्षण का विशेष महत्त्व है। यदि कभी किसी विद्यार्थी की शैक्षिक प्रगति में अवांछित अवरोध आ जाता है और वह हटते नहीं दीखता तो उसकी बुद्धि परीक्षा करके यह समझने का प्रयास किया जाता है कि उसकी बुद्धि किस कोटि की है। 'प्रयाग मेहता बुद्धि परीक्षण' से बुद्धि का आकलन होता है। अतः स्कूलों के लिए यह बड़ा ही उपयोगी सिद्ध हुआ है, क्योंकि इसकी सहायता से मन्द, सामान्य और उत्कृष्ट कोटि की बुद्धि के बच्चों का कुछ हद तक पता चल जाता है। फलतः सम्बन्धित बच्चों के लिए कुछ अतिरिक्त शैक्षिक कार्यक्रमों के सम्बन्ध में निर्णय करना सम्भव हो सकता है। अपराधी बच्चे (Delinquent Children) बहुधा मन्द बुद्धि के होते हैं। अतः ऐसे बच्चों की बुद्धि-परीक्षा 'प्रयाग मेहता बुद्धि परीक्षण' से की जा सकती है और तद्नुसार उसके बारे में आवश्यक कदम उठाये जा सकते हैं। प्रयाग मेहता परीक्षण 'गति-परीक्षण' (Speed Test) है। कुछ अर्थों में तीव्र बुद्धि का बालक दूसरों की अपेक्षा किसी कार्य को शीघ्रतर करता है। अतः इस परीक्षण से तीव्र बुद्धि के बच्चों का अनुमान हो

जाता है और कुछ हद तक हम यह निर्णय कर सकते हैं कि बच्चे को अग्रिम शिक्षा के लिए विश्वविद्यालय में भेजना चाहिए अथवा नहीं। इस प्रकार 'प्रयाग मेहता बुद्धि परीक्षण' शैक्षिक और व्यावसायिक निर्देशन (Educational and Vocational Guidance) के दृष्टिकोण से भी उपयोगी हो सकता है।

निष्कर्ष (Conclusion)

इस परीक्षण का उद्देश्य परीक्षण के समय विद्यार्थियों की बुद्धि का मापना रहा है। इस परीक्षण की नियमावली में प्रदत्त शततमक श्रेणी (Percentile Rank) के आधार पर जब हम प्राप्त शततमक श्रेणी की ओर ध्यान देते हैं तो यह अनुमान लगाना सरल है कि परीक्षित समूह के अधिकांश बच्चे सामान्य बुद्धि के रहे हैं। चूँकि परीक्षण के कई प्रश्नों को समूह नहीं कर सका। इससे स्पष्ट है कि उनकी गति धीमी रही है। यह धीमापन समूह की सामान्यता अथवा मन्दता का ही द्योतक है।

प्रयोग 44

Experiment-44

रैवेन्स प्रोग्रेसिव मैट्रिसेज टेस्ट

(Reven's Progressive Matrices Test)

नोट–रैवैन का प्रोग्रेसिव मैट्रिसेज़ टेस्ट बुद्धि–परीक्षा की एक प्रकार की अशाब्दिक (Non-Verbal) पद्धति है। इसे 'समूह' अथवा किसी 'एक ही व्यक्ति' के लिए भी प्रयोग किया जा सकता है। इस टेस्ट को प्रोग्रेसिव (क्रमिक) का विशेषण इसलिए दिया गया है, क्योंकि यह क्रमिक रूप में कठिन से कठिनतर रूप का बनाया गया है। इस मैट्रिसेज़ टेस्ट में कुल 60 मद या आइटम्स (Items) हैं। प्रत्येक आइटम में एक ऐसी डिज़ाइन या मैट्रिस है जिससे एक भाग अलग करके दिखाया गया है। विषयी के सामने कई विकल्प रखे जाते हैं। इन विकल्पों में से सम्बन्धित खाली स्थान के लिए एक उपयुक्त विकल्प की ओर संकेत करना है अथवा उपयुक्त विकल्प बताना है। परीक्षण के समय विषयी की मानसिक योग्यता को आँकने के लिए इस परीक्षण की रचना की गई है।

दिनांक (Date)............ दिवस (Day)............ समय (Time)............
प्रयोग की अवधि (Duration of the Experiment)............

विषयी का नाम (Name of the Subject)...
आयु (Age)........................ लिंग (Sex)........................ कक्षा (Class)............
........विषयी की सामान्य दशा (His General Condition)...
.....संस्था का नाम (Name of the Institution)...
....

उद्देश्य (Aim)

परीक्षा के समय विषयी की मानसिक योग्यता की परीक्षा लेना।

सामाग्रियां और उपकरण (Materials and Apparatus)

परीक्षण-पुस्तिका (Test Booklet), रेकॉर्ड फॉर्म्स, परीक्षण-नियमावली (Test Manual), कलम, पेन्सिल, गणन-कुञ्जी (Scoring Key)।

प्रारम्भिक व्यवस्था (Preliminary Set-up)

परीक्षणशाला में पर्याप्त प्रकाश तथा शुद्ध हवा का आना सम्भव हो। इसकी किसी ओर से विघ्न की शंका न हो। विषयी को एक दूसरे की दूरी पर अलग-अलग बैठाया जाए। उन्हें आवश्यक निर्देश स्पष्टतः दिये जाएँ।

निर्देश (Instruction)

रेकॉर्ड फॉर्म प्रत्येक से भरवा लिया जाए और प्रत्येक को परीक्षण-पुस्तिका (Test Booklet) दे दी जाए। इसके बाद इस प्रकार कुछ निर्देश दिये जाएँ—

ए, बी, सी, डी तथा ई (A, B, C, D and E) नाम के पांच प्रकार के सेट हैं। प्रत्येक सेट में बारह समस्याएँ (Problems) हैं। इस प्रकार कुल साठ समस्याएँ हैं। प्रत्येक समस्या में एक ऐसी मैट्रिस या डिजाइन (Design) है जिससे एक टुकड़े को हटा लिया गया है। विषयी को यह बता दिया जाए कि डिजाइन के नीचे जो टुकड़े प्रदर्शित हैं उनमें से संगत टुकड़े का रिक्त स्थान के लिए संकेत करना है। सभी समस्याएँ करनी हैं। इन्हें पूरा करने की कोई समय-सीमा नहीं है।

प्रविधि (Procedure)

उदाहरण के रूप में प्रथम दो समस्याओं को हल करके पूरे समूह को दिखाया गया। इसके बाद "प्रारम्भ करो" कहने पर विषयी ने समस्याओं को सुलझाना प्रारम्भ किया। समय-सीमा के न होने से समूह के विविध विषयी बारी-बारी से

उत्तर प्रपत्र (Answer Sheet) को प्रयोगकर्त्ता के यहाँ जमा करते गये।

आँकड़े (Data)

गणन-कुञ्जी (Scoring Key) की सहायता से उत्तर-प्रश्नों का प्राप्तांक निकाला गया। ए, बी, सी, डी तथा ई सभी समूहों के प्राप्तांकों को अलग-अलग निकाला गया। फिर सबका जोड़ लगाकर प्रत्येक विषयी का कुल प्राप्तांक मालूम किया गया। इस क्रम में ठीक उत्तर के सामने सही (✓) का और गलत के आगे गुणा (✕) का चिह्न लगाया गया। 'ए' के लिए 11, 'बी' में 10, 'सी' में 9, 'डी' में 10 'ई' हेतु 4 प्राप्तांक प्राप्त हुए। इनका नीचे हम एक टेबल बना रहे हैं–

सारणी (Table)

	ए	बी	सी	डी	ई
अपेक्षित प्राप्तांक	12	11	10	10	6
वास्तविक प्राप्तांक	11	10	9	10	4
विसंगति	−1	−1	−1	-	−2

उपर्युक्त का शततमक श्रेणी (Percentile Rank) निकालने पर यह आभास होता है कि विषयी की मानसिक योग्यता सामान्य है।

नोट–टेस्ट मैनुअल (Test Manual) में प्रदत्त सूत्र के अनुसार शततमक निकालना चाहिए।

आँकड़ों का विश्लेषण (Data Analysis)

परीक्षण नियमावली (Test Manual) की सहायता से प्राप्तांकों का विश्लेषण किया गया। इस नियमावली के अनुसार उम्र के आधार पर ए, बी, सी, डी तथा ई के लिए क्रमशः 12, 11, 10, 10, 6 अपेक्षित प्राप्तांक रहे हैं। परन्तु वास्तविक प्राप्तांकों के शततमक श्रेणी को देखते हुए यह आभास होता है कि विषयी सामान्य बुद्धि का है।

नोट–यहाँ विश्लेषण और व्याख्या केवल उदाहरणस्वरूप दिये गये हैं। अपने वास्तविक प्रयोग में जो फल आये उसी के अनुसार प्रयोगकर्त्ता को विश्लेषण और व्याख्या देनी चाहिए।

व्याख्या (Interpretation)

आँकड़ों से स्पष्ट है कि सभी विषयी (Subjects) ने सभी समस्याओं को हल करने का प्रयास किया। सही उत्तरों की संख्या 44 रही है। कुल विसंगति (Discrepancy) केवल 5 की रही है। समस्याएँ ज्यों-ज्यों क्रमिक रूप में (Progressively) कठिनतर होती गईं अपेक्षित (Expected) और वास्तविक प्राप्तांक (Obtained Score) में विसंगतियाँ बढ़ती गईं। 'डी' समूह में कोई गलती नहीं पायी गई। समस्याओं की बढ़ती हुई कठिनाई के कारण ए, बी, सी तथा ई में गलतियों की संख्या क्रमिक रूप से बढ़ती रही। परन्तु शततमक श्रेणी के संदर्भ में कहा जा सकता है कि विषयी की बुद्धि सामान्य कोटि की है।

शैक्षिक महत्त्व (Educational Significance)

रैवेन्स प्रोग्रेसिव मैट्रिसेज टेस्ट का उपयोग विद्यार्थियों की मानसिक योग्यता को समझने के लिए किया जाता है। अन्य बुद्धि-परीक्षणों की तरह इस प्रोग्रेसिव मैट्रिसेज का भी उपयोग विद्यार्थियों के वर्गीकरण के लिए किया जा सकता है। इस वर्गीकरण के आधार पर किसी विशिष्ट विद्यार्थी समूह के लिए कुछ अधिक उपयोगी शिक्षण-पद्धतियों के बारे में विचार किया जा सकता है। उपयुक्त पाठ्यक्रम-सम्बन्धी बातों के संगठन में भी इस मैट्रिसेज टेस्ट के फलों से कुछ प्रकाश मिल सकता है। परीक्षण में असफलता के कारणों के बारे में भी इस टेस्ट से कुछ जानकारी प्राप्त हो सकती है।

अध्याय 12

व्यक्तित्व (Personality)

- व्यक्तित्व के गुणों का अनुमान लगाना
(Estimating Personality Traits)
- समायोजन या समंजन गुण-सूची (Adjustment Inventory)
- रोर्शाक परीक्षण द्वारा व्यक्तित्व का मापन
(Measurement of Personality by Rorschach Test)
- व्यक्तित्व की थिमेटिक अपरसेप्शन परीक्षण द्वारा माप
[Measurement of Personality by Thematic Apperception Test T.A.T.)]
- अस्थाना की समंजन सूची (Asthana's Adjustment Inventory)
- प्रतिष्ठा-संकेत या निर्देश (Prestige Suggestion)
- जूनियर-सीनियर हाई स्कूल व्यक्तित्व प्रश्नावली-परीक्षण
(The Junior-Senior High School Personality Questionnaire Test)

प्रयोग 45

Experiment-45

व्यक्तित्व के गुणों का अनुमान लगाना
(Estimating Personality Traits)

दिनांक (Date)...................... दिवस (Day)...................... समय (Time)............
प्रयोग की अवधि (Duration of the Experiment)..
विषयी का नाम (Name of the Subject)..
आयु (Age)...................... लिंग (Sex)...................... कक्षा (Class)...................
विषयी की सामान्य दशा (His General Condition)..
संस्था का नाम (Name of the Institution)..

उद्देश्य (Aim)

विद्यार्थियों के व्यक्तित्व-गुणों का अनुमान लगाना।

उपकरण और सामग्रियाँ (Instruments and Materials)

व्यक्तित्व गुणों की एक सूची, एक पेन्सिल।

विधि (Method)

यह वैयक्तिक और सामूहिक दोनों प्रकार का प्रयोग हो सकता है। इसमें समूह के प्रति विषयी को व्यक्तित्व के गुणों की सूची दी जाती है। तब प्रत्येक विषयी को समूह में निम्नलिखित निर्देश दिये जाते हैं—"सामान्यतः हम उन व्यक्तियों के प्रति, जो हमारे सम्पर्क में आते हैं, अपनी व्यक्तित्व-सम्बन्धी एक धारणा बना लेता है। ये व्यक्तित्व-गुण निम्नलिखित रूप में व्यक्त किये जा सकते हैंः—

1. बुद्धि (Intelligence)
2. कल्पना-सम्बन्धी (Imaginational)
3. समायोजनता (Adjustability)
4. सृजनात्मकता (Creativity)
5. सहकारिता (Co-operativeness)
6. स्नेह-युक्त (Affectionate)
7. उपासनात्मक (Meditative)
8. साहसी (Courageous)
9. समय की पाबन्दी (Punctuality)
10. विनम्रता (Modesty)
11. सहयोग (Helpfulness)
12. व्यावहारिकता (Practicability)
13. सामाजिकता (Sociability)
14. सज्जनता (Gentlemanly)
15. अध्यवसाय (Perseverance)
16. सहानुभूतिप्रिय (Sympathetic)
17. ईमानदारी (Honesty)
18. प्रसन्नता (Cheerfulness)
19. सु-स्वास्थ्य (Good Health)

20. सुदृढ़ संकल्प (Strong Will)
21. अनुशासन (Discipline)
22. शारीरिक स्वरूप (Physical Appearance)
23. स्थिरता (Stability)

अतिरिक्त (यदि कोई हो)—

1. सम्मान के प्रति संवेदना (Sense of Honour)
2. लज्जा (Shyness)
3. ....
4. ....

आपको इन गुणों (Traits) को 1, 2, 3, 4, आदि को श्रेणीबद्ध करना है, जैसा कि प्रश्नोत्तरी में दर्शाया गया है जो आपको दी गयी है। जैसे श्रेणी 'एक' का अर्थ है कि आप जिस व्यक्ति के व्यक्तित्व का अनुमान लगा रहे हैं उसके व्यक्तित्व-गुण सर्वाधिक महत्त्वपूर्ण हैं। इस प्रकार 2, 3, 4 आदि कम महत्त्व के गुणों वाले व्यक्तित्व के हैं।

अब निर्देश देने के बाद विषयी-समूह के प्रत्येक सदस्य को एक-एक प्रश्नोत्तरी दे दी जाती है। प्रश्नोत्तरी भरी जाने पर वापस ले ली जाती है। यद्यपि समय की सीमा नहीं होती, फिर भी उसे शीघ्र भरना होता है।

सावधानियाँ (Precautions)

1. प्रयोग-कक्ष का वातावरण शान्त होना चाहिए।
2. प्रयोग-कक्ष में अच्छे प्रकाश और स्वच्छ हवा आने की व्यवस्था हो।
3. जब प्रश्नोत्तरी की भरने को प्रक्रिया स्पष्ट कर दी जाए तभी प्रश्नोत्तरी बाँटी जाए।

आँकड़े और निरीक्षण (Data and Observation)

विषयी का नाम	व्यक्तित्व-गुण	श्रेणी-क्रम	टिप्पणी, यदि कोई हो
1. हरिशंकर नारायण			
2. सुबोध दास			
3. महाबलेश्वर			
4. भानु नारायण			
5. विजय शंकर			

अन्तर्दर्शन आख्या (Introspection Report)

विषयी कह सकता है—"मैंने जो व्यक्तित्व-गुण परखा उसके प्रति मैं आस्थावान था। मैंने पक्षपातरहित होकर व्यक्तित्व का मूल्यांकन किया यद्यपि मैं उनसे परिचित था। उनके नाम से ही मेरे मस्तिष्क में उनकी प्रतिमा बन गयी थी।"

चर्चा और निष्कर्ष (Discussion and Conclusion)

दो विद्यार्थियों के श्रेणी-क्रम की तुलना की जा सकती है। इसके लिए सार्थक सूत्र प्रयोग में लाया जा सकता है। इस प्रकार की तुलना से विद्यार्थियों में पायी जाने वाली समानताएँ और असमानताएँ पायी जाती हैं।

प्रयोग 46

Experiment-46

समायोजन या समंजन गुण-सूची
(Adjustment Inventory)

दिनांक (Date)...................... दिवस (Day)...................... समय (Time)............
प्रयोग की अवधि (Duration of the Experiment)..
विषयी का नाम (Name of the Subject)..
आयु (Age)...................... लिंग (Sex)...................... कक्षा (Class)......................
विषयी की सामान्य दशा (His General Condition)..
संस्था का नाम (Name of the Institution)..

उद्देश्य (Aim)

बी. ए. (द्वितीय वर्ष) के विद्यार्थी के समायोजन-स्वरूप (Adjustment Pattern) का पता लगाना।

उपकरण और सामग्रियाँ (Instruments and Materials)

सिन्हा तथा सिन्हा की समायोजन गुण-सूची (Adjustment Inventory); इसकी दिग्दर्शिका (Manual) प्रति।

गुण-सूची (Inventory) की व्याख्या

सिन्हा और सिन्हा की समायोजन गुण-सूची के आधार पर कॉलेजों के छात्रों और छात्राओं के पारिवारिक, सामाजिक, भावात्मक, शैक्षिक और स्वास्थ्य-सम्बन्धी क्षेत्रों में समायोजन करने की प्रकृति के स्वरूप का पता लगाना इस प्रयोग का लक्ष्य है। इस गुण-सूची (Inventory) में 102 प्रश्न होते हैं जिनका 'हाँ'/'ना' में उत्तर देना होता है। विषयी जिस तथ्य से सहमत होता है उसके आगे 'हाँ' लिखता है और जिससे असहमत होता है उनके आगे 'ना' लिखता है। विषयी के प्रत्येक 'हाँ' के लिए 0 (शून्य) और 'ना' के लिए एक अंक दिया जाता है। इस प्रकार विषयी द्वारा अधिक अंक प्राप्त करने पर उसके अवसमायोजन (Maladjustment) का बोध होता है और कम अंक प्राप्त करने पर विषयी के समायोजन का बोध होता है। इस गुण-सूची (Inventory) के लेखकों का मत है कि इससे प्राप्त परिणाम की विश्वसनीयता (Reliability) 0.8 से 0.9 तक है जिसकी कई प्रकार से पुष्टि कर ली गयी है। छात्रों और छात्राओं द्वारा प्राप्त अंकों के आधार पर प्रतिशतता-मूल्य (Percentile Norms) ज्ञात कर लिये जाते हैं। समायोजन के स्वरूप को निम्नलिखित ढंग से पाँच वर्गों में विभक्त कर लिया गया है।

वर्ग (Category)	वर्णन (Description)	अंकों का आयाम (Range)	
		छात्र (Boys)	छात्राएँ (Girls)
A	उत्तम (Excellent)	12 तथा नीचे	12 तथा नीचे
B	अच्छा (Good)	13 – 28	13 – 27
C	सामान्य (Average)	29 – 44	28 – 42
D	असन्तोषजनक (Unsatisfactory)	45 – 61	43 – 57
E	अधिक असन्तोषजनक (Very Unsatisfactory)	62 तथा ऊपर	58 तथा ऊपर

निर्देश (Instructions)

विषयी को निर्देश दिया जाता है कि—"आपको एक प्रश्नोत्तरी दी जायेगी जिसमें आपके व्यक्तित्व से सम्बन्धित प्रश्न पूछे जायेंगे। प्रत्येक प्रश्न के आगे अपनी समझ के अनुसार हाँ/ना लिखना है। उत्तर गलत/सही के रूप में नहीं देना है। यह प्रश्नोत्तरी आपके व्यक्तित्व का सूचक है। उसी प्रश्न के सामने हाँ को गोले से घेरो जो सही लगता हो। जो आप पर लागू न हो उसके सामने 'ना' पर गोला खींच दो। आपके उत्तर गुप्त रखे जायेंगे। उन्हें किसी को नहीं बताया जाएगा।

इसलिए उत्तर बेझिझक दो। समय की कोई पाबन्दी नहीं है, परन्तु आप प्रश्नोत्तरी को शीघ्र पूरा करके लौटाएँ।"

विधि (Method)

ऊपर दिए गये निर्देशों के बाद विषयी से प्रश्नोत्तरी भरने को कहा जाता है। दिग्दर्शिका (Manual) के आधार पर ही उत्तरों का मूल्यांकन कर लिया जाता है। नीचे तालिका में उसे दर्शाया गया है—

क्षेत्र →	घर-सम्बन्धी	शैक्षिक	भावात्मक	स्वास्थ्य-सम्बन्धी	सामाजिक
अंक	?	?	?	?	?

चर्चा और निर्णय (Discussion and Conclusion)

विभिन्न क्षेत्रों में उपलब्ध समायोजक अंकों की आपस में तुलना की जाए। मूल्यों (Norms) के अनुसार छात्र-छात्राओं के समायोजन-सम्बन्धी प्रतिशतता-अंक (Percentile Scores) ज्ञात कर लिये जाते हैं।

प्रयोग 47

Experiment-47

रोर्शाक परीक्षण द्वारा व्यक्तित्व का मापन (Measurement of Personality by Rorschach Test)

दिनांक (Date)………… दिवस (Day)………… समय (Time)…………
प्रयोग की अवधि (Duration of the Experiment)…………
विषयी का नाम (Name of the Subject)…………
आयु (Age)………… लिंग (Sex)………… कक्षा (Class)…………
विषयी की सामान्य दशा (His General Condition)…………
संस्था का नाम (Name of the Institution)…………

उद्देश्य (Aim)

रोर्शाक परीक्षण (Rorschach Test) के माध्यम से व्यक्तित्व के गुणों का अध्ययन करना।

उपकरण और सामग्रियाँ (Instruments and Materials)

रोशा-स्याही-धब्बे, विराम घड़ी, पर्दा।

प्रक्रम (Procedure)

(अ) आत्मीय सम्बन्ध स्थापित करना (Establishing Rapport)—विषयी के साथ सर्वप्रथम आत्मीय सम्बन्ध (Rapport) स्थापित करना चाहिए। यह सम्बन्ध विषयी के साथ अन्तरंग सम्बन्ध रखकर वार्तालाप द्वारा स्थापित हो सकता है। वार्ता के विषय, परिवार के लोगों के सम्बन्ध में, उसकी शिक्षा, खेल में रुचि, कोई व्यक्तिगत समस्या आदि कुछ भी हो सकते हैं। विषयी को आराम से कुर्सी पर बैठा दिया जाए और उसकी पीठ प्रयोगकर्त्ता की ओर रहे। बाद में निम्नलिखित निर्देश दिया जाए।

(ब) निर्देश (Instructions)—"मैं आपको एक-एक करके कई कार्ड दिखाउंगा। प्रत्येक कार्ड पर स्याही के धब्बे होंगे। ये धब्बे काले, सफेद या किसी अन्य रंग के हो सकते हैं। ये धब्बे किसी वस्तु या जानवर का स्वरूप व्यक्त नहीं करते, परन्तु कुछ लोग इनको देखकर किसी व्यक्ति के अपूर्ण चित्र, जानवर, पक्षी या वस्तु की प्रतिमा की कल्पना करते हैं। कृपया आप इन धब्बों को ध्यान से देखें और जिस वस्तु या प्राणी की कल्पना करें मुझे बतायें। आप जब तक चाहें धब्बों को ध्यान से देखें और जो भी इनके सम्बन्ध में सोचें या कल्पना करें उसे स्पष्ट करें। हो सकता है किसी धब्बे को देखकर आपको किसी घटना की याद आ जाए। यदि ऐसा हो तो उस घटना को आप बेझिझक विस्तार से मुझे बतायें। आप धब्बा देखने के लिए कार्ड को घुमा-फिरा कर जैसे भी चाहे देख सकते हैं। जब आपको 'तैयार रहने' की चेतावनी दी जाएगी तभी कार्ड दिया जायेगा।"

(स) प्रयोग (The Experiment)—अब 'तैयार' की चेतावनी देकर कार्ड विषयी को देखने के लिए दिया जाता है। कार्ड का 'धब्बा' देखकर उसकी व्याख्या करने में जितना समय लगता है उसे विराम घड़ी से देख लिया जाता है। इस समय को 'प्रतिक्रिया-काल' (Reaction Time) कहा जाता है। इस प्रकार प्रत्येक कार्ड को दिखाकर उसके प्रति विषयी द्वारा व्यक्त प्रतिक्रिया को लिख लिया जाता है और प्रत्येक का प्रतिक्रिया-काल (Reaction Time) लिख लिया जाता है। परन्तु यह अभिलेखन (Recording) इतना गोपनीय हो कि विषयी को इसका पता न लगे। यदि विषयी किसी कार्ड के धब्बे के किसी विशेष भाग का विस्तार से वर्णन करे तो उसे लिख कर उसका 'काल' (Time) अवश्य लिखा जाए। किसी चिह्न की सहायता से विषयी के धब्बे देखने के विशेष ढंग या दिशा

को अवश्य लिखना चाहिए। जैसे—विषयी कार्ड के ऊपरी भाग को ऊपर की ओर रखे तो Λ (उल्टा 'वी') ऊपरी सिरा नीचे रखे तो V (सीधा 'वी'), ऊपरी सिरा बायीं ओर रखे तो '<' और दाँयी ओर रखे तो '>' चिह्न लगाया जा सकता है। जब विषयी किसी कार्ड के प्रति अपनी अनुक्रिया (Response) व्यक्त कर चुके तो प्रयोगकर्त्ता उससे क्या (What), कहाँ (Where) और कैसे (How) के प्रत्योत्तर भी विनम्रतापूर्वक माँगें और उन्हें लिख लें। इस प्रकार सभी कार्ड विषयी को दिखाकर सम्बन्धित अनुक्रियाओं (Response) को लिख लिया जाए, और उनके प्रतिक्रिया-काल (Reaction Time) भी लिख लिए जाते हैं। अभिलेख इस प्रकार अंकित कर लिया जाता है—

कार्ड संख्या	अनुक्रिया संख्या	अनुक्रिया	काल (Time)		कार्ड की स्थिति	पूछताछ
			प्रथम अनुक्रिया	कुल समय		
1.	1					
	2					
	3					
	4					
	:					
2.	1					
	2					
	3					
	:					
3.	1					
	2					
	3					
	4					
4.	5					
10.	1					
इत्यादि	2					
	3					

अंकन विधि (Scoring Method)

आँकड़े प्राप्त करने के पश्चात् हमें विविध अनुक्रियाओं के अर्थ का पता लगाना चाहिए। इसके लिए प्रत्येक अनुक्रिया (Response) के लिए अलग-अलग अंक (Score) दिये जाते हैं। हमें विषयी अनुक्रियाओं को अंक देने के लिए निम्नलिखित कारकों पर ध्यान देना चाहिए—

(1) अनुक्रियाओं की स्थिति (Location)
(2) अनुक्रियाओं की विषयवस्तु (Content)
(3) अनुक्रियाओं के निर्धारक (Determinant)
(4) अनुक्रियाओं की लोकप्रिय (Popular) तथा मौलिक (Original) प्रकृति।

स्थिति (Location)—इस शीर्षक के अन्तर्गत यह देखना होता है कि विषयी धब्बे के किस भाग में किसी वस्तु या चित्र की कल्पना करता है। विषयी की अनुक्रियाएँ कई प्रकार की हो सकती हैं और कार्ड के धब्बे के किसी विशेष भाग से सम्बन्धित होती हैं। इसलिए प्रत्येक अनुक्रिया को स्थिति का पता लगाकर उसे चिह्न की सहायता से तालिका में अंकित कर लिया जाए। यहाँ अनुक्रिया से सम्बन्धित सम्भव स्थितियों उसकी विशेषताओं (Significances), और चिह्न (Sign) को दर्शाया गया है—

स्थिति (Location)	**विशेषता** (Significance)	**चिन्ह** (Sign)
समग्र अनुक्रिया (Whole Response)	जबकि अनुक्रिया समूचे चित्र से समग्र रूप में अभिव्यक्त की गयी हो।	W
आंशिक अनुक्रिया (Part Response)	जब अनुक्रिया चित्र के किसी एक अंश से सम्बन्धित हो।	D
स्वाभाविक वृहत्त विस्तार (Usual Large Detail)	जब अनुक्रिया का सम्बन्ध कार्ड के चित्र के किसी बड़े भाग से हो।	d
लघु विस्तार (Tiny Detail)	जब अनुक्रिया कार्ड के चित्र के किसी लघु अंश से सम्बन्धित हो।	dd
कोण–विस्तार (Edge Detail)	जब अनुक्रिया कार्ड के चित्र के किसी किनारे से सम्बन्धित हो।	de
अन्तः विस्तार (Inside Detail)	जब अनुक्रिया का सम्बन्ध कार्ड–चित्र के मध्य के किसी भाग से सम्बन्धित हो।	di
विरल विस्तार (Rare Detail)	जब अनुक्रिया कार्ड–चित्र के छोटे से भाग के बढ़ा–चढ़ाकर (सविस्तार) दर्शायी गयी हो।	dr

विषय-वस्तु (Content)

विषय-वस्तु का अर्थ कार्ड चित्र की साम्यता किसी बकरी, साँप, गाय, चीता, लड़की, लड़का, प्राकृतिक दृश्य से है जिसका अनुभव विषयी कार्ड के धब्बे को देखकर करता है। विषय-वस्तु का अभिलेख रखने के लिए नीचे चिह्न दिये जा रहे हैं।

विषय-वस्तु (Content)	विशेषता (Significance)	चिन्ह (Sign)
मानवाकृति	जब विषयी कार्ड धब्बे के पूरे या आंशिक भाग में मानवाकृति देखे।	H
मानव शरीर का भाग	जब धब्बे में मानव–शरीर का एक भाग देखा जाए।	Hd
जन्तु–आकृति	जब विषयी धब्बे में किसी जन्तु की आकृति देखे।	A
जन्तु आकृति का भाग	जब कार्ड के धब्बे में जन्तु आकृति का कोई भाग देखे।	Ad
प्रकृति	जब विषयी पहाड़, नदी, घाटी आदि प्राकृतिक दृश्य देखे।	N
भौगोलिक आकृति	जब विषयी किसी देश या स्थान के मानचित्र की कल्पना करे।	GEO
पौधे	जब धब्बे में पेड़, फूल, फल आदि की अनुभूति हो।	PL
सूक्ष्म प्रत्यय	जब धब्बे से किसी विचार या भाव की अनुभूति हो।	Abs
कलात्मक प्रत्यय	जब धब्बे में किसी कला के अंश की अनुभूति हो।	Art

निर्धारक (Determinant)

विषयी कार्ड के धब्बे के प्रति एक निश्चित अनुक्रिया किसी कारणवश, चिन्तन (Reasoning) या तर्कवश (Logical) देता है। कार्ड प्रत्यक्ष रूप में कोई बात स्पष्ट नहीं करता। विषयी कार्ड के धब्बे को देखकर किसी वस्तु, विचार या प्राणी की प्रतिमा या प्रत्यय की अनुभूति करने लगता है। निर्धारक (Determinant) के अन्तर्गत हम विषयी के मन में उत्पन्न कारण (Cause), चिन्तन (Reasoning) या तर्क (Logic) को मानते हैं जिससे प्रभावित होकर विषयी कार्ड के धब्बे को देखकर अपनी अनुक्रिया निर्धारित करता है। इसका विनिश्चय विषयी से पूछताछ करके किया जा सकता है। यहाँ चार प्रकार के निर्धारक (Determinants) होते हैं—(1) आकार या स्वरूप (Form), (2) गति (Movement) —मानवीय या जन्तुज, (3) छाया (Shading) और (4) वर्ण या रंग (Colouir)। जब विषयी की अनुक्रिया किसी आकृति (Figure) से सम्बन्धित होती है तो विषयी आकार या स्वरूप (Form) सम्बन्धी अनुक्रिया दर्शाता है। जब इससे किसी प्राणी की गति (Movement) की अनुभूति होती है तो अनुक्रिया गति-सम्बन्धी होती है। जब विषयी पर धब्बे के तल का प्रभाव (Surface Impression) पड़ता है तो उसकी अनुक्रिया छाया (Shading) के अन्तर्गत आती है। जब विषयी कार्ड के धब्बे के रंग से प्रभावित होता है तो उसकी अनुक्रिया रंग पर निर्धारित होती है। प्रत्येक विषयी अपने व्यक्तित्व की विशेषता के आधार पर कार्ड के धब्बे के प्रति अपनी अनुक्रिया दर्शाता है। इन बातों को हम नीचे तालिकाबद्ध कर सकते हैं—

निर्धारक (Determinant)	विशेषता (Significance)	चिन्ह (Sign)
आकार (Form)	जब विषयी आकृति, संगठन, खाना के प्रति अपनी अनुक्रिया व्यक्त करता है।	F
गति (Movement)	(1) जब विषयी किसी मानवीय गति की अनुभूति करे तो उसकी अनुक्रिया, मानव-अंग या शरीर पर निर्भर अनुभूति होती है।	M
	(2) जब विषयी किसी प्राणी या जन्तु के अंग संचालन या शरीर की गति की अनुभूति करता है।	FM
	(3) जब विषयी अति सूक्ष्म गति की अनुभूति करे।	M
छाया (Shading)	जब विषयी पृष्ठभूमि में किसी निश्चित छाया, रंग आदि की अनुभूति करे।	FC
	(1) गहराई दर्शाने वाली छाया	K
	(2) विसरण (Defusion) के रूप में छाया	Kf
	(3) दूरी दर्शाने वाली छाया	Fk
रंग (Colour)	जब विषयी रंगीन पृष्ठभूमि की अनुभूति करे।	C
(Chromatic) (Achromatic)	जब समग्र वर्णाज्यता हो या अन्य रंग-सम्बन्धी अनुक्रिया हो।	C
वर्ण-रूप (Colour Form)	जब अनुक्रिया रंग और रूप दोनों के सम्मेलन से हो।	Fc
वर्ण प्रतीकीकरण (Colour Symbolism)		C Sym

लोकप्रिय एवं वैयक्तिक (Popular and Individual)

अनुक्रियाएँ (Responses)—जिस अनुक्रिया को प्रायः सभी व्यक्ति दर्शाते हैं ऐसी अनुक्रिया लोकप्रिय (Popular) कहलाती है। इन अनुक्रियाओं को हम 'P' से सूचित करते हैं। जो अनुक्रिया व्यक्ति विशेष दर्शाता है प्रत्येक उसे नहीं दर्शाता उसे मौलिक (Original) कहते हैं और उसका संकेत 'O' है। इस प्रकार की अनुक्रियाओं को तालिका के रूप में दर्शाया जा रहा है। इसी के आधार पर दूसरा अंक कार्डों (Score Cards) का निर्धारण किया जाता है।

कार्डो की क्रम संख्या	प्रत्येक कार्ड की प्रति-क्रिया संख्या	**स्थानीयता** (Location)		**विषय-वस्तु** (Content)		**निर्धारक** (Determinant)		**लोकप्रिय एवं वैयक्तिक अनुक्रियाएँ**	
		मुख्य (Main)	**अतिरिक्त** (Additional)	**मुख्य** (Main)	**अतिरिक्त** (Additional)	**मुख्य** (Main)	**अतिरिक्त** (Additional)	**लोकप्रिय** (Popular)	**वैयक्तिक** (Individual)
1.	1								
	2								
2.	1								
	2								
	3								
3.	1								
	2								
	1								
	2								
9.	1								
	2								
10.	1								
	2								

टिप्पणी

प्रत्येक समूह (Group) में दो प्रकार है—(1) मुख्य Main, (2) अतिरिक्त (Additional)। पहली बार जो अनुक्रिया दर्शायी जाती है उसे मुख्य (Main) के अन्तर्गत लिखा जाता है। 2-4 दिन बाद पुनः उसी उद्दीपन के प्रति अनुक्रिया जानने के लिए विषयी को जब वही कार्ड दिखाया जाता है और वह अतिरिक्त अनुक्रिया दर्शाता है जो मुख्य (Main) से अलग या अतिरिक्त होती है उसे अतिरिक्त के खाने में लिखा जाता है। अतिरिक्त अनुक्रिया के सम्बन्ध में यह देखा जाता है कि क्या वे विशिष्ट वर्तमान परिस्थिति के कारण है अथवा इस कारण से नहीं है। परन्तु इस प्रकार का निर्णय लेना विषयी और प्रयोग की सुविधाओं पर निर्भर करता है।

आँकड़ों का प्रयोग (Treatment of Data)

पूर्ण समय या समय का योग $= T$
कुल अनुक्रियाएँ $= R$

प्रतिक्रिया काल का औसत $= \frac{T}{R}$

कुल रूप (Form) $= \%$ या $\frac{T}{R} \times 100$

इसी प्रकार निश्चित विचार या प्रत्यय के लिए जो चिह्न निर्धारित किये हैं उन्हें कुल अनुक्रियाओं (R) के सम्बन्ध में प्रयुक्त किया जाए। पूर्णांक प्राप्त करने के लिए प्राप्त परिणाम को 100 से गुणा किया जाए।

चर्चा और निष्कर्ष (Discussion and Conclusion)

आँकड़ों का उपर्युक्त ढंग से प्रयोग करके जो अंक (Scores) प्राप्त होते हैं उनके आधार पर विषयी के व्यक्तित्व-गुणों के सम्बन्ध में बहुत से निष्कर्ष निकाले जा सकते हैं। परन्तु प्रयोगकर्त्ता को यह सावधानी बरतनी चाहिए कि वह कोई चिकित्सक या निदानकर्त्ता नहीं है। अतः वह विषयी के व्यक्तित्व के संरचनात्मक (Structural) स्वरूप को ही ध्यान में रखे। आँकड़ों के आधार पर प्रयोगकर्त्ता विषयी के व्यक्तित्व के निम्नलिखित पक्षों (Aspects) को ध्यान में रखे–

(1) विषयी के व्यक्तित्व में किस सीमा तक असन्तुलन (Imbalance) है।
(2) विषयी का बौद्धिक स्तर क्या है?
(3) विषयी की चिन्तन प्रक्रिया क्या है?
(4) विषयी की संवेगात्मक या भावात्मक (Emotional) दशा क्या है?
(5) क्या विषयी में सृजनात्मक योग्यता (Creative Ability) है?
(6) विषयी की कल्पना-क्षमता (Imaginative Capacity) का स्वरूप क्या है?
(7) विषयी अपनी समस्याओं को किस सीमा तक हल कर सकता है?
(8) विषयी अपनी भावनाओं को कैसे नियन्त्रित करता है?
(9) विषयी किस सीमा तक परिपक्व व्यक्तित्व रखता है?

व्यक्तित्व के गुणों के सम्बन्ध में एक विचार निर्मित करने के लिए हम आँकड़ों को निम्नलिखित ढंग से या किसी अन्य विधि से स्पष्ट कर सकते हैं–

"यदि विषयी द्वारा दर्शायी अनुक्रियाएँ स्वरूप (Form) से सम्बन्धित नहीं हों तो यह माना जा सकता है कि विषयी संवेगात्मक असन्तुलन (Emotional Imbalance) के व्यक्तित्व का है। यदि विषयी द्वारा रंगीन कार्डों को देखकर अनुक्रिया दर्शाने में रंगहीन कार्डों के प्रति दर्शाने वाली अनुक्रियाओं की अपेक्षा प्रतिक्रिया काल (Reaction Time) का प्रतिशत अधिक हो तो यह निष्कर्ष

निकलता है कि विषयी संवेगात्मक (Emotional) व्यक्तित्व वाला है। यदि समग्र अनुक्रिया (Whole Response) W की प्रतिशतता 20 और 30 के बीच है तो यह मानकर चलना होगा कि विषयी सैद्धान्तिक अधिक परन्तु व्यावहारिक कम है। यदि अंश-अनुक्रियाएँ (Part Responses) D 45-55 प्रतिशत के बीच हैं या उप-विषयी की लघु विस्तार (Small Detail) D के प्रति दर्शायी गयी अनुक्रियाएँ 5-15 प्रतिशत के बीच हैं तो वह (विषयी) जीवन की छोटी-छोटी घटनाओं को अधिक महत्त्व देता है और उनसे बहुत अधिक प्रभावित होता है। यदि विषयी की मौलिक अनुक्रियाएँ (Original Responses) 'O' लोकप्रिय अनुक्रियाओं (Popular Responses) P से अधिक संख्या में हैं तो विषयी सृजनात्मक (Creature) है और बुद्धिमान (Intelligent) भी है। यदि विषयी की मौलिक अनुक्रियाएँ (Original Responses) गलत हों तो मानना होगा कि विषयी मानसिक विकार (Mental Disorder) से पीड़ित है। परन्तु इस निष्कर्ष पर पहुँचने से पूर्व हमें लोकप्रिय अनुक्रियाओं (Popular Responses) P की संख्या पर भी ध्यान देना चाहिए। यदि 'P' की संख्या सन्तोषजनक एवं पर्याप्त है तो मानना होगा कि विषयी तत्क्षण जीवन की यथार्थताओं से अधिक दूर नहीं है। यदि मानव-गति (Human Movement) M की अनुक्रियाएँ रंगीन पृष्ठभूमि (Chromatic Background) से सम्बन्धित अनुक्रियाओं से कम हैं तो पता चलता है कि विषयी अन्तर्मुखी (Introvert) होने की अपेक्षा बहिर्मुखी (Extrovert) अधिक है। यदि 'M' की अनुक्रियाएँ W की अनुक्रियाओं की अपेक्षा कम हैं तो मानना होगा कि विषयी आन्तरिक जीवन में समन्वय (Integration) नहीं रखता। इसी प्रकार यदि मानव-आकृति (Human Figure) 'H' तथा जन्तु-आकृति (Animal Figure) 'A' दोनों भली प्रकार से सन्तुलित हैं तो इससे पता चलता है कि उसमें समायोजन (Adjustability) और परिपक्वता (Maturity) की शक्ति पर्याप्त है।

यदि विषयी की अनुक्रियाएँ तालिका में दिये गये क्रम के अनुसार हैं या इस क्रम के बिल्कुल विपरीत हैं तो मानना पड़ेगा कि विषयी का व्यक्तित्व बड़ा स्थिर या अपरिवर्तनशील (Rigid) है उसमें किसी गुण को लाना या परिवर्तन लाना सम्भव नहीं है अथवा कठिन अवश्य है। यदि विषयी की अनुक्रियाएँ तालिका में दर्शाये क्रम का सीधा या उल्टा अनुसरण नहीं करतीं तो इसका अर्थ है कि विषयी का व्यक्तित्व परिवर्तनशील है और उसमें कुछ गुण विकसित किये जा सकते हैं।

इस प्रकार प्रयोगकर्त्ता वस्तुनिष्ठता के साथ प्राप्त आँकड़ों के आधार पर विषयी के व्यक्तित्व के सम्बन्ध में कोई निर्णय दे सकता है। निष्कर्ष निकालते समय अनावश्यक शीघ्रता और वर्गीकृत निर्णय लेने की भूल नहीं करना चाहिए। निर्णय या निष्कर्ष केवल सम्भावनाओं (Probabilities) पर ही आधारित हो

सकता है। हम विषयी के व्यक्तित्व के गुणों को एक निश्चित सीमा में बाँधकर नहीं रख सकते।

प्रयोग 48

Experiment-48

व्यक्तित्व की थिमेटिक अपरसेप्शन परीक्षण द्वारा माप [Measurement of Personality by Thematic Apperception Test (T.A.T.)]

दिनांक (Date).................... दिवस (Day).................... समय (Time)............
प्रयोग की अवधि (Duration of the Experiment)..
विषयी का नाम (Name of the Subject)..
आयु (Age).................... लिंग (Sex).................... कक्षा (Class)....................
विषयी की सामान्य दशा (His General Condition)..
संस्था का नाम (Name of the Institution)..

उद्देश्य (Aim)

विषयी के व्यक्तित्व के गुणों का थिमेटिक अपरसेप्शन परीक्षण द्वारा पता लगाना।

उपकरण एवं सामग्रियाँ (Instruments and Materials)

(1) आयु, लिंग तथा विषयी की कक्षा के अनुसार टी.ए.टी. कार्ड;
(2) विराम घड़ी
(3) एक पर्दा (Screen)।

थिमेटिक अपरसेप्शन परीक्षण (Thematic Apperception Test)

1935 में इस परीक्षण का प्रतिपादन मुरे (Murray) तथा मॉर्गम (Morgem) ने किया था। प्रारम्भ में इस परीक्षण के अन्तर्गत केवल 20 कार्ड होते थे, परन्तु अब इसमें 31 कार्ड होते हैं। इन 31 कार्डों में से 30 कार्डों पर नाटकीय दृश्य (Dramatic Scene) होते हैं और एक कार्ड बिल्कुल कोरा होता है। प्रत्येक कार्ड

के पीछे चिह्न बने होते हैं जिनसे पता चलता है कि ये अमुक आयु, लिंग और वर्ग के विषयी के व्यक्तित्व परीक्षण के लिए हैं। इस परीक्षण के माध्यम से हम सामान्य (Normal) और स्नायविक (Neurotic) दोनों प्रकार के व्यक्तियों के व्यक्तित्व का परीक्षण कर सकते हैं। कार्डों पर बने नाटकीय दृश्य अर्द्ध-संरचित (Semi-Structured) होते हैं और विषयी को किसी रूप में अवश्य निरीक्षण करते हैं। इसलिए विषयी इन कार्डों के प्रति अपनी अनुक्रिया दर्शाते समय अपने व्यक्तित्व के किसी न किसी गुण को अवश्य अभिव्यक्त करता है। इन कार्डों में कुछ कार्ड लड़कियों के लिए और कुछ लड़कों के लिए होते हैं। लड़कों के लिए कार्डों पर 'B' और लड़कियों के कार्डों पर 'G' लिखा रहता है। कुछ कार्ड 14 वर्ष से ऊपर की महिलाओं के लिए होते हैं उन पर F लिखा होता है और कुछ कार्ड सभी व्यक्तियों के लिए होते हैं। इन 30 कार्डों में से 10 कार्ड लड़कों तथा व्यस्क पुरुषों के लिए 10 कार्ड लड़कियों और महिलाओं के लिए और 10 कार्ड स्त्री-पुरुष दोनों के लिए, होते हैं। सामान्यतः 20 कार्ड दो सत्रों में 10-10 की दर से प्रयोग में लाये जाते हैं।

प्रक्रम (Procedure)

प्रारम्भ में विषयी व्यक्तियों के लिंग को ध्यान में रखकर कार्ड छाँट लिए जाते हैं। प्रयोगकर्त्ता विषयी व्यक्तियों के साथ किसी सामान्य रुचि की बात बड़ी विनम्रता और स्नेह के साथ करता है। यह विषयी के साथ आत्मीय सम्बन्ध स्थापित करने के लिए किया जाता है। जब तक विषयी के पूर्व-सम्बन्ध (अन्तरंगता) न स्थापित कर लिया जाए तब तक परीक्षण प्रारम्भ न किया जाए। जब अन्तरंग सम्बन्ध स्थापित हो जाए तो विषयी के जीवन के सम्बन्ध में जानकारी प्राप्त करने का प्रयत्न करना चाहिए। इस सम्बन्ध में विषयी के माता-पिता, परिवार के सदस्यों की आर्थिक दशा, परिवार के लोगों के प्रति उसके संवेगात्मक सम्बन्धों, उसकी शिक्षा, उसका यौन-जीवन तथा जीवन की विशिष्ट और सामान्य आकांक्षाओं के सम्बन्ध में बड़ी ही सहानुभूति और विनम्रता से जानकारी प्राप्त करनी चाहिए। इस जानकारी या पूछताछ से विषयी को ऐसा न लगे कि उससे कोई पूछताछ की जा रही है, वरन् ऐसा अनुभव हो कि प्रयोगकर्त्ता उसकी भलाई और मैत्री के लिए स्वाभाविक रूप में जानकारी प्राप्त कर रहा है। अन्तरंगता स्थापित होने पर विषयी को ऐसी जानकारी देने में कोई झिझक नहीं होगी। वह कार्डों के नाटकीय दृश्य को देखकर उनके प्रति अपनी अनुक्रियाएँ दर्शाने में कोई संकोच भी नहीं करेगा। अन्तिम कोरे (Blank) कार्ड का उपयोग परीक्षण के अन्त में ही करना चाहिए।

निर्देश (Instructions)

प्रयोगकर्त्ता विषयी को निर्देश इस प्रकार देता है–

"इस परीक्षण में आपकी कल्पना काम आएगी। मैं आपको एक-एक करके चित्रों वाले कार्ड दिखाऊँगा। प्रत्येक कार्ड पर किसी एक या अधिक व्यक्तियों के, किसी एक या कुछ घटनाओं के चित्र बने होंगे। ये घटनाएँ कार्डों पर बने व्यक्ति या व्यक्तियों के जीवन से सम्बन्धित होंगी। जो चित्रात्मक कार्ड आपको दिखाये जाएँ आप उनको ध्यान में रखते हुए कोई कहानी गढ़ेंगे। कहानी में निम्नलिखित दृष्टिकोण ध्यान मे रखने होंगे–

(1) वे कारण और परिस्थितियाँ जिनसे विवश होकर व्यक्ति इस नाटकीय दृश्य में आ सके हैं।
(2) चित्र का वर्तमान स्वरूप क्या है और वह व्यक्ति कौन हैं जो इसके चिन्तन और अनुभव करने में लगे हैं?
(3) आपकी राय में इन घटनाओं का क्या परिणाम हो सकता है?

आप कोई कहानी गढ़ने और चित्र के सम्बन्ध में कुछ भी कहने में स्वतन्त्र हैं। जो भी इन चित्रों को देखकर आपके मन में आये उसे बरतने में आप कोई संकोच न करें, क्योंकि ये सभी बातें आपकी कल्पना की देन होगी। परन्तु इन चित्रों को देखकर जो कहानी आप गढ़ें वह इतनी ही बड़ी हो कि उसे 5 मिनट की अवधि में सुनाया जा सके। यह कहानी लगभग 300 शब्दों की होनी चाहिए।

विधि (Method)

जब ऊपर बताये गये निर्देश विषयी को दिये जा चुके हों तब विषयी को विश्राम और शान्ति के साथ बैठाकर कार्ड एक-एक को दिखाये जाएँ। प्रत्येक कार्ड के चित्र को देखकर विषयी जो कहानी गढ़े उसे लिख लिया जाए। यदि विषयी गढ़ी हुई कहानी को पाँच मिनट से अधिक समय में सुनाता हो तो उसे टोका न जाए क्योंकि कहानी पूरी सुनी जाए। विषयी को अपनी सुनायी गयी कहानी पर पुनर्विचार करने की स्वीकृति न दी जाए। लिखी गयी कहानी के पीछे कार्ड की संख्या और कहानी सुनाने में लगे समय को लिख लिया जाए।

सभी कार्डों को ऊपर बतायी गयी व्यवस्था के अनुसार व्यवस्थित किया जाए। जब पहला कार्ड विषयी को दिखा दिया जाए तो बाद में अन्य कार्डों के चित्र दिखाकर भी कल्पना द्वारा सम्बन्धित विचार या कहानी गढ़ने का अवसर

दिया जाए। विषयी से कहा जाए कि "पहले कार्ड को देखकर लिखी गयी काल्पनिक घटना या कहानी अच्छी थी और आपके दैनिक जीवन से सम्बन्धित थी। अब मैं चाहता हूँ कि आप अपने सामान्य जीवन से हटकर किसी अन्य घटना या विचार की कल्पना करें और कोई कहानी गढ़ें।" निर्देश के बाद विषयी को एक-एक कार्ड दिखाकर विषयी द्वारा सुनायी गयी कहानी को भली प्रकार लिख लिया जाए।

अन्त में कोरा कार्ड (Blank Card) विषयी को देने से पहले प्रयोगकर्त्ता निम्नलिखित निर्देश दे—

> "इस बार मैं आपको कोरा कार्ड दे रहा हूँ। आप इस कोरे कार्ड से सम्बन्धित कुछ भी कल्पना करते हुए कहानी लिखिए। कहानी नयी हो और पहले कार्डों के विषय में न सुनायी गयी हो। यदि आपके मन में कोई कहानी न आये तो आप अपनी आँखें बन्द करके किसी भी चित्र के सम्बन्ध में सोचकर जो चाहें बोलते जायें। तब आपकी कहानी पूर्णतः कल्पना-प्रधान होगी।"

कोई कार्ड से सम्बन्धित बतायी गयी कहानी विषयी के निजी व्यक्तित्व की झलक होगी। प्रयोगकर्त्ता विषयी की मुख मुद्रा और हाव-भाव देखता रहे। कहानी सुनाते समय उसकी आवाज के उतार-चढ़ाव, हाव-भाव उसकी संवेगात्मक स्थिति का आभास करायेगा। इससे विषयी के अन्तर्मन की भावनाओं और अभिव्यक्तियों (Expressions) का पता चल सकेगा।

प्रेच्छाएँ (Enquiries)

प्रयोगकर्त्ता विषयी से उसके द्वारा सुनायी गयी कहानी की पृष्ठभूमि के सम्बन्ध में पूछताछ करता है। वह जानना चाहता है कि यह कहानी उसके व्यक्तिगत अनुभवों पर, या पारिवारिक घटनाओं पर या किसी चलचित्र आदि पर आधारित तो नहीं है। इससे कहानी की विषय-वस्तु की सार्थकता का ज्ञान हो जाता है। इसी के आधार पर कहानी का मूल्यांकन (Scoring) किया जाए। यह प्रेच्छा विषयी द्वारा सुनायी गयी कहानी के तुरन्त बाद की जानी चाहिए, अन्यथा इसका कोई महत्त्वपूर्ण अंश ध्यान से उतर सकता है। प्रेच्छा करते समय विषयी से कार्ड वापिस ले लेना चाहिए। यदि विषयी चाहे तो वह कार्ड उसे पुनः दिखाया जा सकता है। यदि चित्र के किसी अंश का तथ्य स्पष्ट न हो तो विषयी से उसके सम्बन्ध में पूछताछ की जा सकती है। इस प्रक्रिया में विषयी को कोई निर्देश (Suggestions) न दिए जाएँ। यदि कार्ड के चित्र का कोई अंश कहानी से वंचित

रहा हो तो विषयी को वह कार्ड पुनः दिखाकर उसके सम्बन्ध में पूछताछ की जा सकती है। अन्त में विषयी से उस कहानी का निष्कर्ष भी मालूम करना चाहिए। विषयी को प्रोत्साहित किया जाए कि वह जो चाहे बेझिझक बताता जाए।

आँकड़े (Data)

(1) लिखी हुई कहानियाँ जो विषयी ने कार्डों को देखकर सुनायी।
(2) विषयी का जीवन इतिहास।
(3) विषयी से पूछताछ करने पर जो सूचनाएँ प्राप्त हुईं।

अंकन (Scoring)

विषयी द्वारा सुनायी गयी कहानियाँ उसके व्यक्तित्व-सम्बन्धी विशेषताओं की झलक होती है। इस परीक्षण का मुख्य उद्देश्य विषयी के व्यक्तित्व की विशेषताओं का पता लगाना है। प्रयोगकर्त्ता विषयी द्वारा सुनायी गयी कहानियों के उन अंशों को रेखांकित (Underlined) कर देता है जिनके आधार पर प्रयोगकर्त्ता विषयी के व्यक्तित्व के सम्बन्ध में कोई निष्कर्ष निकाल सकता है। यह निष्कर्ष पूर्णतः आत्मनिष्ठ (Subjective) होता है। इसलिए प्रयोगकर्त्ता द्वारा विषयी के व्यक्तित्व के सम्बन्ध में निकाला गया निष्कर्ष पूर्णतः अधिकृत और विश्वसनीय नहीं माना जा सकता। टी.ए.टी. (T.A.T.) के अंकन (Scoring) की कोई विशेष विधि नहीं होती। विश्वसनीय परिणाम जानने के लिए बहुत-सी मापनियाँ (Rating Scales) और तकनीकियाँ (Techniques) प्रचलित हैं। इनका उपयोग किया जा सकता है। परन्तु इनमें अधिक समय लगता है इसलिए व्यक्तित्व-निदान की दृष्टि से इनका प्रयोग कम किया जाता है। फिर भी टी.ए.टी. (T.A.T.) द्वारा प्राप्त कहानियों का विश्लेषण करना चाहिए। तभी व्यक्तित्व-सम्बन्धी कोई निष्कर्ष निकाला जा सकता है। कहानी विश्लेषण (Story Analysis) इस प्रकार किया जा सकता है—

(1) सर्व प्रथम कहानी की मुख्य कथा-वस्तु की ओर संकेत दिया जाए।
(2) कहानी के मुख्य नायक का पता लगाया जाए क्योंकि वही कहानी का पूर्ण व्यक्तित्व और चरित्र होगा। नायक की आयु, लिंग, व्यवसाय, रुचियों और योग्यताओं की ओर कहानी में इंगित किया जाए।
(3) नायक माता-पिता और बड़े लोगों के प्रति क्या मानसिक रुझान (Mental Attitude) अपनाता है, इसे लिखा जाए। यदि यही रुझान

दोहराया जाए तो उसे सही चिह्न द्वारा ✓✓ या ✓✓✓ के रूप में दर्शाया जाए।

(4) यदि कहानी में ऐसा कोई पात्र (मित्र या शत्रु, शिक्षक या सुधारक पति-पत्नी या प्रेमी-प्रेमिका) आया हो जिसका कार्ड के चित्र में कोई संकेत नहीं मिलता उसका लिंग (Sex) और कार्य (Role) स्पष्ट किया जाए।

(5) यदि विषयी ने चित्र के किसी पक्ष को छोड़ दिया हो तो उसे पूछकर लिख लेना चाहिए।

(6) यदि विषयी कुछ ऐसी बातें बताता है जिनका सन्दर्भ कार्ड में नहीं मिलता तो पूछताछ द्वारा उन्हें भी लिख लिया जाए।

(7) विषयी किन्हीं घटनाओं के लिए जिन परिस्थितियों और दशाओं को उत्तरदायी बताता हो उन्हें ध्यानपूर्वक लिख लिया जाए। जैसे वह कह सकता है कि किसी पात्र के साथ अन्याय किया गया है, वह उदासीन है, अकाल पड़ा है या धोखाधड़ी हुई है आदि बातें अवश्य लिख ली जाएँ।

(8) पराहम् (Super Ego) तथा इद (Id) में उपलब्धि, आनन्द या निष्क्रियता में कहीं संघर्ष दर्शाया गया हो तो उसे अवश्य रेखांकित किया जाए।

(9) किसी त्रुटि या भूल के लिए पात्र को कहानी में क्या हानि उठानी पड़ी या दण्ड भोगना पड़ा उसे अवश्य चिह्नित किया जाए।

(10) यदि विषयी किसी यौन-भावना या अन्य भावना को सुनाते समय झिझकता हो तो उसे अवश्य लिखा जाए।

(11) विषयी, कहानी के नायक के प्रति उदासीन है, उसका आलोचक है या उसके प्रति सहानुभूति रखता है, ये बातें अवश्य अंकित की जाएँ।

(12) यह अवश्य वर्णन किया जाए कि कहानी में क्रम है या नहीं है, कहानी पूर्ण है या अपूर्ण है।

(13) कहानी सुखान्त है या दुःखान्त, इसकी ओर भी संकेत दिया जाए।

सूचना—कहानी का विश्लेषण उपर्युक्त ढंग से करते समय प्रयोगकर्त्ता को एक विश्लेषण-पत्र (Analysis Sheet) तैयार कर लेना चाहिए। इससे समय की बचत होगी तथा अंकन (Scoring) भी सरल होगा और समझने में सरलता होगी।

चर्चा और निष्कर्ष (Discussion and Conclusion)

विषयी जब कहानी सुना रहा हो या साक्षात्कार कर रहा हो तो उसकी अभिव्यक्त भावनाओं पर ध्यान दिया जाए और कहानी के विश्लेषण के आधार पर विषयी के व्यक्तित्व की

विशेषताओं (Traits) पर प्रकाश डाला जाए। कहानी की कथा-वस्तु का सम्बन्ध (यदि प्रयोगकर्त्ता उसे पकड़ सके या समझ सके) विषयी के मनोयौन विकास (Psycho-Sexual Development) के साथ अवश्य देखा जाए। विषयी कहानी के नायक के विचारों के साथ अपना तादात्म्य (Development) किस सीमा तक स्थापित करता है, यह अवश्य जान लिया जाए। इस विचार तादात्म्य (Identification of Ideas) से विषयी के व्यक्तित्व को बहुत-सी विशेषताओं का बोध होता है। यदि कहानी का नायक समस्याएँ हल करने में सन्तुलन से काम लेता है तो इसका अर्थ है विषयी में आत्म विश्वास है और वह अच्छा समायोजन (Adjustment) करने योग्य है। यदि विषयी कहानी में कहीं घृणा की भावना दर्शाता है तो उसके जीवन-इतिहास से इस घृणा की भावना का कारण ढूँढना चाहिए। विषयी अपनी सुनायी गयी कहानी में यदि किसी पात्र के प्रति सम्मान दर्शाता है उसकी विशेष चर्चा होनी चाहिए। विषयी किसी कहानी में घृणा या सम्मान का भाव दर्शाता है तो इसका कारण जानने के लिए विषयी के जीवन-वृत्त के साथ-साथ अन्य कार्डों की कहानियों में भी वैसी प्रवृत्ति का कारण खोजना आवश्यक होगा। विषयी यदि आशावादिता (Optimism) या भग्नाशा (Frustration) की अभिव्यक्ति अपनी कहानी में करता है तो उस पर चर्चा होनी चाहिए।

यदि विषयी कार्ड के चित्र की छोटी-छोटी बातों की बढ़ा-चढ़ा कर चर्चा करता है तो इसका अर्थ है विषयी मनोग्रस्ति बाध्यता-प्रकार (Obsessive Compulsion Type) का व्यक्ति है। यदि विषयी कहानी के नायक के साथ स्वयं का तादातम्य स्थापित कर लेता है तो इसका अर्थ है वह अल्पोन्मादी (Hypomanic) अथवा क्षोभोन्मादी (Hysteric) प्रकार का है। यदि कहानी का सम्बन्ध अति यौन-भावना से है तो वह समलिंगी यौन भावना (Homo Sexuality) से युक्त व्यक्ति है। यदि विषयी की कहानी चेहरे में अधिक गति लाती है या अधिक दावतों का उल्लेख करता है तो इससे विषयी के उन्मादी (Manic) व्यक्तित्व के होने का सन्देह होता है। इस प्रकार प्रयोगकर्त्ता अपने विश्लेषण-पत्र (Analysis Sheet) के आधार पर व्यक्तित्व की अच्छाइयों और असामान्यताओं की चर्चा अवश्य करे।

इस प्रकार इस परीक्षण के आधार पर विषयी व्यक्तित्व का ज्ञान प्राप्त किया जा सकता है।

टिप्पणी

व्यक्तित्व की विशेषताओं का पता लगाने के लिए बहुत-सी तकनीकी विधियाँ प्रचलित हैं, परन्तु सभी में सावधानी, निष्पक्षता, सन्तुलन और वस्तुनिष्ठता की आवश्यकता है। इस विषय पर बहुत-सी पुस्तकें प्रकाशित हैं। प्रयोगकर्त्ता इनका अध्ययन अवश्य करे। इसमें कोई सन्देह नहीं कि व्यक्तित्व जैसे विषय का अध्ययन

करते समय प्रयोगकर्त्ता को बहुत अनुभवी, ज्ञानवान, बुद्धिमान और कल्पना करने वाला होना चाहिए।

प्रयोग 49

Experiment-49

अस्थाना की समंजन सूची
(Asthana's Adjustment Inventory)

दिनांक (Date)................. दिवस (Day)................. समय (Time)..........
प्रयोग की अवधि (Duration of the Experiment)..
विषयी का नाम (Name of the Subject)..
आयु (Age)................. लिंग (Sex)................. कक्षा (Class)................
विषयी की सामान्य दशा (His General Condition)..
संस्था का नाम (Name of the Institution)..

उद्देश्य (Aim)

विषयी के समंजन (Adjustment) की योग्यता के स्तर का पता लगाना।

सामग्रियां (Materials)

अस्थाना की समंजन सूची, गणन-कुंजी (Scoring Key), शततमक स्तम्भ (Percentile Table), व्यक्तित्व समंजन वितरण स्तम्भ (Personality Adjustment Distribution Table)।

तैयारी (Preparation)

प्रकाश और शुद्ध हवा युक्त कमरे में आराम से विषयी को बैठाया गया। परीक्षण के लिए सभी आवश्यक वस्तुएँ सावधानी से उपलब्ध कर ली गईं। अस्थाना का मानकित समंजन प्रश्नावली (Asthana's Standardized Personality Inventory) की प्रति प्रत्येक विषयी को दी गई। यह सुनिश्चित कर लिया गया कि प्रत्येक विषयी के पास सभी आवश्यक चीजें पहुँच गई हैं।

निर्देश (Instructions)

विषयी को इस प्रकार बातें समझाई गईं–

"प्रश्नावली पर यथास्थान तुम अपने आवश्यक विवरण लिख दो। प्रश्नावली के प्रश्नों को ध्यानपूर्वक पढ़ो और अपनी रुचि और व्यवहार पद्धति के अनुसार चाहे "हाँ" अथवा "नहीं" पर सही का चिह्न (✓) बने हुए खाने में लगा दो। प्रत्येक प्रश्न पर चिह्न लगाना आवश्यक है। याद रखो कि यह प्रश्नावली बुद्धि-परीक्षा नहीं है। इसमें कोई उत्तर न गलत है और न सही। प्रत्येक प्रश्न तुम्हारी कुछ रुचि, इच्छा अथवा व्यवहार पद्धति से सम्बन्धित है। इस प्रश्नावली द्वारा हम तुम्हारे व्यक्तित्व से सम्बन्धित कुछ बातों का पता लगाना चाहते हैं।"

सतर्कता (Precaution)

यह देख लिया गया कि विषयी को किसी विघ्न का सामना नहीं करना पड़ा। उससे कहा गया कि "यदि कोई बात समझ में न आई हो तो पूछ लो, परन्तु प्रश्नावली के प्रश्नों का उत्तर क्या देना है इसे तुम्हें ही समझना है। अतः उत्तर के बारे में कुछ न पूछो। मन में घबड़ाना नहीं। तुम्हारे उत्तर एकदम गोपनीय रखे जायेंगे। अतः मुक्त रूप से प्रश्नों के आगे "हाँ" अथवा "नहीं" पर चिह्न लगाओ।"

आँकड़े (Data)

गणन (Scoring) की निम्नलिखित दो पद्धतियों का अनुसरण किया गया:

(1) एक पद्धति में प्रत्येक "नहीं" उत्तर के लिए एक अंक रखा गया और प्रत्येक "हाँ" के लिए शून्य (0) माना गया। परन्तु 19वें और 40वें प्रश्न में "हाँ" पर एक नम्बर दिया गया।
इस नियम के अनुसार विषयी के प्रश्नावली का गणन किया गया। "हाँ" और "नहीं" उत्तरों को अलग-अलग जोड़ लिया गया; जैसे–
"नहीं" उत्तरों की संख्या–
"हाँ" उत्तरों की संख्या–
"नहीं" उत्तरों का फलांक–
"हाँ" उत्तरों का फलांक–
उपर्युक्त का शततमक मूल्य (Percentile Value) आया–

(2) गणन की द्वितीय पद्धति में शततमक स्तम्भ के अनुसार गणन किया गया। इस प्रकार प्रत्येक उत्तर को अंक दिये गये–

"हाँ" उत्तरों की संख्या–
"नहीं" उत्तरों की संख्या–
"हाँ" उत्तरों का फलांक (Score)–
"नहीं" उत्तरों का फलांक–

नोट–किसी विशिष्ट विषयी के सम्बन्ध मे जो संख्याएँ आयें उन्हीं के अनुसार प्रथम पद्धति और द्वितीय पद्धति में रिक्त स्थानों में संख्याएँ तथा फलांक (Scores) भरने चाहिए, तद्नुसार ही शततमक मूल्य के रिक्त स्थान की पूर्ति करनी चाहिए।

व्याख्या (Interpretation)

शततमक के टेबल नम्बर 1 के अनुसार शततमक मूल्य जितना अधिक होगा असमंजन (Maladjustment) की प्रबलता उतनी ही अधिक होगी। शततमक टेबल नम्बर 2 के अनुसार शततमक मूल्य जितना अधिक होगा, समंजन उतना ही अधिक अच्छा होगा।

नोट–तो दोनों टेबल्स के अनुसार शततमक मूल्य का पता करके विभिन्न विषयीयों के समंजन और असमंजन की प्रबलता की ओर संकेत करना चाहिए।

विवेचन (Discussion)

केवल एक ही प्रकार के परीक्षण से किसी व्यक्ति के व्यक्तित्व के बारे में विश्वसनीय बातों का हमें पता नहीं चल सकता। इसलिए व्यक्तित्व के मूल्यांकन में व्यक्ति-वृत्त (Case History), साक्षात् (Interview), प्रश्नावली (Questionnaire), क्रिया परीक्षा (Performance Test), क्रमनिर्धारण मान (Rating Scale), प्रक्षेपात्मक विधि (Projective Technique) जिससे रोर्शाक स्याही धब्बा परीक्षा (Rorschach Ink Blot Test) और टी.ए.टी. (Thematic Apperception Test) आदि आते हैं तथा मनोविश्लेषणात्मक पद्धति (Psychoanalytical Method) आदि विधियों का भी सहारा लेना चाहिए।

विषयी द्वारा अन्तर्दर्शन व्याख्या (Introspection Report by the Subject)

विषयी ने इस प्रकार से अपने अन्तर्भावों को प्रकाशित किया–"इस प्रश्नावली के प्रश्न मेरी रुचियों, पसन्द और नापसन्द से सम्बन्धित थे। इनमें से कुछ के बारे में तो मैंने अपने सम्बन्ध में सोचा ही नहीं था। अपनी व्यक्तिगत बातों की जानकारी देने में पहले

मुझे झिझक का अनुभव हुआ। परन्तु थोड़ी ही देर बाद मैंने यह निश्चय किया कि अपने सम्बन्ध में सारी बातें मुझे ठीक-ठीक बतलानी चाहिए।"

शैक्षिक महत्त्व (Educational Significance)

किसी भी बच्चे के विकास में उसका व्यक्तित्व ही एक धुरी है जहाँ से सारी बातें प्रस्फुटित होती हैं और जहाँ सारी बातें आकर मिलती हैं और व्यक्तित्व में उत्तरोत्तर विकास या परिवर्तन करती रहती हैं। कोई बालक अपने वातावरण, विद्यालय तथा घर में कहाँ तक समंजित है, इसकी जानकारी प्राप्त करना उसके विकास को वांछित दिशा में ले जाने के लिए बड़ा ही आवश्यक है। इस दृष्टिकोण से व्यक्तित्व समंजन को मापने के लिए अस्थाना की "एडजस्टमेन्ट इनवेन्टरी (Adjustment Inventory) बहुत ही उपयोगी है। हाँ, यह ठीक है कि केवल इस इनवेन्टरी के फल पर ही हमें निर्भर नहीं रहना चाहिए और बालक के व्यक्तित्व के मूल्यांकन के लिए हमें अन्य विधियों का भी सहारा लेना चाहिए। तथापि प्रस्तुत 'इनवेन्टरी' की उपयोगिता में कोई सन्देह नहीं है।"

प्रयोग 50

Experiment-50

प्रतिष्ठा-संकेत या निर्देश
(Prestige Suggestion)

दिनांक (Date)………………… दिवस (Day)………………… समय (Time)…………
प्रयोग की अवधि (Duration of the Experiment)……………………………………
विषयी का नाम (Name of the Subject)……………………………………………
आयु (Age)…………………… लिंग (Sex)…………………… कक्षा (Class)……………
विषयी की सामान्य दशा (His General Condition)…………………………………
संस्था का नाम (Name of the Institution)……………………………………………

उद्देश्य (Aim)

प्रतिष्ठा-निर्देश (Prestige Suggestion) का, जिसका सम्बन्ध किन्हीं प्रसिद्ध कवियों के नामों से हो, सरल कविताओं के अंशों के सन्दर्भ में विषयगत निर्णय पर प्रभाव देखना।

सामग्रियाँ एवं व्यवस्था (Materials and Arrangement)

(1) दस ऐसे कार्ड, जिन पर अज्ञात कवियों की सरल कविताएँ लिखी हों।
(2) ऐसे दस प्रसिद्ध कवियों के नाम, जिन्हें वे विद्यार्थी भी जानते हों, जो किसी भाषा-साहित्य के विद्यार्थी न हों।
(3) कुछ अंकगणित सम्बन्धी प्रश्न, जिनमें सरल गुणा-भाग का उपयोग हुआ हो।
(4) कागज और पेन्सिल।

दस कार्डों पर लिखी गयी कविताएँ सरल हों और सामान्यतः उसी स्तर की हों जिस पर कठिनाई हो, ये कविताएँ ऐसी असंगत प्रकृति की हों कि वह इनका सम्बन्ध किसी ज्ञात कवि से न जोड़ सके। प्रत्येक कार्ड के पृष्ठ पर कार्ड का क्रमांक डाल देना चाहिए। अंकगणित सम्बन्धी प्रश्न इतने सरल होने चाहिए कि उनसे विषयी को कोई मानसिक थकान न हो और वे सरलता से किये जा सकें। इन अंकगणित के प्रश्नों को लेने का उद्देश्य यह है कि विषयी 10 मिनट तक व्यस्त रहे।

नियन्त्रण और सावधानियाँ (Control and Precautions)

1. विषयी प्रयोग के उद्देश्य को न समझ सके, इस बात का ध्यान रखा जाए, अन्यथा प्रयोग का लक्ष्य पूरा नहीं हो सकेगा।
2. विषयी इस प्रकार चुने जाएँ कि वे न तो सम्बन्धित साहित्य से सम्बन्धित हों और न ही मनोविज्ञान के परीक्षणों से परिचित हों।
3. यदि विषयी यह समझ जाए कि यह प्रयोग इस बात की परख के लिए किया जा रहा है कि वह निर्देशों (Suggestions) से कहाँ तक प्रभावित होता है, तो विषयी पर निर्देशों (Suggestions) का कोई प्रभाव नहीं पड़ेगा।
4. विषयी को केवल यही बताया जाए कि यह परीक्षण इसलिए किया जा रहा है जिससे उसकी साहित्यिक रसानुभूति का ज्ञान हो।
5. ये दस कविताएँ अज्ञात और साधारण कवियों की होनी चाहिए। यह बात ध्यान रखी जाए कि इन कविताओं का स्तर वैसा ही हो जैसा विषयी के साहित्यिक ज्ञान का है।
6. विषयी को प्रयोग के पहले भाग में 10 मिनट तक व्यस्त रखा जाता है ताकि वह अन्य विषयी व्यक्तियों से प्रस्तुत कविताओं के सम्बन्ध में कोई परामर्श न ले सके।
7. इस 10 मिनट की व्यवस्था का एक उद्देश्य यह भी है कि विषयी को

कविता के सन्दर्भ में अपनी साहित्यिक क्षमता का मूल्यांकन करने का अवसर न मिले।

8. जब प्रयोग का दूसरा भाग प्रारम्भ किया जाए तो विषयी को क्षमा-याचना के साथ बताया जाए कि प्रयोग गलत हो गया है क्योंकि कार्डों पर लिखे कवियों के नाम नहीं बताये गये थे। इसलिए विषयी उनका पुनर्मूल्यांकन करने में योग दें।

प्रयोग का दूसरा भाग (The Second Part of the Experiment)

विषयी को आराम के साथ कुर्सी पर बैठा दिया जाता है। विषयी से बताया जाता है कि इस प्रयोग का उद्देश्य विषयी की साहित्यिक रसानुभूति का मूल्यांकन करना है। विषयी के सामने बहुत-से कार्ड, जिन पर कविताएँ लिखी होती हैं, प्रस्तुत किये जाते हैं। विषयी उन कार्डों पर लिखी कविताओं को एक-एक करके पढ़ता है और कार्ड पर लिखना पड़ता है कि कार्ड से सम्बन्धित कविता उच्चस्तरीय (Of High Standard) है, सामान्य स्तरीय (Of Average Standard) या किस स्तर की है। किसी भी कविता पर विषयी को अधिक समय नहीं लगाना पड़ता। उसे कविता पढ़कर तत्काल कार्ड पर लिखना पड़ता है कि कविता उच्च स्तरीय है या औसत स्तर की है। जब विषयी कार्ड पर अपना मत लिख देता है तो उसे अंकगणित के कुछ प्रश्न 10 मिनट तक करने पड़ते हैं।

वास्तविक प्रयोग (Real Experiment)

ऊपर बताये गये निर्देश विषयी तक पहुँचाने और समझाने के बाद उसके सामने एक-एक करके लिखे दस कार्ड प्रस्तुत किये जाते हैं और विषयी प्रत्येक कार्ड की कविता पढ़ने के बाद तत्काल कार्ड पर लिख देता है कि कविता उच्च स्तर (High Standard) की थी या सामान्य स्तर की थी। इसका अभिलेख रख लिया जाता है।

इसके बाद विषयी को 10 मिनट तक अंकगणित के प्रश्न करने में व्यस्त रखा जाता है। इस बीच प्रयोगकर्त्ता उन कार्डों पर जिन पर, विषयी साधारण स्तर (Ordinary Level) लिखता है, प्रसिद्ध कवियों के नाम लिख देता है। जिन कार्डों पर विषयी उच्च स्तर (High Standard) लिखता उन पर प्रयोगकर्त्ता एम.ए. (पूर्वार्द्ध) अथवा एम.ए. (उत्तरार्द्ध) के छात्रों के नाम लिख देता है। इस बीच विषयी अंकगणित के प्रश्न हल करने में लगे रहते हैं। 10 मिनट बाद प्रयोगकर्त्ता विषयी से कहता है कि प्रयोग गलत हो गया है, क्योंकि उन्हें कार्डों पर लिखे उन कवियों के नाम नहीं बताये गये थे जिनकी कविताओं के अंश उन्हें पढ़ने को दिये थे। अब प्रयोगकर्त्ता उनसे कहता है—

"कृपया बुरा न मानें; आप कविताओं के सम्बन्ध में अपना मूल्यांकन मत पुनः देने का कष्ट करें। परन्तु ध्यान रखें, आपका अपना ही निर्णय होना चाहिए और कविता पढ़कर कवि का नाम देखकर तत्काल दिया जाना चाहिए। किसी कविता पर बहुत अधिक समय तक मत सोचिए। जो कुछ भी निर्णय कविता के स्तर के सम्बन्ध में आप लें उसे तत्काल लिख दें।"

इस प्रकार प्रत्येक विषयी के सामने पहले दिये गये सभी कार्ड एक-एक करके प्रस्तुत कर दिये जाते हैं। कवि का नाम भी कार्ड पर लिखा होता है। उस प्रकार कार्ड पर विषयी द्वारा दिया अभिमत लिख लिया जाता है।

निष्कर्ष (Conclusion)

कार्ड की क्रम संख्या	निर्देश से पूर्व का निर्णय	निर्देश से बाद का निर्णय	निर्णय बदलने के सम्बन्ध में टिप्पणी
1.	साधारण (Ordinary)	उच्च (High)	परिवर्तित
2.	उच्च (High)	साधारण (Ordinary)	परिवर्तित
3.	साधारण (Ordinary)	उच्च (High)	परिवर्तित
4.	साधारण (Ordinary)	उच्च (High)	परिवर्तित
5.	उच्च (High)	उच्च (High)	अपरिवर्तित
6.	साधारण (Ordinary)	उच्च (High)	परिवर्तित
7.	उच्च (High)	साधारण (Ordinary)	परिवर्तित
8.	उच्च (High)	साधारण (Ordinary)	परिवर्तित
9.	उच्च (High)	साधारण (Ordinary)	परिवर्तित
10.	साधारण (Ordinary)	उच्च (High)	परिवर्तित

सांख्यिकीय विश्लेषण (Statistical Analysis)

ऊपर दिये गये आँकड़ों (Data) के आधार पर निर्देश-गुणांक (Co-efficient of Suggestion) निम्नलिखित ढंग से ज्ञात किया जाता है–

निर्देश-गुणांक (Co-efficient of Suggestion)

$$= \frac{\text{परिवर्तित निर्णयों की संख्या}}{\text{कुल प्रदत्त निर्णयों की संख्या}} \times 100$$

आँकड़ों के अनुसार कुल प्रदत्त निर्णय = 10
परिवर्तित निर्णय = 9

∴ निर्देश-गुणांक $= \frac{9}{10} \times 100 = 90$

अन्तर्दर्शन आख्या (Introspection Report)

विषयी कह सकता है—"प्रयोग का पहला भाग बहुत ही सरल और रोचक था। मैं कभी भी काव्य का विद्यार्थी नहीं रहा। फिर भी मैंने कविता के सम्बन्ध में तत्काल ही निर्णय जैसा मन में आया, दिया। मैंने कहीं भी अधिक समय नहीं लिया। प्रयोग का दूसरा भाग भी सरल लगा। मुझे विश्वास है कि मेरे सभी निर्णय सही होंगे।"

पर्यवेक्षण (Supervision)

प्रयोग के पहले भाग में सभी निर्देशों का पालन किया गया। जब विषयी प्रारम्भ में सुस्त था उसे कहा गया कि वह निर्णय देने में विलम्ब न करे, निर्णय शीघ्र लिखे। अंकगणित के प्रश्न करने में विषयी ने उत्साह नहीं दिखाया। सभी प्रश्न सरल थे। विषयी से यह कहने पर कि प्रयोगकर्त्ता की भूल से प्रयोग गलत हो गया है, वह प्रयोगशाला से बाहर जाने को तैयार हो गया क्योंकि प्रयोग को पुनः करने का उसका मन नहीं था। प्रयोगकर्त्ता द्वारा भूल के लिए क्षमा माँगने पर विषयी प्रयोग को पुनः करने के लिए तैयार हुए। विषयी पुनः शान्ति से बैठे और सभी कविताओं के कार्डों पर अपने निर्णय पुनः दिये।

चर्चा (Discussion)

इस प्रयोग का लक्ष्य विषयी की प्रतिष्ठा-निर्देश की प्रवृत्ति पर प्रभाव देखना था। यह प्रयास किया गया था कि दसों कविताएँ समान स्तर की हों, फिर भी विषयी ने पाँच कविताओं को साधारण (Ordinary) और पाँच को उच्च (High) स्तर का माना। विषयी को प्रयोग के पहले भाग में 10 मिनट तक अंकगणित के साधारण प्रश्न हल करने में व्यस्त रखा गया जिससे वह प्रयोग में कविताओं के सम्बन्ध में दिये गये निर्णयों को भूल जाए। प्रयोग के दूसरे भाग में विषयी पर प्रतिष्ठा-निर्देश (Prestige Suggesion) का प्रभाव जानने का प्रयास किया गया। परिणामतः विषयी ने अपने पहले 10 निर्णयों में से 9 में परिवर्तन कर दिया। विश्लेषण से पता चलता है कि विषयी प्रतिष्ठा-निर्देश से बहुत अधिक प्रभावित होने वाला है, क्योंकि उसने 10 में से 9 निर्णयों को कवियों के नाम देखकर बदल डाला। प्रतीत होता है, विषयी साहित्य का विद्यार्थी नहीं था, इसलिए वह निर्णय में परिवर्तन कर सका। यदि वह साहित्य का विद्यार्थी होता तो सम्भवतः अपने निर्णय में ऐसा परिवर्तन नहीं करता।

प्रयोग 51

Experiment-51

जूनियर-सीनियर हाई स्कूल व्यक्तित्व प्रश्नावली-परीक्षण
(The Junior-Senior High School Personality Questionnaire Test)

दिनांक (Date)………………… दिवस (Day)………………… समय (Time)…………
विषयी का नाम (Name of the Subject)……………………………………………………
आयु (Age)………………… लिंग (Sex)………………… कक्षा (Class)……………
संस्था का नाम (Name of the Institution)………………………………………………
विषयी का सामान्य स्वास्थ्य (General Health of the Subject)……………………

उद्देश्य (Aim)

एच.एस.पी.क्यू. (H.S.P.Q.) अर्थात् हाई स्कूल व्यक्तित्व प्रश्नावली की सहायता से विषयी के व्यक्तित्व के चौदह आयामों (Dimensions) का पता लगाना।

उपकरण (Apparatus)

परीक्षण-पुस्तिका (Test Booklet), परीक्षण नियमावली (Test Manual), मानक के पूरक (Supplements of Norms), उत्तर-प्रपत्र (Answer Sheet), गणन के लिए स्टेन्सिल कुंजी (Stencil Key for Scoring), कलम या पेन्सिल।

प्रारम्भिक व्यवस्था (Preliminary Set-up)

विषयी को विघ्नमुक्त कक्ष में आराम से बैठाया गया। परीक्षण-कक्ष में पर्याप्त प्रकाश और शुद्ध हवा का आना सुनिश्चित किया गया।

निर्देश (Instructions)

तुम्हें एक परीक्षण-पुस्तिका तथा उत्तर-प्रपत्र दिया गया है। इनमें यथास्थान अपने सम्बन्ध में आवश्यक विवरण भर दो। इस परीक्षण द्वारा हम यह पता लगाना चाहते हैं कि तुम्हारा व्यक्तित्व किस प्रकार का है। तुम्हें जो पुस्तिका दी गई है उसमें तुम्हारी रुचियों, पसन्द और नापसन्द (Interest, Likes and Dislikes) के सम्बन्ध में कुछ प्रश्न हैं। सर्वप्रथम, उदाहरणों द्वारा तुम्हें बताया जाएगा कि तुम्हें क्या करना है। प्रत्येक प्रश्न के सामने उत्तर के रूप में कुछ विकल्प (Alternatives) है।

परीक्षण-पुस्तिका में प्रश्नों को पढ़ने के क्रम में प्रत्येक प्रश्न के आगे लिखे हुये वैकल्पिक उत्तरों में से, जो तुम्हारे सम्बन्ध में लागू हो, उसे उत्तर-प्रपत्र पर प्रश्न के ही क्रम संख्या के आगे अपने उत्तर की ओर संकेत कर दो। अपने उत्तर के सामने गुणा × का चिह्न लगा दो; उदाहरण को देखो—

1. तुम निम्नलिखित में से कौन-सा कार्य करना चाहो—
   (अ) चिड़ियाघर देखने जाना।
   (ब) निश्चय नहीं कर सकता।
   (स) हवाई जहाज में उड़ना पसन्द करूँगा।
2. यदि तुम्हारा, अपने मित्र से झगड़ा हो जाता है तो तुम शीघ्र ही पुनः मित्रता कर लेते हो—
   (अ) हाँ।
   (ब) शायद।
   (स) कभी नहीं।

इन उदाहरणों से स्पष्ट है कि इनमें कोई सही अथवा गलत उत्तर नहीं है। वस्तुतः प्रत्येक व्यक्ति दूसरे से कुछ बातों में भिन्न होता है और इस परीक्षण में उसे केवल यही बताना है कि वह किस प्रकार का है अथवा उसकी क्या पसन्द या नापसन्द है। याद रखो कि इन प्रश्नावलियों में तुम्हें कोई ऐसा विकल्प अवश्य मिल जाएगा जो तुम्हारे साथ लागू होता है। इसलिए परीक्षण-पुस्तिका के किसी प्रश्न को छोड़ो नहीं, अर्थात् प्रत्येक के सम्बन्ध में अपने से सम्बन्धित बात की ओर संकेत करो। प्रथम प्रश्न से प्रारम्भ करते हुए सभी प्रश्नों के सम्बन्ध में अपनी रुचि, पसन्द या नापसन्द की ओर संकेत करो। प्रश्नों के उत्तर देने में यह ध्यान रहे कि बिना किसी संकोच अथवा भय के स्पष्टतः तुम्हें अपना उत्तर देना है। अपने बारे में कभी गलत उत्तर न दो यह समझते हुए कि "अमुक उत्तर ही सर्वोत्तम है तो क्यों न सर्वोत्तम पर ही चिह्न लगा दूँ।" अपने सम्बन्ध में गलत उत्तर देने में कोई लाभ न होगा गलत उत्तर से तुम्हारे व्यक्तित्व के गलत मूल्यांकन की सम्भावना बढ़ जाएगी दूसरे यह याद रखो कि तुम्हारे विविध उत्तरों के संदर्भ में यह निश्चित ही समझ लिया जाएगा कि तुम्हारे उत्तर में कहाँ विसंगति (Discrepency) है, अर्थात् कहीं अन्यत्र बताई हुई बातों के कारण तुम्हारी कहाँ, कौन-सी बात स्वतः कट जाती है। अतः अपने सम्बन्ध में सही बातों को बतलाने के लिए ही वैकल्पिक उत्तरों की ओर संकेत करो। किसी प्रश्न को पढ़कर परेशानी का अनुभव न करो। किसी उत्तर को देने में अधिक समय न लगाओ। कहीं असमंजस अथवा अनिश्चय में न पड़ो। जो प्रथम

स्वाभाविक उत्तर तुम्हारे मन में आये उसी पर चिह्न लगा दो। इस प्रश्नावली में कुछ प्रश्न दूसरों के समान लग सकते हैं; परन्तु वस्तुतः कोई भी दो प्रश्न समान नहीं हैं। इसलिए उनके सम्बन्ध में तुम्हारे उत्तरों में अवश्य ही भिन्नता होगी। जब तुम्हें 'प्रथम' और 'तृतीय' उत्तर के सम्बन्ध में निर्णय करने में कठिनाई का अनुभव हो तो अच्छा होगा कि तुम 'मध्य' वाला उत्तर अपने लिए चुनो। किसी प्रश्न को छोड़ो नहीं। यदि कोई कथन या बात तुम्हारे सम्बन्ध में संगत नहीं प्रतीत होती, तब भी उसके बारे में अपना उत्तर दो। यदि तुम्हें इस समय कोई कठिनाई मालूम हो तो उसके बारे में अभी पूछ लो, क्योंकि बाद में तुम्हारी कठिनाई नहीं सुनी जाएगी। परन्तु बाद में कार्य करने के क्रम में किसी शब्द के अर्थ को तुम नहीं समझ रहे हो तो उसके बारे में तुरन्त पूछ सकते हो।

प्रविधि (Procedure)

पहले, उत्तर-प्रपत्र (Answer-sheet) पर विषयी ने अपने सम्बन्ध में सभी आवश्यक विवरण लिख दिया। इसके बाद विषयी को परीक्षण-पुस्तिका दे दी गई और उसे यह बता दिया गया कि वह परीक्षण-पुस्तिका में तब तक कुछ न लिखे जब तक उससे इस सम्बन्ध में कहा न जाए। आवश्यक निर्देश देने के बाद कुछ उदाहरणों द्वारा कार्य के स्वरूप को समझा जाएगा। इस परीक्षण में कोई रागय-सीमा न होने के कारण मुक्त रूप से विभिन्न विषयी अपने उत्तर भरकर विभिन्न समयों पर परीक्षणकर्त्ता के यहाँ जमा करते गये। सभी उत्तर-प्रपत्र आ जाने पर उनका गणन (Scoring) किया गया।

आँकड़े (Data)

स्टेन्सिल कुंजी (Stencil Key) से गणन किया गया। पहले प्रथम 'स्टेन्सिल की' को लगाया गया, और उसके बाद दूसरी को। प्रत्येक 'स्टेन्सिल की' से*—कच्चा फलांक (Raw Scores) प्राप्त हुए। इस प्रकार *—+—=—* कच्चे फलांकों को यथास्थान उत्तर-प्रपत्र पर लिख गया गया। तब पूरक मानक (Supplement of Norm) की सहायता से प्रत्येक कच्चे फलांक का स्टैण्डर्ड स्कोर (Standard Score) निकालकर उत्तर-प्रपत्र पर यथास्थान अंकित कर दिया गया। अन्त में परीक्षण-नियमावली (Test Manual) के नियमों के अनुसार प्रत्येक व्यक्तित्व-शीलगुण (Personality Trait) से सम्बन्धित स्टेण्डर्ड स्कोर (Standard Score) की व्याख्या की गई है। (***नोट***—टेस्ट मैनुअल को ध्यान से देखो)

* परीक्षण में जो वास्तविक संख्या आई हो उसे लिखो और जोड़ो।

आँकड़ों का विश्लेषण (Data Analysis)

प्रत्येक व्यक्तित्व के शील-गुण (Each Personality Traits) अर्थात् A, B, C, D, E, F, G, H, I, J, O, Q 2, Q 3 तथा Q 4 से सम्बन्धित कच्चा फलांक (Raw Score) और स्टैण्डर्ड स्कोर (Standard Score) की तालिका बनाकर प्रत्येक शील-गुण के स्वरूप की ओर तालिका में संकेत करना चाहिए।

इस स्वरूप के संकेत करने में Average—औसत, Highly Excitable—शीघ्र ही उत्तेजित हो जाने वाला, Impatient—उतावला, Over-active—अत्यधिक चपल, Careless—लापरवाह, Happy-go-lucky—मनमौजी, Shy—शर्मीला, Timid—डरपोक, Threat Sensitive—धमकी से संवेदनशील, Frustrated—कुण्ठित, Fretful—शीघ्र कुपित होने वाला—आदि शब्दों का यथावश्यक प्रयोग करना चाहिए। इस प्रकार की व्याख्या करने में परीक्षण-नियमावली के सूत्र (Formulas) की सहायता लेनी चाहिए।

व्याख्या (Interpretation)

आँकड़ों के विश्लेषण से प्रतीत होता है कि व्यक्तित्व के अधिकांश शील-गुण दोनों छोर (Extremes) पर न होकर मध्य बिन्दु के चारों ओर गिरते हैं [यदि इसके विपरीत किसी विषयी की स्थिति हो तो वैसा ही यहाँ लिखना चाहिए कि "व्यक्तित्व के अधिकांश गुण सकारात्मक (Positive) या नकारात्मक (Negative) छोर की ओर झुकते हैं—इस प्रकार प्रत्येक झुकाव का अर्थ भिन्न-भिन्न होगा; और इस अर्थ की ओर व्याख्या में संकेत किया जा सकता है।] तो, जैसी व्याख्या हो, उसी के अनुसार विषयी को सामान्य कोटि उभयमुखी (Ambivalant) या किसी विशिष्ट दिशा की ओर अधिक झुकाव का अथवा अन्तर्मुखी या बहिर्मुखी (Introvert and Extrovert) कहा जा सकता है। सम्बन्धित कच्चे फलांक (Raw Score) तथा स्टैण्डर्ड स्कोर के संदर्भ व्यक्तित्व के विशिष्ट शीलगुणों की ओर विस्तृत रूप में संकेत करना चाहिए। इस प्रकार की विस्तृत व्याख्या विषयी के सम्बन्ध में अवश्य ही बड़ी सारगर्भित होगी।

विवेचन (Discussion)

इस परीक्षण का उद्देश्य कम से कम समय में विषयी के व्यक्तित्व के अधिक से अधिक आयामों (Dimensions) की जानकारी करनी थी। यह एक मानक प्रश्नावली (Standard Test) है। इसे केवल एक ही व्यक्ति अथवा समूह पर लागू किया जा सकता है। इससे व्यक्तित्व के विविध आयामों की स्पष्ट जानकारी होती है। इसके निष्कर्षों के आधार पर विद्यार्थी को शैक्षिक और व्यावसायिक निर्देशन दिया जा सकता

है। इस परीक्षण से प्राप्त निष्कर्ष से यह अनुमान भी लगाया जा सकता है कि विद्यार्थी में नेतृत्व करने की शक्ति का विकास हो सकता है अथवा नहीं। साथ ही, यह भी आभास मिल सकता है कि विद्यार्थी में किसी ऐसी कुप्रवृत्ति का बीज तो नहीं है जिससे आगे चलकर उसके व्यवहार असामाजिक मोड़ ले लें।

शैक्षिक महत्त्व (Educational Significance)

उपर्युक्त विवेचन से इस परीक्षण का शैक्षिक महत्त्व स्पष्ट है। इस परीक्षण का फल शिक्षक को विद्यार्थी के व्यक्तित्त्व के सम्बन्ध में ऐसी अन्तर्दृष्टि देता है जिससे वह उसके सामाजिक व्यवस्थापन में भी आवश्यक सहायता दे सकता है।

अध्याय 13

चिन्तन (Thinking)

- **प्रत्यय निर्माण (Concept Formation)**
- **प्रत्ययात्मक चिन्तन का हैफमैन-कैसानिन परीक्षण (Conceptual Thinking of Haufmann-Kasanin Test)**

प्रयोग 52

Experiment-52

प्रत्यय-निर्माण
(Concept Formation)

दिनांक (Date)...................... दिवस (Day)...................... समय (Time)...........
प्रयोग की अवधि (Duration of the Experiment)...
विषयी का नाम (Name of the Subject)..
आयु (Age)...................... लिंग (Sex)...................... कक्षा (Class)......................
विषयी की सामान्य दशा (His General Condition)...
संस्था का नाम (Name of the Institution)..

उद्देश्य (Aim)

उकसाने की विधि (Prompting Method) द्वारा व्यक्ति में प्रत्यय-निर्माण की प्रक्रिया का अध्ययन करना।

उपकरण एवं सामग्रियाँ (Instruments and Materials)

दस-दस कार्डों के प्रति सेट की दर से पाँच सेट; प्रत्येक कार्ड पर लिखे पाँच

शब्द; प्रत्येक कार्ड के पीछे अंकित कोई प्रतीक या चिन्ह (Symbol) तथा एक मेट्रोनॉम (Metronome)।

निर्देश (Instructions)

विषयी को निम्नलिखित निर्देश दिये जाते हैं—

"कृपया आराम से बैठिए। मैं कुछ कार्ड दिखाऊँगा जिन पर शब्द लिखे होंगे। ये शब्द कुछ वर्गों से सम्बन्धित होंगे। इन वर्गों के प्रतीकों के रूप में कुछ चिन्ह या शब्द लिये गये हैं। जब तुम्हें कार्ड दिखाया जाएगा तो उसके प्रतीक या चिन्ह को भी सुनाया या दिखाया जाएगा। जब तुम्हें सभी कार्ड दिखा दिये जायेंगे तो उन्हें कुछ विश्राम के बाद पुनः दिखाया जाएगा। तुम्हें बताये गये या दिखाये गये प्रतीक को भली प्रकार याद रखना होगा ताकि कार्ड एक बार देखने के बाद तुम प्रतीक को शुद्धतापूर्वक दोहरा सको जैसे ही वह तुम्हें पुनः दिखाया जाए। यदि तुम्हारा उत्तर गलत होगा तो उसे शुद्ध रूप से सुनाकर या दिखाकर तुम्हारी त्रुटि में सुधार लाया जाएगा। इस प्रयोग का उद्देश्य यही देखना है कि तुम प्रतीकों को कितनी शीघ्र शुद्धता के साथ याद रख सकते हों।"

प्रयोग (Experiment)

सबसे पहले कार्डों को अव्यवस्थित क्रम में लगा लिया जाता है और प्रत्येक कार्ड मेट्रोनॉम की सहायता से 4-5 सेकण्ड तक विषयी को दिखाया जाता है। कार्ड दिखाते समय उसका सार्थक प्रतीक (Symbol) भी दर्शाया या बताया जाता है। जब सारे कार्ड एक बार दिखा दिये जाते हैं तो उन्हें पुनः दिखाकर उनके प्रतीक पूछे जाते हैं। यदि विषयी द्वारा बताये गये प्रतीक गलत होते हैं तो प्रयोगकर्त्ता द्वारा उनका सुधार कर दिया जाता है। गलत प्रतीक को शुद्ध करके बताना एक प्रकार का उकसाना (Prompting) है। प्रयोगकर्त्ता यह लिख लेता है कि विषयी को कितनी बार गलती करने पर शुद्ध प्रतीक बताना पड़ा अर्थात् उकसाना (Prompting) पड़ा, तब विषयी से उसकी अन्तर्दर्शन आख्या माँगी जाती है।

अन्तर्दर्शन आख्या (Introspection Report)

विषयी कह सकता है कि उसने कार्डों के प्रतीकों को याद करने में कुछ साहचर्यों (Associations) की सहायता ली। वह उन मानसिक प्रतिमाओं (Mental Images) की व्याख्या भी कर सकता है जो उसने प्रयोग के बीच अनुभव की।

सावधानियाँ (Precautions)

1. प्रयोग-कक्ष में किसी प्रकार की अशान्ति और बाधा न हो।
2. कार्डों को भली प्रकार अव्यवस्थित क्रम में लगा लिया जाए।
3. विषयी को अनावश्यक विश्राम न मिले, क्योंकि उसे इससे प्रतीकों या शब्दों को याद करने में सुविधा और समय मिलेगा।

चर्चा और निष्कर्ष (Discussion and Conclusion)

विषयी में प्रत्यय निर्माण हुआ या नहीं, इसका ज्ञान विषयी द्वारा दिये गये गलत या शुद्ध उत्तरों से होगा। यदि विषयी अधिक शुद्ध प्रतीकों को याद करके बता देता है तो स्पष्ट है वह बुद्धिमान है और उसमें प्रत्यय-निर्माण ठीक हुआ है। उपयुक्त समय में उसने प्रत्ययों का निर्माण करने में सफलता प्राप्त कर ली है। विषयी को जितनी बार शुद्ध प्रतीकों के लिए उकसाना पड़ा उतना ही कम प्रत्यय-निर्माण विषयी में हुआ है। इस प्रकार विषयी में होने वाले अच्छे प्रत्यय-निर्माण और बुरे प्रत्यय-निर्माण का निष्कर्ष निकाला जा सकता है।

प्रयोग 53

Experiment-53

प्रत्ययात्मक चिन्तन का हैफमैन-कैसानिन परीक्षण
(Conceptual Thinking Haufmann-Kasanin Test)

दिनांक (Date)………………… दिवस (Day)………………… समय (Time)…………
प्रयोग की अवधि (Duration of the Experiment)…………………………………
विषयी का नाम (Name of the Subject)…………………………………………
आयु (Age)………………… लिंग (Sex)………………… कक्षा (Class)…………………
विषयी की सामान्य दशा (His General Condition)……………………………
संस्था का नाम (Name of the Institution)……………………………………

उद्देश्य (Aim)

हैफमैन-कैसानिन परीक्षण द्वारा विषयी की प्रत्ययात्मक चिन्तन की प्रकृति का अध्ययन करना।

उपकरण एवं सामग्रियाँ (Instruments and Materials)

हैफमैन-कैसानिन परीक्षण, कागज, पेन्सिल और विराम घड़ी।

परीक्षण का वर्णन (Description of the Test)

हैफमैन-कैसानिन परीक्षणों में छोटे-छोटे 22 ब्लॉक्स होते हैं। ये ब्लॉक्स आकार, रंग, रूप और ऊँचाई में एक-दूसरे से भिन्न होते हैं। प्रत्येक गुटके (Block) की तली में त्रिअक्षरीय प्रतीक (Trigrams) निम्नलिखित रूप में लिखे होते हैं—

CEV : इस वर्ग में छः छोटे और चपटे गुटके (Blocks) होते हैं।
BIK : इस वर्ग में छः बड़े और चपटे गुटके (Blocks) होते हैं।
LAG : इस वर्ग में पाँच छोटे गुटके (Blocks) होते हैं, जिनकी ऊँचाई भी अन्य गुटकों की अपेक्षा अधिक होती है।
MUR : इस वर्ग में पाँच छोटे गुटके (Blocks) होते हैं, जिनकी ऊँचाई भी अन्य गुटकों की अपेक्षा अधिक होती है।

विषयी एक कुर्सी पर आराम से बैठ जाता है। मेज पर गुटके इस प्रकार रखे जाते हैं कि उसके वर्ग का लिखा प्रतीक तलों में रहता है जिससे विषयी उसे पढ़ न सके। विषयी को निम्नलिखित निर्देश दिये जाते हैं—

"मेज पर 22 अलग-अलग गुटके (Blocks) हैं। भले ही ये गुटके एक-दूसरे से भिन्न हैं, फिर भी इनमें किसी न किसी बात की समानता है। इसीलिए इन्हें CEV, BIK, LAG और MUR समूहों में बाँटा गया है। प्रत्येक समूह में 5 या 6 गुटके (Blocks) हैं। मैं तुम्हें उदाहरण के लिए एक प्रकार के वर्ग वाले गुटके दिखाऊँगा। तुम्हें उसी वर्ग के अन्य गुटके (Blocks) शेष 16 या 17 गुटकों (Blocks) में से चुनने हैं। मैं तुम्हें बताऊँगा यदि तुमने उन्हें चुनने में गलती की है। तुम्हारी त्रुटियों (Errors) तथा लिये गये समय (Time) का अभिलेख (Record) रखा जाएगा। इसलिए तुम्हें निर्दिष्ट कार्य सावधानीपूर्वक करना है।"

वास्तविक प्रयोग (The Real Experiment)

विषयी को 'तैयार' रहने का संकेत किया जाता है और उसके सामने गुटके (Blocks) रख दिये जाते हैं। विराम घड़ी चालू कर दी जाती है। विषयी कभी

रंग, कभी आकार तो कभी ऊँचाई के आधार पर गुटकों को छाँटना शुरू करता है। ऐसा करने में उससे गलतियाँ होती हैं, क्योंकि वह गुटके की ऊँचाई या आकार को साथ-साथ तुलना में नहीं ला पाता। की गयी गलतियाँ और समय लिख लिया जाता है। जब विषयी चारों वर्गों के गुटकों (Blocks) को छाँट लेता है तो एक प्रयास (Attempt) पूरा हो जाता है। यह क्रम तब तक चलता रहता है तब तक कि विषयी बिना कोई गलती किये गुटकों को सही वर्गों में छाँट नहीं लेता। बाद में विषयी से अन्तर्दर्शन आख्या ले ली जाती है।

अन्तर्दर्शन आख्या (Introspection Report)

"शुरू में मैंने गुटके रंग के आधार पर छाँटे। शीघ्र ही मैं समझ गया कि रंग का आधार गलत है। फिर मैंने 'आकार' को चुनाव का आधार बनाया; यह भी गलत था। अतः मैंने अन्त में आकार और ऊँचाई को चुनाव का आधार माना।"

सावधानी (Precaution)

(1) विषयी गुटके की तली पर दिये गये वर्ग-संकेत को न पढ़ पाये।
(2) प्रयोग से पहले गुटकों को भली प्रकार अव्यवस्थित क्रम में लगा दिया जाए।
(3) प्रयोग का वातावरण शान्त हो।
(4) प्रयासों के बीच विश्राम दिया जाए।

चर्चा और निष्कर्ष (Discussion and Conclusion)

सभी प्रयासों के आधार पर 'त्रुटियों' और 'समय' के दो ग्राफ बनाये जाएँ उनकी व्याख्या भी की जाए। पता चलता है कि प्रत्येक सफल प्रयास में त्रुटियाँ कम हुईं समय भी कम लगा। इस व्याख्या में 'प्रयास और भूल द्वारा सीखने' तथा 'सूझ द्वारा सीखने' के नियमों के लागू होने की पुष्टि होती है।

अध्याय 14

रुचि (Interest)

- व्यावसायिक रुचि सूची (Vocational Interest Inventory)
- विद्यालयीय विषयों में रुचि का मापन
  (Measurement of Interest in School Subjects)
- दि एसेन्शियल या शोनेल का मैकेनिकल अरिथमेटिक टेस्ट
  (The Essential or Schonell's Mechanical Arithmetic Test)
- आकांक्षा-स्तर (Levels of Aspirations)
- मेट्रोपोलिटन अचीवमेण्ट टेस्ट
  (Metropolitan Achievement Test)

प्रयोग 54

Experiment-54

व्यावसायिक रुचि-सूची
(Vocational Interest Inventory)

दिनांक (Date)………………… दिवस (Day)………………… समय (Time)…………
प्रयोग की अवधि (Duration of the Experiment)……………………………………………
विषयी का नाम (Name of the Subject)……………………………………………………
आयु (Age)………………… लिंग (Sex)………………… कक्षा (Class)…………………
विषयी की सामान्य दशा (His General Condition)…………………………………………
संस्था का नाम (Name of the Institution)……………………………………………

उद्देश्य (Aim)

छात्र-छात्राओं की व्यावसायिक रुचियों के स्वरूप (Pattern) को व्यावसायिक

रुचि अभिलेख (Vocational Interest Record) के आधार पर, जिसे कुलश्रेष्ठ ने तैयार किया है, जानना।

उपकरण एवं सामग्रियाँ (Instruments and Materials)

कुलश्रेष्ठ द्वारा प्रतिपादित व्यावसायिक 'रुचि-गुण-सूची' (Vocational Interest Inventory) और इससे सम्बन्धित दिग्दर्शिका (Manual), इस गुण-सूची (Inventory) में दस व्यवसायों के लिए आवश्यक रुचियों का अध्ययन किया गया है; जैसे—कार्यपालिका-सम्बन्धी (Executive), सृजनात्मक (Creative), कृषि-सम्बन्धी, कला-सम्बन्धी, सामाजिक, वाणिज्यात्मक (Commercial), वैज्ञानिक (Scientific), साहित्यिक (Literary), शोध-सम्बन्धी (Research) तथा घरेलू कामकाज सम्बन्धी (Domestic Work); इस व्यावसायिक गुण-सूची में 200 व्यवसायों को सम्मिलित किया गया है। यह वैयक्तिक और सामूहिक दोनों प्रकार के प्रयोगों में प्रयुक्त हो सकती है। इस गुण-सूची (Inventory) के माध्यम से हाई स्कूल और कॉलेज स्तर के विद्यार्थियों की व्यावसायिक रुचियों का पता लग सकता है। कोई व्यक्ति भी इस गुण-सूची (प्रश्नोत्तरी) को भर सकता है। इसके लिए कोई निश्चित समय निर्धारित नहीं होता।

निर्देश (Instructions)

गुण-सूची (Inventory) के पीछे लिखे निर्देशों को विषयी द्वारा भली प्रकार समझ लिया जाए।

विधि (Methods)

विषयी को एक गुण-सूची (Inventory) दे देनी चाहिए। इस सूची के पीछे लिखे निर्देश विषयी को भली प्रकार समझा दिए जाएँ। तब विषयी उस व्यवसाय-क्षेत्र के सामने सही (✓) का चिन्ह लगा दे जिसे वह पसन्द करता है और उसके आगे कांटे का चिन्ह (✗) लगा दे जिस व्यवसाय-क्षेत्र को वह नहीं पसन्द करता है। जब विषयी गुण-सूची को भर कर लौटा दे तो उसके प्रत्येक सही के चिन्ह (✓) पर एक अंक दिया जाए। इससे विषयी की व्यावसायिक रुचियों की एक रूपरेखा (Profile) तैयार हो जाएगी। इन अंकों को सम्बन्धित क्षेत्र के अनुसार श्रेणीबद्ध कर लेनी चाहिए। इस प्रकार विषयी की व्यावसायिक रुचि किस क्षेत्र में अधिक है, इस बात का पता लग जाएगा।

चर्चा और निष्कर्ष (Discussion and Conclusion)

जब सही के चिन्हों (✓) को व्यवसायों के अनुसार वर्गीकृत कर लिया जाए तो हमें पता लग जायेगा कि विषयी किस व्यावसायिक क्षेत्र में सबसे अधिक, किस में सामान्य और किसमें न्यूनतम रुचि रखता है। इसी के अनुसार विषयी अपनी रुचि के अनुसार व्यवसाय को अपना सकता है।

प्रयोग 55

Experiment-55

विद्यालयी विषयों में रुचि का मापन
(Measurement of Interest in School Subjects)

दिनांक (Date)………………… दिवस (Day)………………… समय (Time)…………
प्रयोग की अवधि (Duration of the Experiment)……………………………………
विषयी का नाम (Name of the Subject)……………………………………………
आयु (Age)………………… लिंग (Sex)………………… कक्षा (Class)…………………
विषयी की सामान्य दशा (His General Condition)…………………………………
संस्था का नाम (Name of the Institution)…………………………………………

उद्देश्य (Aim)

विषयी की रुचि के विशिष्ट क्षेत्र का पता लगाना।

उपकरण एवं सामग्रियाँ (Instruments and Materials)

(1) रुचि प्रश्नोत्तरी (Interest Questionnaire)
(2) एक दिग्दर्शिका (Manual)
(3) कागज और पेन्सिल
(4) विविध विषयों (Subjects) की रुचियों को सूचित करने वाली विषय-वस्तुएँ (Items)।

टिप्पणी—इस सम्बन्ध में किसी भी मानकीकृत (Standardized) रुचि-प्रश्नोत्तरी (Interest Questionnaire) का उपयोग किया जा सकता है।

विधि (Method)

इस प्रयोग को प्रयोगशाला में शान्त और निर्विघ्न वातावरण में दिया जाए। विषयी की रुचि और पसन्द के अनुसार उसे प्रश्नोत्तरी (Questionnaire) दी जाएं उसे बताया जाए कि वह प्रश्नोत्तरी में दिए हुए प्रत्येक तथ्य के आगे यदि वह उसे सही मानता है तो सही का चिन्ह (✓) लगाता जाए। वह प्रश्नोत्तरी भरते समय किसी से कोई परामर्श न ले। प्रश्नोत्तरी में कोई प्रश्न न तो गलत है और न सही है। वह जिस प्रश्न का उत्तर देना चाहे सही का चिन्ह लगाकर देता जाए। यद्यपि इसकी कोई समय-सीमा नहीं होती, फिर भी विषयी इसे जितना शीघ्र भर सके उतना अच्छा है। विषयी से भरे हुए प्रश्नोत्तरी को लेते समय देख लिया जाए कि उसने सभी प्रश्नों के उत्तर दे दिये हैं या नहीं।

प्रयोग के समय विषयी को आराम से कुर्सी पर बैठा दिया जाता है और उसे बता दिया जाता है कि यह प्रयोग उसकी शैक्षिक विषयों में रुचि जानने के लिए तथा उन्हें वरीयता देने के दृष्टिकोण से किया जा रहा है; जैसे, विषयी पहले ही अंश में दिये गये विषय में रुचि रखता है तो उसे उस विषय पर सही का चिन्ह (✓) लगा देना चाहिए। यदि उसे दूसरा या तीसरा विषय पसन्द है तो वह उसी पर इस चिन्ह को अंकित करे। यदि उसे दोनों विषय पसन्द हों तो वह दोनों पर सही (✓) का चिन्ह लगा दे। यदि वह किसी विषय को पसन्द नहीं करता है तो उसे वह खाली छोड़ दे और उस पर कोई चिन्ह अंकित ही न करे। वह अपनी रुचि और वरीयता के आधार पर सभी अंशों (Items) या प्रश्नों का उत्तर दे वह किसी प्रश्न या अंश पर अधिक समय न लगाये। मन में पहला विचार आते ही उसे चाहिए कि उसे चिन्हित कर दे अथवा छोड़ दे।

वास्तविक प्रयोग (Real Experiment)

जब विषयी सभी निर्देशों को समझने का आश्वासन दे दे तब उसे प्रश्नोत्तरी (Questionnaire) की सूची दे दी जाए। विषयी अपनी पसन्द और नापसन्द के अनुसार सभी प्रश्नों पर चिन्ह लगाने या छोड़ने का प्रयास करे। विषयी जैसे ही अन्तिम अंश का भी उत्तर दे दे तो उससे प्रश्नोत्तरी तत्काल वापस ले ली जाए जिससे वह पहले दिए गए उत्तरों में कोई परिवर्तन या काट-छाँट न कर सके।

परिणाम और निष्कर्ष (Result and Conclusions)

अब विषयी द्वारा लगाये गये चिन्हों को गिन लिया जाए और विविध विषयों के

लिए दिये गये अंकों (Scores) के आधार पर, जैसा नीचे दिया गया है, कुल प्राप्तांक ज्ञात कर लिए जाएँ—

चिकित्सा-सम्बन्धी विषय (Medicine)	3 अंक
वाणिज्य (Commerce)	4 अंक
गृह विज्ञान (Home Science)	5 अंक
चित्रकला (Painting)	8 अंक
कृषि (Agriculture)	5 अंक
विज्ञान (Science)	9 अंक
भाषा तथा सामाजिक विज्ञान के विषय (Humanities)	11 अंक
अभियन्त्रण (Engineering)	6 अंक

मान लीजिए विषयी बी.ए. (ऑनर्स) अन्तिम वर्ष या एम.ए. प्रथम वर्ष का विद्यार्थी है तब उसकी रुचि के विषयों के प्राप्तांकों का पता लगाकर उसकी रुचि-सम्बन्धों में एक लेखाचित्र (Graph) भी खींचा जा सकता है।

अन्तर्दर्शन आख्या (Introspection Report)

प्रयोग पूरा होने पर विषयी से निम्न प्रकार की अन्तर्दर्शन आख्या ली जा सकती है। "मैंने सभी निर्देशों का स्पष्टतया अनुसरण किया। प्रश्नोत्तरी के कुछ अंश मेरी समझ के परे थे। मैंने पहली बार बहुत-से नये शब्द पढ़े। इसलिए उन्हें छोड़ना पड़ा। कुछ मामलों में कुछ प्रश्नों के सामने दिये गये दोनों विकल्प (Alternatives) मेरी पसन्द के थे, इसलिए मैंने दोनों पर ही सही का चिन्ह लगा दिया।

पर्यवेक्षण (Supervision)

विषयी से आगे बढ़ने के लिए कहा गया जब पाया यह जाए कि विषयी किसी-किसी प्रश्न पर अधिक समय लगा रहा है। विषयी ने बहुत-से शब्दों के अर्थ पूछे परन्तु उन्हें बताया नहीं गया।

चर्चा (Discussion)

रुचि-सम्बन्धी लेखाचित्र (Graph) को देखकर पता चलता है कि विषयी की भाषा और सामाजिक विज्ञान के विषयों (Humanities) में अधिक रुचि है। इन विषयों के बाद उसकी पसन्द विज्ञान-विषयों में है, चित्रकला और अभियन्त्रण विषय (Engineering) विषयों में है। इस अवस्था में विषयी की शैक्षिक रुचि जानना समयोचित था, क्योंकि एम.ए. (प्रथम वर्ष) तथा बी.ए. (ऑनर्स) फाइनल के

विद्यार्थी की रुचियाँ परिपक्व होने लगती हैं। लेखाचित्र से पता चलता है कि विषयी भाषा और सामाजिक विज्ञान के विषयों में अधिक रुचि ले रहा है। इसलिए अन्य विषयों में कम रुचि होने के कारण लेखाचित्र गिरना स्वाभाविक है। यही कारण है कि चिकित्साशास्त्र (Medicine), वाणिज्य (Commerce), गृह विज्ञान (Home Science) आदि में ग्राफ नीचे झुक गया है।

प्रयोग 56

Experiment-56

दि एसेन्शियल या शोनेल्स मेकैनिकल अरिथमेटिक टेस्ट (The Essential or Schonell's Mechanical Arithmetic Test)

नोट—यह टेस्ट बरमिंघम विश्वविद्यालय के प्रो. एस.जे. शोनेल द्वारा निर्मित किया गया है। अतः यह उनके नाम से भी प्रसिद्ध है।

दिनांक (Date)………………… दिवस (Day)………………… समय (Time)…………
प्रयोग की अवधि (Duration of the Experiment)…………………………………………
विषयी का नाम (Name of the Subject)…………………………………………………
आयु (Age)………………… लिंग (Sex)………………… कक्षा (Class)………………
विषयी की सामान्य दशा (His General Condition)……………………………………
संस्था का नाम (Name of the Institution)……………………………………………

उपकरण (Materials)

प्रश्नावली, गणन-कुंजी (Scoring Key), अंकगणित आयु वितरण टेबुल (Arithmetic Age Distribution Table), कागज और कलम।

प्रारम्भिक व्यवस्था (Preliminary Set-up)

प्रकाश और शुद्ध हवा युक्त कक्ष में विषयी को आराम से बैठा दिया गया। चारों ओर शान्ति रखने का प्रयास किया गया।

निर्देश (Instructions)

विषयी को इस प्रकार निर्देश दिये गये—

"प्रश्नावली में दिये गये निर्देश को ध्यानपूर्वक पढ़ो और प्रश्नों को करो। 30 मिनट इस परीक्षण के लिए हैं। कार्य प्रारम्भ कर देने पर किसी भी भ्रम का उत्तर नहीं दिया जाएगा।"

प्रविधि (Procedure)

इस परीक्षण में अंकगणित के कुल 50 अंक हैं। विषयी से कहा गया कि किसी प्रश्न पर अधिक समय न लगाना। परन्तु बाद वाले प्रश्नों के कर लेने पर छोड़े हुए प्रश्नों को करने का प्रयास करना। याद रहे कि कुल समय 30 मिनट का ही है। 30 मिनट की समाप्ति के बाद विषयी से प्रश्नावली वापिस ले ली जाएगी। गणन-कुंजी की सहायता से 'सही' और 'गलत' उत्तरों को जोड़ा गया। सही उत्तरों के आधार पर भी विषयी की अंकगणित आयु (Arithmetic Age) का निर्धारण किया गया।

सतर्कता (Precaution)

परीक्षण प्रारम्भ करने के पहले विषयी को प्रश्नावली नहीं दिखाई गई। कुल केवल 30 मिनट ही दिये गये।

निरीक्षण (Observation)

सही उत्तरों की संख्या—
गल्तियों की संख्या—
बिना किये छोड़े हुए प्रश्नों की संख्या—
अंकगणित आयु—
विषयी की वास्तविक आयु—

नोट—इस परीक्षण में विषयी के कार्य के अनुसार सही और गलत तथा छोड़े हुए प्रश्नों को जोड़कर उपर्युक्त रिक्त स्थान भरना चाहिए। शोनेल के टेस्ट में प्रदत्त फार्मूला या सूत्र के आधार पर भी विषयी की अंकगणित आयु निकालनी चाहिए।

फल (Result)

विषयी की अंकगणित आयु उसकी वास्तविक आयु से ऊपर या नीचे, जैसा हो वैसा यहाँ लिखना चाहिए। ऊपर होने पर वह अंकगणित में अच्छा विद्यार्थी कहा जाएगा।

व्याख्या (Interpretation)

प्राप्त अंकगणित आयु के अनुसार यहाँ लिखना चाहिए कि विषयी अंकगणित में तेज या पीछे है।

विवेचन (Discussion)

शोनेल (Schonell) ने इस अंकगणित टेस्ट को अंकगणित में विद्यार्थी के उपलब्धि-स्तर (Achievement Level) का पता लगाने के लिए बनाया है। इस क्रम में उसका यह भी उद्देश्य रहा है कि इस टेस्ट से विद्यार्थी की अंकगणित-सम्बन्धी कमजोरियों का पता लगे। इस उद्देश्य में शोनेल को सफलता मिली है। प्रस्तुत टेस्ट तथा अपने द्वारा बनाये हुए अन्य कई अंकगणित टेस्ट से विषयी की अंकगणित सम्बन्धी कमजोरियों का पता लग जाता है। अध्यापक जान जाता है कि जोड़, बाकी, गुणा तथा भाग या भिन्न—किस क्षेत्र में विद्यार्थी को विशेष कठिनाई है। तद्नुसार वह आवश्यक शैक्षिक उपायों का सहारा ले सकता है। इसी प्रकार शोनेल ने कई भाषा प्रश्नावलियाँ (Language Tests) भी बनाई हैं। इन प्रश्नावलियों से भाषा के विशिष्ट अंगों की कठिनाइयों का पता लगता है तथा साथ ही शिक्षक को यह भी जानकारी हो जाती है कि किस भाषा-सम्बन्धी कमजोरी को दूर करने के लिए किस प्रकार के मानसिक गुण (Mental Trait) की आवश्यकता होती है। स्पष्ट है कि शोनेल द्वारा निर्मित टेस्ट बड़े ही उपयोगी हैं। इस प्रकार शोनेल के अंकगणित और भाषा के टेस्ट निदानात्मक टेस्ट (Diagnostic Tests) का भी काम करते हैं।

शैक्षिक महत्त्व (Educational Significance)

शोनेल के अंकगणित टेस्ट का शैक्षिक महत्त्व स्पष्ट है क्योंकि इससे विद्यार्थी के उपलब्धि-स्तर का पता लग जाता है और तद्नुसार विद्यार्थी की प्रगति के लिए आवश्यक कदम उठाये जा सकते हैं।

प्रयोग 57

Experiment-57

आकांक्षा-स्तर
(Level of Aspiration)

दिनांक (Date)...................... दिवस (Day)...................... समय (Time)..........
प्रयोग की अवधि (Duration of the Experiment)..
विषयी का नाम (Name of the Subject)..
आयु (Age)...................... लिंग (Sex)...................... कक्षा (Class)..........
विषयी की सामान्य दशा (His General Condition)..
संस्था का नाम (Name of the Institution)..

उद्देश्य (Aim)

विषयी की आकांक्षा का स्तर (Level of Aspiration) ज्ञात करना।

उपकरण एवं सामग्रियाँ (Instruments and Materials)

मुस्लिम विश्वविद्यालय, अलीगढ़ के ए. अंसारी तथा जी. अंसारी द्वारा तैयार की गई आकांक्षा-परीक्षण (Aspiration Test) की एक प्रति, एक विराम घड़ी तथा परीक्षण दिग्दर्शिका (Manual)।

निर्देश (Instructions)

विषयी को निम्नलिखित निर्देश दिए जाते हैं–

(1) सूची के नीचे बायीं ओर कुछ अंग्रेजी अक्षर दिये गये हैं। प्रत्येक अक्षर के नीचे एक कोड (Code) दिया गया है। इस कोड को समझने का प्रयत्न करो। तब दायीं ओर दिये गये उदाहरण को हल करो।
इस प्रयोग (परीक्षण) का लक्ष्य तुम्हारे आकांक्षा-स्तर को मापना है। पता लगाना है कि तुम संघर्ष के बाद किस क्षेत्र में स्थान पाना चाहते हो। तुम्हें कोड (Code) के ऊपर उससे सम्बन्धित शुद्ध अक्षर लिखना है, जैसा स्पष्ट किया गया है। परीक्षण के प्रत्येक पृष्ठ पर 75 कोडों (Codes) की सूची दी गयी है तुम्हें प्रत्येक कोड के ऊपर वांछित अक्षर A, B, C, D, E जैसा भी हो लिखना है। तुम्हें यह काम बहुत जल्दी करना है, परन्तु कोई गलती न हो।

अक्षर	A	B	C	D	E	F	G
चिन्ह (Code)	+	=	/	✓	?	∵	×

(बाँयी ओर)

∵	/	+	=	?	×	✓

(दायीं ओर)

(2) परीक्षण के ग्यारह भाग हैं। प्रत्येक परीक्षण लगभग समान प्रकृति का है। प्रत्येक भाग में कोडों (चिन्हों) या संकेतों की पाँच पंक्तियाँ उदाहरण के

लिए बायीं ओर दी हैं, तुम्हें दायीं ओर दिये गये संकेतों (Codes) के ऊपर सम्बन्धित सही अक्षर लिखने हैं।

(3) परीक्षण के प्रत्येक भाग को पूरा करने के लिए 45 सेकण्ड का समय निर्धारित है। जब मैं शुरू करने को कहूँ तभी काम शुरू करना। जैसे ही मैं काम बन्द करने को कहूँ, काम बन्द कर दो।

(4) प्रत्येक पृष्ठ के बायीं ओर किनारे पर तुम्हें संकेत (Code) की संख्या लिखनी हैं ये संख्या 45 सेकण्ड की अवधि में लिखनी है। काम शुरू करने से पहले ये संख्याएँ लिखनी हैं।

(5) परीक्षण पूरा कर लेने पर कृपया उन संकेतों की संख्या (Number of Codes) लिख लें जो तुमने किये हैं, और जैसा संकेत दिया है, पृष्ठ के नीचे बायें किनारे पर इस संख्या को लिख दें।

(6) प्रत्येक शुद्ध हल के लिए एक अंक मिलेगा; जैसे—तुम 15 संकेतों (Codes) को सही कर लोगे तो तुम्हें 15 अंक मिल जायेंगे। 20 संकेतों का सही हल दोगे तो 20 अंक मिल जायेंगे।

(7) तुम्हें दिये गये संकेत (Code) के ऊपर सम्बन्धित शुद्ध अक्षर निरन्तर लिखते रहना है। इन्हें क्रमशः करना है; जैसे—पहले, पहला, बाद में दूसरा, तीसरा आदि करना है।

(8) बीच में किसी संकेत (Code) को बिना हल किये मत छोड़ना, जो भी उपयुक्त हल तुम्हारे मन में आये, लिख देना।

(9) यदि तुम्हें कोई बात समझ में न आये तो मुझे बताना, मैं प्रयोग से पहले बता दूँगा परन्तु परीक्षण के बीच में कोई बात नहीं पूछनी है।

(10) अब अपना काम शुरू कीजिए।

नमूना (Specimen)

पृष्ठ के ऊपर बायीं ओर—

मुझसे जितने संकेतों को पूरा करने की आशा की जाती है

पृष्ठ के नीचे बायीं ओर—

संकेतों की संख्या जो मैंने पूरे किये

(अंक तालिका के अनुसार प्रति शुद्ध उत्तर के लिए एक अंक)।

अंकन तालिका (Scoring Sheet)

परीक्षण संख्या	कार्य के स्तर की, की गयी आशा संकेतों (Codes) की संख्या की, की गयी आशा	कार्य का स्तर जो पूरा किया गया। पूरे किये गये संकेतों की संख्या	अंक (Score)
1.			
2.			
3.			
4.			
5.			
6.			
7.			
8.			
योग			
औसत			
9.			
10.			
11			

उपर्युक्त ढंग से विषयी के अन्तिम अंक पता कर लिये जायेंगे और उसकी प्रस्तावित आकांक्षा (Aspiration) से तुलना कर ली जायेगी।

सावधानियाँ (Precautions)

(1) प्रयोग-कक्ष का वातावरण शान्त और निर्विघ्न होना चाहिए।
(2) विराम घड़ी ठीक क्षण पर चलायी जाए और ठीक क्षण पर बन्द कर दी जाए।

चर्चा और निष्कर्ष (Discussion and Conclusion)

यदि विषयी का आकांक्षा-स्तर उसकी वास्तविक उपलब्धि से बहुत ऊँचा हो तो वह कभी भी अपना लक्ष्य पूरा नहीं कर सकता। ऐसा व्यक्ति महत्त्वाकांक्षी कहलाता है। यदि उपलब्धि उसकी आकांक्षा से ऊँची है तो वह अल्पाकांक्षी कहलाता है।

इस प्रयोग में विषयी के अहम् (Ego) उत्पन्न होने के सम्बन्ध में निष्कर्ष निकाला जा सकता है। यदि विषयी स्वयं ही लक्ष्य निर्धारित करे और उसे प्राप्त करने का प्रयत्न करे तो इसका अर्थ है कि उसने चुनौती स्वीकार की है, अर्थात्

उसका अहम् (Ego) आड़े आ गया है। वह अपने अहम् की तुष्टि के लिए कार्य करने का प्रयत्न कर रहा है। यदि विषयी इस सम्बन्ध में कोई प्रयास नहीं करता और लक्ष्य तक पहुँचने की आकांक्षा नहीं रखता तो इसका तात्पर्य है कि वह आत्म-सम्मान (Self-Esteem) की सुरक्षा पर ध्यान नहीं देता।

यदि विषयी वास्तविक उपलब्धि की तुलना में अल्पाकांक्षी हो या महत्त्वाकांक्षी हो तो समझ लेना चाहिए वह अयथार्थवादी (Unrealistic) है। ऐसे व्यक्ति का व्यक्तित्व उस व्यक्तित्व से भिन्न होता है जो अपने अहम् की तुष्टि के लिए प्रयत्नशील और आकांक्षी होता है।

विशेष सूचना—अध्यापक की सहायता से विद्यार्थी 'आकांक्षा-स्तर पर परीक्षण' कर सकते हैं। इस परीक्षण में वे अंसारी तथा अंसारी के 'आकांक्षा-स्तर परीक्षण-सूची' का उपयोग कर सकते हैं। शाह और भार्गव द्वारा या अन्य किसी के परीक्षणों को भी विद्यार्थी उपयोग में ला सकते हैं। इस सम्बन्ध में अंकन विधि (Scoring Method) को स्पष्ट किया जा चुका है। इस उद्देश्य के लिए परीक्षणकर्त्ता जिस परीक्षण को भी चुने, उसका भली प्रकार अध्ययन कर ले।

प्रयोग 58

Experiment-58

मेट्रोपोलिटन अचीवमेण्ट टेस्ट
(Metropolitan Achievement Test)

दिनांक (Date)................ दिवस (Day)................ समय (Time)..........
विषयी का नाम (Name of the Subject)...
आयु (Age)................ लिंग (Sex)................ कक्षा (Class)................
विषयी का सामान्य स्वास्थ्य (General Health of the Subject)....................
संस्था का नाम (Name of the Institution)...

उद्देश्य (Aim)

(1) विषयी को अंग्रेजी भाषा की शब्दावली के ज्ञान की परीक्षा करना।
(2) यह ज्ञात करना कि विषयी को अंकगणित के आधारभूत तत्त्वों का कहाँ तक ज्ञान है।

प्रारम्भिक व्यवस्था (Preliminary Set-up)

विषयी को आराम से परीक्षण-कक्ष में बैठा दिया गया। परीक्षण-कक्ष में पर्याप्त प्रकाश और शुद्ध हवा को सुनिश्चित किया गया। यह भी देखा गया कि कक्ष के आस-पास से किसी प्रकार की विघ्न-बाधा न हो।

उपकरण (Materials)

अंग्रेजी-शब्दावली ज्ञान की परीक्षा के लिए प्रश्नावली, अंकगणित के आधारभूत तत्त्वों की परीक्षा हेतु प्रश्नावली (Arithmetic Fundamental Tests), परीक्षण नियमावली, गणन-कुंजी (Scoring Key), कलम या पेन्सिल।

निर्देश (Instructions)

विषयी से कहा गया कि टेस्ट के सम्बन्ध में जब कुछ बातें बताई जाएँ तो वह उत्तर-प्रपत्र (Answer-Sheet) के सिरे (Top) पर देखें।

(i) शब्दावली परीक्षा (Vocabulary Test) के बारे में निर्देश–

> "प्रत्येक प्रश्न के बाद दिये हुए स्थान पर उस शब्द की क्रम संख्या को लिखो जो कि वाक्य को प्रायः सत्य बना देता है। उदाहरणार्थ देखो—Big का वही अर्थ है जो (1) Bad, (2) Pretty, (3) Large, (4) Tiny का होता है। इस उदाहरण में क्रम संख्या 3 वाला शब्द 'Large' Big के सन्निकट है। इसलिए तुम्हें सम्बन्धित स्थान में संख्या 3 लिखनी चाहिए। मेरे 'प्रारम्भ' शब्द कहने पर इसी प्रकार अन्य सभी प्रश्नों को करना प्रारम्भ कर दो। यह नोट कर लो कि घड़ी से तुमने किस समय पर कार्य प्रारम्भ किया और कुल कार्य समाप्त करने में तुम्हें कितने मिनट और सेकण्ड लगे। दस मिनट बाद अपना कार्य रोक दो और उत्तर-प्रपत्र को बन्द कर दो।"

**(ii) अंकगणित के आधारभूत तत्त्वों का टेस्ट
(Test of Arithmetic Fundamentals)**

ध्यान से देखो कि जो उत्तर-प्रपत्र तुम्हें दिया गया है वह अंकगणित का ही है। इस प्रपत्र में अंकगणित के कुछ उदाहरण हैं। उत्तर-प्रपत्र से जो निर्देश पढ़े जा रहे हैं उन्हें ध्यान से सुनो। प्रत्येक प्रश्न को तुम्हें करना है और प्रश्न के साथ जो स्थान दिये गये हैं उनमें अपने उत्तर लिख दो। यदि तुम कहीं अभ्यास करके

पुनः उसे शुद्धतः लिखना चाहते हो तो यह ध्यान रखना कि उसे तुम ठीक से उतार रहे हो। जोड़ और गुणा आदि तुम उत्तर-प्रपत्र की मार्जिन में कर सकते हो। उत्तर को सम्बन्धित स्थान पर ही लिखो। इस परीक्षण हेतु कुल चालीस मिनट हैं। पहले प्रथम स्तम्भ को समाप्त करो तब आगे वाले स्तम्भ पर जाओ। अंकगणित परीक्षण में तुम्हें सभी भिन्नों (Fractions) को सबसे छोटी संख्या में बदल देना है। इस सम्बन्ध में टेस्ट मैनुअल के निर्देश का ठीक से पालन करो, अर्थात् निर्देश के अर्थ को अपने अध्यापक की सहायता से समझ लो।

प्रविधि (Procedure)

दोनों परीक्षणों हेतु निर्देश स्पष्टतः दे देने के बाद पहले शब्दावली परीक्षा वाला टेस्ट दिया गया, क्योंकि यह केवल दस मिनट का ही है। इसलिए पहले समाप्त कर लेना उपयुक्त समझा गया। दस मिनट में इस टेस्ट की समाप्ति के बाद विषयी से उत्तर-प्रपत्र ले लिया गया और कुछ मिनट तक विश्राम कर लेने के बाद उसे अंकगणित सम्बन्धी टेस्ट दिया गया। उदाहरणों द्वारा इस टेस्ट का स्वरूप समझाया गया। तब 'प्रारम्भ' कहा गया और 'प्रारम्भ' का समय नोट कर लिया गया। ठीक चालीस मिनट बाद उत्तर-प्रपत्र गणन हेतु विषयी से वापस ले लिए गये।

आँकड़े (Data)

गणन-कुंजी (Scoring Key) की सहायता से दोनों टेस्टों के प्राप्तांकों को अलग-अलग यथास्थान नोट किया गया। नियमावली की सहायता से शब्दावली टेस्ट में स्टेण्डर्ड स्कोर (Standard Score), ग्रेड इक्वीवैलेण्ट (Grade Equivalent) तथा एज़ इक्वीवैलेण्ट (Age Equivalent) का निर्धारण करके प्रत्येक उत्तर-प्रपत्र पर लिख लिया गया। अंकगणित टेस्ट में टेस्ट मैनुअल की सहायता से केवल एज़ इक्वीवैलेण्ट (Age Equivalent) का पता करके प्रत्येक उत्तर-प्रपत्र पर यथास्थान लिख लिया गया।

आँकड़ों का विश्लेषण (Data Analysis)

(i) शब्दावली टेस्ट

*गिनने के बाद शुद्ध उत्तर .... आये। विषयी ने किसी प्रश्न को छोड़ा नहीं। कुल प्रश्न 55 रहे। तो, शुद्ध उत्तरों के अनुपात में टेस्ट मैनुअल के नियमों के

---

* उत्तर-प्रपत्र के अनुसार जितना आये उतना लिखना चाहिए।

अनुसार स्टेण्डर्ड स्कोर (Standard Score), ग्रेड इक्वीवैलेण्ट (Grade Equivalent) तथा एज़ इक्वीवैलेण्ट (Age Equivalent) निकाल लेना चाहिए। इस सम्बन्ध में प्रयोगकर्त्ता को या तो अपने अध्यापक से पूछना चाहिए या मैनुअल में प्रदत्त बातों का अनुसरण करना चाहिए।

(ii) अंकगणित परीक्षा (Arithmetic Fundamental Test)

शुद्ध उत्तरों की संख्या........रही। कुल प्रश्न 57 थे। विषयी ने कुछ प्रश्नों को छोड़ दिया। टेस्ट मैनुअल के अनुसार विद्यार्थी का एज़ इक्वीवैलेण्ट निकाल लेना चाहिए।

व्याख्या (Interpretation)

(1) **शब्दावली परीक्षा (Vocabulary Test)**—इस परीक्षा में विषयी ने किसी प्रश्न को छोड़ा नहीं। इससे स्पष्ट है कि सीमित समय में पूरा कार्य सम्पन्न कर लेने में उसे कठिनाई नहीं हुई। स्टेण्डर्ड स्कोर, ग्रेड इक्वीवैलेण्ट तथा एज़ इक्वीवैलेण्ट के आधार पर कहा जा सकता है कि विषयी का शाब्दिक ज्ञान अच्छा है। [यदि बुरा हो तो बुरा लिखना चाहिए। इस सन्दर्भ में मैनुअल की सहायता से दिखलाना चाहिए कि विषयी अपने वास्तविक आयु स्तर से कितना एज़ लेवेल (Age Level) नीचे या ऊपर है]।

(2) **अंकगणित परीक्षा (Arithmetic Fundamental Test)**—ऐसा जान पड़ता है कि विषयी ने सभी 57 समस्याओं का हल करने का प्रयत्न किया। बीच-बीच में यत्र-तत्र कुछ समस्याओं को उसने छोड़ दिया। इससे स्पष्ट होता है कि उसने प्रारम्भ से अन्त तक सभी समस्याओं को करने का प्रयास किया, परन्तु कहीं-कहीं उसे समस्या कठिन प्रतीत हुई और वह उन्हें नहीं कर सका। सम्भव है कि उन समस्याओं से सम्बन्धित बातें उसे अभी तक न पढ़ाई गई हों। कदाचित् उनके कुछ समस्याओं को न करने का कारण समय का अभाव भी हो सकता है। परीक्षण के कुछ 57 समस्याओं में से विषयी ने 22* समस्याओं को छोड़ दिया। परीक्षण नियमावली के अनुसार 35 प्राप्तांक* 14 वर्ष की अवस्था के लिए अपेक्षित माना गया है। इस परीक्षण के विषयी की वास्तविक आयु भी 14 वर्ष ही है। अतः कहा जा सकता है कि अपनी उम्र के अनुसार विषयी का अंकगणित-सम्बन्धी ज्ञान सामान्य है।

---

* परीक्षण में जो प्राप्तांक आये वही लिखना चाहिए। यहाँ केवल उदाहरणस्वरूप ये संख्यायें दी गई हैं।

निरीक्षण चार्ट (Observation Chart)

अंकगणित टेस्ट

प्रश्नों की संख्या	किये हुए प्रश्नों की संख्या	शुद्ध उत्तर	गलत उत्तर	वास्तविक उम्र	अंकगणित उम्र
57	35	35	22	14	14
शब्दावली टेस्ट					
55	जितने किये हों उसे लिखो	जितने शुद्ध हों उसकी संख्या लिखो	गलत उत्तरों की संख्या लिखो	14	मैनुअल के फार्मूला के अनुसार जो उम्र आये उसे लिखो

नोट—परीक्षणकर्त्ता को अपने वास्तविक परीक्षण के अनुसार ही निरीक्षण-चार्ट बनाना चाहिए।

विवेचन (Discussion)

इस उपलब्धि परीक्षा (Achievement Test) में एक निश्चित समय की अवधि में शब्द-ज्ञान और अंकगणित ज्ञान की परीक्षा करना रहा है। इस परीक्षण के फल से स्पष्ट हो रहा है कि विद्यार्थी की वास्तविक उम्र तथा किसी विषय में उसकी उपलब्धि में घनिष्ठ सम्बन्ध की अपेक्षा की जाती है। यदि इस अपेक्षा के अनुसार कोई विद्यार्थी उपलब्धि दिखलाता है तो उसे सामान्य कोटि का माना जाता है, यदि इसके ऊपर जाता है तो उसे अनुपाततः ऊँची बुद्धि का कहा जाता है और नीचे जाने वाले को सीखने में मन्द या पिछड़ा हुआ कहा जाता है।

शैक्षिक महत्त्व (Educational Significance)

किसी भी शिक्षक के लिए उपलब्धि परीक्षा का विशेष महत्त्व है, क्योंकि इसकी सहायता से अपने अध्यापन-विधियों की उपयुक्तता तथा विद्यार्थियों की वास्तविक उन्नति और असफलता के बिन्दुओं की शिक्षक को जानकारी होती है। इस जानकारी के आधार पर शिक्षक अपने अध्यापन-पद्धति में कुछ आवश्यक परिवर्तन अथवा सुधार ला सकता है। इस प्रकार कुछ सम्बन्धित विद्यार्थियों के लिए उपचारात्मक अध्यापन (Remedial Teaching) की व्यवस्था की जा सकती है।

निष्कर्ष (Conclusion)

अपने विशिष्ट परीक्षण के आधार पर विद्यार्थी को यहाँ निष्कर्ष देना चाहिए कि विषयी के शब्दावली तथा अंकगणित के ज्ञान के सम्बन्ध में उसे क्या सुझाव देने हैं जिससे इन क्षेत्रों में उसका ज्ञान और आगे बढ़े।

अध्याय 15

व्यक्ति-वृत्त (Case History)

प्रयोग 59

Experiment-59

व्यक्ति-वृत्त या व्यक्ति इतिहास
(Case Study or Case History)

वस्तुतः व्यक्ति-वृत्त में तो व्यक्ति के विकास का पूरा विवरण उसकी चेतनावस्था से विवरण लिखने के समय तक का होता है। व्यक्ति के जीवन-सम्बन्धी सारी बातों का लेखा इस प्रकार दिया जाता है कि उसे पढ़ने से व्यक्ति के विकास का पूरा चित्र सामने आ जाए। इस चित्र के उभारने में यथावश्यक चिकित्सक, सामाजिक कार्यकर्त्ता, मनोचिकित्सक, व्यक्ति के अध्यापक, उसके साथी, सम्बन्धित पड़ोसी तथा परिवार के विविध सम्बन्धित लोगों की सहायता आवश्यक होती है, क्योंकि व्यक्ति के सम्बन्ध में सारी बातें किसी एक ही व्यक्ति को नहीं ज्ञात हो सकतीं। उदाहरणार्थ, व्यक्ति के स्वास्थ्य के सम्बन्ध में हमें किसी चिकित्सक की राय आवश्यक हो सकती है तथा उसके व्यक्तित्व की कुछ विषम बातों के लिए मनोचिकित्सक की सहायता लेनी पड़ सकती है। इसी प्रकार व्यक्ति के सम्बन्ध में विविध बातों की जानकारी के लिए उसके अध्यापक, माता-पिता घर के लोग, खेल के साथी तथा पड़ोस के कुछ व्यक्तियों से हमें बहुत-सी बातें मालुम हो सकती हैं।

व्यक्ति-वृत्त का प्रयोग प्रायः समस्या बालक/बालिका अथवा अत्यन्त उत्कृष्ट कोटि के प्रतिभाशाली व्यक्तियों के सम्बन्ध में विविध बातों की जानकारी के लिए किया जाता है। इस प्रकार के प्रयोग में सम्बन्धित व्यक्ति के विगत दस, पन्द्रह या बीस वर्ष तक के जीवन-इतिहास की पूरी छानबीन की जाती है। समस्या-व्यक्तियों के सम्बन्ध में यह छानबीन व्यक्तित्व के दोषों के स्रोत की ओर हमारा

ध्यान ले जाती है। व्यक्ति-वृत्त में विविध प्रकार की शारीरिक बीमारियों, मानसिक व्याधियों या व्यक्तित्व के विविध गुणों के उत्तरोत्तर विकास की ओर हमारा ध्यान केन्द्रित होता है। फलस्वरूप व्यक्ति के विकास के मूल कारणों को समझते हुए हम उसकी वर्तमान स्थिति को अच्छी तरह समझने में सफल होते हैं। इस सफलता के आधार पर हम उपचार के विभिन्न पक्षों पर निर्णय लेते हैं। समस्या-व्यक्तियों के अतिरिक्त यदि हम किसी अत्यन्त प्रतिभाशाली व्यक्ति के वृत्त की ओर जाते हैं तो इस वृत्त से हमें पता चल सकता है कि कौन-कौन-सी परिस्थितियाँ अवसर तथा कारण विशिष्ट व्यक्ति के वर्तमान अद्भुत गुणों के लिए प्रमुख प्रेरणा स्रोत रहे हैं। इस प्रकार के अध्ययन में भी हमें व्यक्ति के विगत दस-पन्द्रह बीस या पच्चीस वर्षों के जीवन का अध्ययन करना होगा। इस प्रकार व्यक्ति-वृत्त की तकनीकी के आधार पर हम किसी व्यक्तित्व में गुणों और अवगुणों के विकास के लिए उत्तरदायी बातों को समझते हैं। विश्वविद्यालय स्तर पर विद्यार्थियों को इस तकनीकी का ज्ञान देने का प्रमुख उद्देश्य उन्हें इसकी बारीकियों से अवगत करना है जिससे आगे चलकर किसी आवश्यक अवसर पर इसका प्रयोग कर सकें। इस अध्याय में हम केवल इस पद्धति की सामान्य बातों का ही ज्ञान विद्यार्थी को देना चाहते हैं, क्योंकि अपने 20 या 22 महीनों के अध्ययन की अवधि में विद्यार्थी किसी व्यक्ति का व्यक्ति-वृत्त पद्धति से पूर्ण अध्ययन नहीं कर सकता। वस्तुतः इसके लिए तो, जैसा ऊपर कहा गया है, 5, 10 या 15 वर्षों की अवधि आवश्यक होती है। दूसरे, यह अवधि भी केवल समस्या-व्यक्तियों (Problem-Individuals) अथवा अति प्रतिभाशाली (Genius or Exceptionally Brilliant) व्यक्तियों के लिए ही आवश्यक होती है। अतः इस अध्याय में इस पद्धति की केवल सामान्य बातों से ही हम विद्यार्थी को अवगत करेंगे। आगे उल्लिखित बिन्दुओं के आधार पर किसी बालक/बालिका विशेष का वृत्त (History) लिखा जा सकता है। परन्तु हाँ, यह ध्यान रखना है कि इस प्रकार का वृत्त व्यक्ति विशेष के केवल आधुनिक जीवन से ही सम्बन्धित होगा। इस प्रकार के वृत्त को तैयार करने में मनोविज्ञान या शिक्षा मनोविज्ञान के किसी विद्यार्थी को किसी बालक/बालिका के वर्तमान जीवन सम्बन्धी बातें लिखनी चाहिए। अतः आगे हम उन बातों की ओर संकेत कर रहे हैं जिनके आधार पर व्यक्ति-वृत्त की रचना की जा सकती है।

1.(क) व्यक्ति के सम्बन्ध में कुछ सामान्य बातें

(i) नाम
(ii) लिंग

(iii) जन्म तारीख
(iv) उम्र वर्ष महीने
(v) धर्म
(vi) समुदाय
(vii) जाति
(viii) जन्म स्थान
(ix) विगत दस वर्षों में जहाँ-जहाँ एक वर्ष से अधिक रहा हो? (शहर का नाम लिखिए)।
(x) स्कूल
(xi) कक्षा

2. परिवार का इतिहास

(i) पिता का नाम उसका व्यवसाय
(ii) परिवार की आय के अन्य स्रोत
(iii) कुल मासिक आय
(iv) इस आय पर आश्रित लोगों की संख्या तथा प्रत्येक की आयु
(v) परिवार का स्वरूप संयुक्त या एकल
(vi) परिवार के अधिकांश लोग रुढ़िवादी या उदार दृष्टिकोण के
(vii) पृष्ठभूमि ग्रामीण या शहरी
(viii) व्यक्ति की परिवार में क्रमिक स्थिति, अर्थात् ज्येष्ठ, मँझला या कनिष्ठ,–भाईयों और बहिनों की संख्या
(ix) परिवार के कुल सदस्य
(x) कितने लोग कमाते हैं? और कितने लोग आश्रित हैं
(xi) पिता की अवस्था उनकी शिक्षा
(xii) माता की अवस्था उनकी शिक्षा
(xiii) माता-पिता का सामान्य सामाजिक जीवन

(xiv) **भाइयों की संख्या**–(प्रत्येक की आयु तथा शिक्षा के सम्बन्ध में पूर्ण विवरण दीजिए–उनमें कितने का विवाह हो गया है? वे नौकरी में है या अभी पढ़ रहे हैं? यदि वे विवाहित हों तो क्या माता-पिता के साथ रहते हैं? उनमें से कौन-कौन, किस प्रकार की नौकरियाँ कर रहे हैं? उनका सामान्य स्वास्थ्य तथा परिवार के अन्य लोगों से उनका व्यवहार कैसा रहता है?) (इन सभी बातों के बारे में पूरा-पूरा विवरण। दीजिए)।

(xv) **बहिनों की संख्या**—प्रत्येक की आयु और शिक्षा। इनमें से कितने का विवाह हो गया है? उनका सामान्य स्वास्थ्य कैसा रहता है? वे आप के साथ कैसा व्यवहार करते हैं?

(xvi) **परिवार में अन्य कौन-कौन हैं**—(यदि संयुक्त परिवार है तो प्रत्येक की आयु और शिक्षा; यदि आपके साथ रहते हैं तो प्रत्येक के बारे में पूरा विवरण दीजिए)।

(xvii) **अपने परिवार के किस सदस्य को आप सबसे अधिक पसन्द करते हैं, और क्यों?**

(xviii) **परिवार के किस सदस्य को आप सबसे अधिक नापसन्द करते हैं और क्यों?**

(xix) **बालक/बालिका के प्रति परिवार का दृष्टिकोण**—

पिता का दृष्टिकोण
माता का दृष्टिकोण
अन्य लोगों का दृष्टिकोण

(xx) **परिवार की आप से क्या अपेक्षाएँ हैं?**

इन अपेक्षाओं की आप को कहाँ तक चेतना है और क्या आप उन्हें पूरी करने के इच्छुक हैं?—

इन अपेक्षाओं को पूरी करने में अब तक आपने कितना प्रयास किया है?

(ख) घर की दशा

(1) घर की स्वच्छता की स्थिति
(2) कितने कमरे हैं?
(3) कितनी खुली जगह है?
(4) पानी, स्नानागार, बिजली, पंखे, रेडियो, टेलीविजन, फर्नीचर आदि की सुविधाएँ कैसी हैं?
(5) अध्ययन की कैसी सुविधा है?
(6) मनोरंजन की कैसी सुविधा है?
(7) अवकाश के समय सामान्यतः क्या करते/करती हो?
(8) आपकी कौन-सी विशेष रुचि या हॉबी (व्यसंग) है?
(9) निम्नलिखित के सम्बन्ध में बालक/बालिका की स्थिति—
    (i) पहनावे
    (ii) जूते
    (iii) घर पर भोजन की व्यवस्था
    (iv) स्वच्छता

(ग) शारीरिक दशा तथा स्वास्थ्य

(1) ऊँचाई
(2) तौल
(3) ज्ञानेन्द्रियों का कैसा स्वास्थ्य है?
आँखें
कान
(4) **गतिवाही इन्द्रियों का स्वास्थ्य**
चलना और दौड़ना
क्या चलने में कोई दोष दिखाई पड़ता है?
जैसे—झुक कर चलना आदि।
(5) **व्यक्तिगत स्वच्छता**
हाथ, चेहरे, आँख, दाँत, नाखून आदि की स्वच्छता
(6) **सामान्य वेशभूषा**
(i) कोई बीमारी कभी थी? यदि हाँ, तो बीमारी के बारे में पूरा विवरण
(ii) नाम
(iii) अवधि
(iv) बीमारी किस आयु में हुई थी?
(7) जो शारीरिक कष्ट बार-बार हुआ करता है उसे लिखो
(8) शरीर के सम्बन्ध में और कोई बात; जैसे—गले की घण्टी, आँख या कान में दोष आदि।

(घ) खेल

(i) कौन-से खेल बहुधा खेलते हो?
(ii) इस खेल में तुम्हारी कैसी प्रवीणता है?
(iii) क्या नित्य शारीरिक व्यायाम करते हो?

(ङ) मानसिक दशा

(i) मानसिक उम्र
(ii) संवेगात्मक सन्तुलन की सामान्य दशा
(iii) क्या आत्म-नियन्त्रण करने में सक्षम हैं?
(iv) सामान्यतः उसे किससे डर लगता है?
(v) किसकी उसे चिन्ता बनी रहती है?
(vi) किस पर बहुधा वह क्रोध करता है?

(vii) वह किसे बहुत पसन्द करता है?
(viii) किससे वह दूर रहना चाहता है?

(च) स्वभाव सम्बन्धी बातें (Temperamental Traits)

निम्नलिखित में जो संगत हो उस पर सही (✓) का चिह्न खींचिए—

(i) प्रसन्नचित्त/उदास
(ii) सुझाव मानने वाला/आलोचक
(iii) भीतरी/स्पष्टवादी
(iv) मिलनसार/झगड़ालू
(v) उदण्ड/दब्बू
(vi) उत्पाती/सतर्कता से व्यवहार करने वाला
(vii) विवेकी/हठी
(viii) कार्य में शीघ्रता करने वाला/आलस्यपूर्ण
(ix) दूसरों पर विश्वास करने वाला/सन्देह करने की प्रवृत्ति
(x) गम्भीर/हँसमुख
(xi) स्वार्थी/त्यागी
(xii) अन्य कोई स्वभाव-गुण

(छ) प्रधान आदतें (Main Habits)

(i) **अच्छी आदतें**—आज्ञाकारिता/समय का पालन/सच्चाई।
(ii) **बुरी आदतें**—झूठ बोलना/चोरी करना/चुगली खाना/दूसरों को अनायास तंग करना।

(ज) शैक्षिक रुचियाँ (Educational Interests)

(i) विशेष रुचि वाले विषय
(ii) वे विषय जिनमें रुचि नहीं है

(झ) व्यावसायिक रुचियाँ (Occupational Interests)

अन्य इच्छाएँ अथवा आकांक्षाएँ

(ञ) निम्नलिखित के प्रति दृष्टिकोण या मनोवृत्ति (Attitude)

	सुखी	उपेक्षा	दु:खी	अन्य कोई मनोवृत्ति
(i) अध्ययन	—	—	—	—
(ii) अध्यापक	—	—	—	—
(iii) कक्षा के सहपाठी	—	—	—	—
(iv) साथ खेलने वाले	—	—	—	—
(v) घर के नौकर	—	—	—	—
(vi) भाई	—	—	—	—
(vii) बहिन	—	—	—	—
(viii) घर के छोटे बच्चे	—	—	—	—
(ix) घर के बड़े लोग	—	—	—	—
(x) अतिथि	—	—	—	—
(xi) घर पर मिलने वालों के प्रति	—	—	—	—
(xii) माता	—	—	—	—
(xiii) पिता	—	—	—	—

(ट) सामाजिक व्यवस्थापन

(i) सामाजिक गुण

(ii) लोकप्रिय — लोकप्रिय नहीं — कुछ नहीं —

(iii) सहकारी — असहकारी — दोनों —

(iv) दम्भी — असत्यवादी — दोनों —

(v) नेतृत्व करता है — अनुसरण करता है — दोनों या दोनों में से कोई नहीं —

(vi) आत्मविश्वास

उस पर निर्भर रहा जा सकता है — धोखेबाज —

(vii) मित्र बना लेने की प्रवृत्ति

(1) शीघ्र ही — हिचकिचाता है —

(2) दूसरों में शीघ्र घुल-मिल जाता है दूसरों में मिलना उसके लिए कठिन होता है

(viii) उसकी मित्रता का स्थायित्व

बहुत साधारण — बहुत कम —

(ix) वरीयता-क्रम में मित्र-साथी

मित्र

नाम	*उम्र*	*लिंग*	*कक्षा*	*स्कूल*
1.	—	—	—	—
2.	—	—	—	—
3.	—	—	—	—
4.	—	—	—	—
5. आदि	—	—	—	—

साथी

नाम	*उम्र*	*लिंग*	*कक्षा*	*स्कूल*
1.	—	—	—	—
2.	—	—	—	—
3.	—	—	—	--
4.	—	—	—	—
आदि	—	—	—	—

(ठ) विगत 3 या 5 वर्षों से

अब तक का शैक्षिक लेखा या रिकॉर्ड तथा स्कूल में उसकी क्रियाशीलतायें

(i) **सत्र**

सत्र	स्कूल का नाम	कक्षा	परीक्षाफल	विषय जिसमें अच्छा है	विषय जिसमें कमजोर है
—	—	—	—	—	—
—	—	—	—	—	—
—	—	—	—	—	—

(ii) **किसी बुरे कार्य हेतु स्कूल ने कभी कोई दण्ड दिया**

अपराध प्रकार	अवसर	दण्ड का स्वरूप	फल अर्थात् भावी व्यवहार पर इसका प्रभाव
1.	—	—	
2.	—	—	
3.	—	—	

(iii) स्कूल की वस्तुओं के प्रयोग में उत्तरदायित्व की भावना

(iv) पाठ्यक्रम सहभागी क्रियाएँ

1. 3.

2. 4.

(ड) विद्यार्थी के सम्बन्ध में

कक्षाध्यापक/कक्षाध्यापिका का अभिमत

— — —

अन्वेषक —

तारीख —

द्वितीय खण्ड
(Part II)

कुछ सांख्यिकीय सूत्र
(Some Statistical Formulas)

सांख्यिकी द्वारा प्रदत्तों की परीक्षा
(Statistical Treatment of Data)

- आवृत्ति वितरण (**Frequency Distribution**)
- सामान्य वितरण (**Normal Distribution**)
- केन्द्रीय प्रवृत्ति के माप (**Measures of Central Tendency**)
- प्रामाणिक विचलन (**Standard Deviation**)
- सह-सम्बन्ध विधि (**Correlation Method**)

सांख्यिकी द्वारा प्रदत्तों का विश्लेषण
(Statistical Analysis of Data)

सांख्यिकी (Statistics) किस प्रकार प्राप्त प्रदत्तों (Data) की परीक्षा करती है, इसी बात को हम पुस्तक के इस द्वितीय भाग में समझेंगे। इस सम्बन्ध में हम निम्नलिखित विषयों का अध्ययन करेंगे– •

1. आवृत्ति या बारम्बारता-वितरण (Frequency Distribution)
2. सामान्य वितरण (Normal Distribution)
3. केन्द्रीय प्रवृत्ति के माप एवं महत्त्व (Measures of Central Tendency & Importance)
4. प्रामाणिक विचलन या अतिक्रम (Standard Deviation)
5. सह-सम्बन्ध गुणांक (Coefficient of Correlation)

अध्याय 16

आवृत्ति या बारम्बारता-वितरण (Frequency Distribution)

किसी मनोवैज्ञानिक परीक्षण (Psychological Test) में विभिन्न व्यक्ति जो गुणांक या फलांक (Scores) प्राप्त करते हैं उन्हें भली प्रकार समझाने के लिए व्यवस्थित करना पड़ता है। सांख्यिकी (Statistics) में इन गुणांकों के व्यवस्थापन को आवृत्ति या बारम्बारता-वितरण (Frequency Distribution) कहा जाता है; उदाहरण के लिए, स्मृति विस्तार की परीक्षा में 100 विद्यार्थियों की स्मृति का विस्तार जानने का उपाय किया गया। प्रत्येक विद्यार्थी कितने शब्द अधिक से अधिक याद करके सुना सकता है यह जान लिया गया। इन्हें गुणांक (Scores) कहा जाता है। इन गुणांकों को तालिका 1 में दिखाया गया है—

तालिका 1

3, 6, 5, 6, 6, 6, 3, 4, 6, 7, 8, 3, 2, 5, 8, 6, 6, 6, 7, 8,
6, 4, 3, 7, 8, 4, 5, 6, 6, 6, 8, 7, 5, 3, 6, 6, 5, 6, 4, 9,
7, 8, 9, 6, 3, 5, 6, 6, 7, 8, 9, 5, 6, 6, 6, 4, 7, 8, 5, 3,
6, 6, 5, 5, 5, 5, 7, 7, 4, 9, 7, 8, 8, 6, 6, 6, 5, 5, 6, 9,
7, 6, 5, 4, 3, 8, 9, 9, 5, 6, 5, 6, 5, 5, 6, 6, 4, 3, 6, 8

उपर्युक्त तालिका में सबसे बड़ा गुणांक (Score) 9 और सबसे छोटा गुणांक (Score) 2 है। अब 2 और 9 के बीच के सभी गुणांकों (Scores) के सामने संकेत द्वारा यह दिखाने का प्रयास किया जाता है कि वह गुणांक (Score) कितनी बार आया है। यह संकेत एक खड़ी लकीर (।) द्वारा दिया जाता है जिसे अंकन (Tally) कहते हैं। प्रत्येक 5वें अंकन पर पहली चार खड़ी लकीरों को 5वीं लकीर से क्षितिज तल में काट दिया जाता है। इनका योग आवृत्ति (Frequency) होती है।

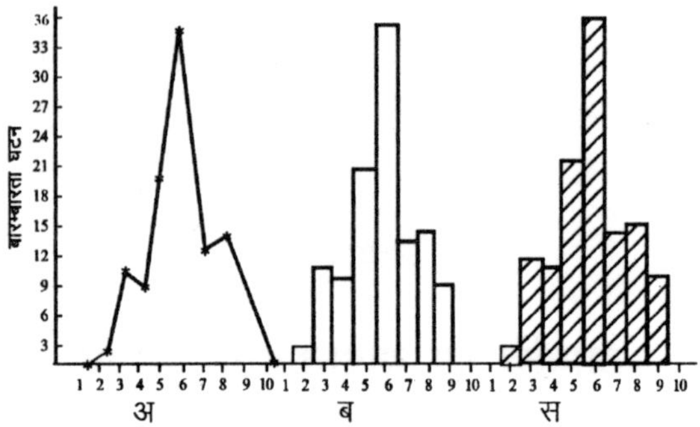

चित्र 4: बारम्बारता का वितरण

उपरोक्त चित्र में आवृति-वितरण (Frequency Distribution) को क्रमशः बहुभुज क्षेत्र (Frequency Polygon Area); हिस्टोग्राम (Histogram) अथवा छड़ाकृति (Bar Diagram) के रूप में दिखाया गया है।

1. (अ) बहुभुज क्षेत्र (Frequency Polygon Area)

क्षितिज तल की पड़ी रेखा 'अ ब' पर गुणांक (1 से 10 तक) समान दूरी पर (एक ही पैमाने पर) अंकित कर लिए जाते हैं। खड़ी लम्बवत् (Vertical) अक्ष 'अ स' पर आवृत्तियाँ (Frequencies) (समान दूरी और पैमाने पर) अंकित कर ली जाती हैं। अब क्रमशः (1, 0), (2, 1), (3, 9), (4, 8), (5, 19), (6, 33), (7, 11), (8, 12), (9, 7) और (10, 0) के बिन्दु क्रमशः I, II, III, IV, V, VI, VII, VIII, IX तथा X पर अंकित कर लेते हैं। क्रमशः इन्हें मिलाने से आवृति बहुभुज क्षेत्र (Frequency Polygon Area) बन जाता है।

(ब) हिस्टोग्राम (Histogram)

रेखा (अक्ष) 'अ ब' पर क्रमशः 2, 3, 4, 5, 6, 7, 8 और 9 को मध्य बिन्दु मानकर आवृति 1, 9, 8, 19, 33, 11, 12, 7 पर आयत I, II, III, IV, V, VI और VII बना लिए गए। ये ही आयत-क्षेत्रों का समूह हिस्टोग्राम कहलाता है।

(स) छड़ाकृति (Bar Diagram)

(ब) में बने हिस्टोग्राम को ही छड़ाकृति भी कह सकते हैं जिन्हें रेखाओं से रंग कर दिखा दिया गया है।

इस आवृति वितरण को व्यक्तियों की संख्या या प्रतिशत के रूप में माना जा सकता है। क्योंकि कुल विद्यार्थी 100 हैं जिनकी आवृतियाँ (Frequencies) उनका प्रतिशत भी हैं। इस वितरण से परीक्षा-सम्बन्धी निष्कर्ष स्पष्ट और सरल हो जाते हैं।

वर्गों अथवा कोटियों (Classes or Categories) में वितरण

इस प्रकार के आवृति-वितरण में अधिकतम (Maximum) तथा न्यूनतम (Minimum) गुणांकों के बीच का विस्तार (Range) मालूम कर लिया जाता है, अर्थात् अधिकतम और न्यूनतम गुणांकों को घटा लिया जाता है। अब वर्गान्तर (Class Interval) को ध्यान में रखकर वर्गों की संख्या (Number of Classes) ज्ञात कर ली जाती है। उदाहरण के लिए तालिका 2 को देखिए—

तालिका 2

50, 44, 40, 33, 30, 28, 26, 24, 23, 17, 13, 45,
45, 44, 44, 50, 43, 40, 33, 30, 28, 26, 24, 22,
17, 12, 41, 41, 40, 40, 49, 43, 39, 32, 30, 28,
26, 24, 22, 17, 11, 35, 35, 34, 34, 48, 42, 39,
31, 30, 27, 26, 24, 21, 16, 10, 30, 30, 30, 30,
46, 42, 36, 31, 29, 27, 26, 24, 21, 16, 10, 29,
28, 28, 28, 45, 41, 35, 30, 29, 27, 25, 24, 21,
16, 10, 27, 26, 26, 26, 25, 25, 25, 24, 24, 24,
24, 23, 20, 20, 18, 18, 16, 15, 14, 14, 8, 8,
7

उपर्युक्त तालिका में अधिकतम गुणांक 50, न्यूनतम गुणांक 7 है।

विस्तार (Range) = 50 − 7 = 43

अब यदि वर्गान्तर (Class Interval) = 3 हो,

$$\text{तब वर्गों की संख्या} = \frac{\text{विस्तार}}{\text{वर्गान्तर}} \text{ या } \frac{43}{3} = 14.3$$

हम वर्गों की संख्या पूर्णांक में ही रखते हैं। अतः इसे 14.3 न मानकर 15 मान लेंगे। इस प्रकार हमारा पहला वर्ग 7 से प्रारम्भ होगा। वर्गों का स्वरूप इस प्रकार होगा—

7-9, 10-12, 13-15, 16-18, 19-21, 22-24, 25-27, 28-30, 31-33, 34-36, 37-39, 40-42, 43-45, 46-48, 49-51.

इनकी आवृतियाँ ज्ञात करने के लिए प्रत्येक वर्ग में आने वाले गुणांक को उसी वर्ग के आगे अंकन (Tally) के रूप में अंकित करते जायेंगे। प्रत्येक वर्ग के आगे अंकित अंकनों (Tallies) का योग आवृति या बारम्बारता (Frequency) कहलायेगा।

गुणांक-वर्ग (Class)	**अंकन (Tally)**	**आवृत्ति (Frequency)**
49-51	‖‖‖ (III)	3
46-48	II	2
43-45	~~IIII~~ III	8
40-42	~~IIII~~ IIII	9
37-39	II	2
34-36	~~IIII~~ I	6
31-33	~~IIII~~	5
28-30	~~IIII~~ ~~IIII~~ ~~IIII~~ III	18
25-27	~~IIII~~ ~~IIII~~ ~~IIII~~ I	16
22-24	~~IIII~~ ~~IIII~~ IIII	14
19-21	~~IIII~~	5
16-18	~~IIII~~ IIII	9
13-15	IIII	4
10-12	~~IIII~~	5
7-9	III	3
		योग = 109

उपर्युक्त उदाहरण में 3 का वर्गान्तर होने पर पहला वर्ग 7, 8, 9 अर्थात् 7 से 9 तक बना, दूसरा 10, 11, 12 अर्थात् 10 से 12 तक बना। इस प्रकार 7 से लेकर 51 तक 15 वर्ग (Classes) बन गए। पहले उदाहरण की अपेक्षा यह दूसरा उदाहरण व्यवस्थित क्रम में है। कुल गुणांकों (Tallies) का योग 109 हो जाता है। यह विभाजन घटन-विभाजन कहलाता है।

घटन-विभाजन या बारम्बारता विभाजन (Frequency Distribution)

बारम्बारता-विभाजन की दृष्टि से सबसे पहले ऐसा उपयुक्त विस्तार चुनना चाहिए जिसमें अधिकतम (Maximum) और न्यूनतम (Minimum) दोनों आ जाएँ। बाद में

इस विस्तार को वर्ग-विस्तार (Class Interval) में बदलकर प्रत्येक वर्ग में आने वाली बारम्बारताओं (Frequencies) का अंकन करके उनका निर्णय कर लेना आवश्यक है। इस प्रकार गुणांकों के नियोजन से प्रदत्तों (Data) को समझने में सरलता रहती है। प्रदत्तों को लेखाचित्रों (Graphs) की सहायता से विश्लेषित करना भी आवश्यक है। बारम्बारता या घटन-विभाजन द्वारा परिमाणात्मक विश्लेषण करने के लिए जो लेखाचित्र (Graphs) काम में आते हैं वे इस प्रकार हैं–

हिस्टोग्राम* (Histogram); घटन या बारम्बारता-विभाजन (Frequency Distribution) क्षेत्र; समूहज बारम्बारता-लेखाचित्र (The Cumulative Frequency Curve); समूहज प्रतिशत वक्र (The Cumulative Percentile Curve or Ogive)।

हिस्टोग्राम (Histogram) की रचना

मान लीजिए, कि तालिका 3 में दिए गए गुणांकों (Scores) का बारम्बारता-विभाजन, जिनका हिस्टोग्राम बनाना है, निम्नलिखित है–

तालिका 3

गुणांक (घटन)	घटन (बारम्बारता)
50-52	2
47-49	2
44-46	7
41-43	7
38-40	6
35-37	4
32-34	5
29-31	14
26-28	18
23-25	16
20-22	7
17-19	5
14-16	7
11-13	3
8-10	5
5-7	1
	योग = 109

* 'हिस्टोग्राम' का शब्द रूप में प्रयोग कार्ल पियर्सन ने 1895 ई० में किया। इसका उद्‌गम 'हिस्ट्री' शब्द नहीं माना जा सकता।

'अ ब' उत्तनात्मक अक्ष (Horizontal Axis) पर वर्ग-विस्तार (Class Interval) तथा 'अ स' लम्बवत् कक्ष (Vertical Axis) पर बारम्बारता (Frequency) अंकित कर ली जाती है। जैसा चित्र 2 में दिखाया गया है। अ ब और अ स दोनों अक्ष एक-दूसरे पर लम्ब होते हैं। अ पर शून्य मान लिया जाता है और मापक (Scales) तैयार कर लिए जाते हैं। उत्तनात्मक अक्ष (Horizontal Axis) पर उत्तनात्मक दूरी (Horizontal Distance) इकाई रूप में प्रत्येक वर्ग-विस्तार (Class Interval) को दर्शायेगी। लम्बवत् अक्ष (Vertical Axis) पर लम्बवत् दूरी (Vertical Distance) प्रत्येक इकाई बारम्बारता (Frequency) को दर्शायेगी। इस प्रकार {(5-7), 1} {(8-10), 5} {(11-13), 3} {(14-16), 7} {(17-19), 5} {(20-22), 6} {(23-25), 16} {(26-28), 18} {(29-31), 14} {(32-34), 5} {(35-37), 4} {(38-40), 6} {(41-43), 7} {(44-46), 7} {(47-49), 2} {(50-52), 2} के बिन्दुओं से उत्तनात्मक अक्ष (Horizontal Axis) पर लम्बवत् (Vertical) रेखाएँ खींचीं और लम्बवत् अक्ष (Vertical Aixs) पर अंकित बारम्बारताओं (Frequencies) की सीध में उत्तनात्मक रेखाएँ (Horizontal Lines) खींचीं। इस प्रकार आयत बन गए।

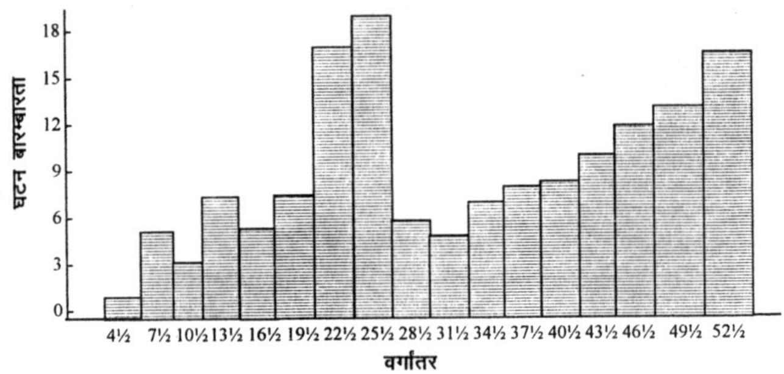

चित्र 5: हिस्टोग्राम-आयत-चित्र

इस चित्र में आयत स्तम्भाकार समूह में बनते चले जाते हैं। यदि प्रत्येक स्तम्भ में आयतों को गिना जाए तो उनकी संख्या उस वर्ग (Class) में आई बारम्बारताओं (Frequencies) की संख्या के बराबर होगी। जैसे वर्ग (14-16) में आये स्तम्भ में 7 आयत बनेंगे, (17-19) में 5, (20-22) में 7 .... आदि आयत आते रहेंगे।

बारम्बारता बहुभुज क्षेत्र (Frequency Polygon Area) की रचना

उपर्युक्त उदाहरण में बने स्तम्भों के मध्य बिन्दुओं 6, 9, 12, 15, 18, 21, 24, 27, 30, 33, 36, 39, 42, 45, 48 और 51 को क्रमशः मिलाने से वक्र (Curve) बन जाता है।

जब इस वक्र के पहले बिन्दु (6) को और अन्तिम बिन्दु (51) को उत्तनात्मक अक्ष (Horizontal Axis) से मिला देते हैं। अब इस बनी वक्र-रेखा (Curve) और उत्तनात्मक अक्ष (Horizontal Axis) के बीच बना क्षेत्र (Area) बारम्बारता बहुभुज क्षेत्र (Frequency Polygon Area) कहलाता है, जैसा चित्र 6 में दिखाया गया है।

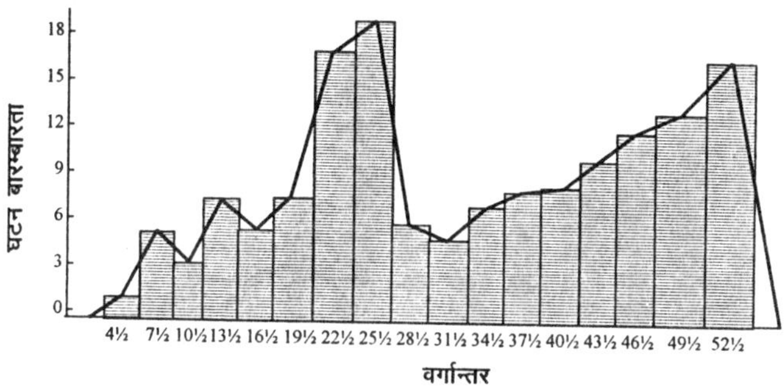

चित्र 6: पॉलीगन बहुभुज क्षेत्र

बारम्बारता बहुभुज क्षेत्र का क्षेत्रफल हिस्टोग्राम में बने स्तम्भों के क्षेत्रफल के बराबर होता है। चित्र 7 में इस बात को स्पष्ट किया गया है। जितना क्षेत्र वक्र रेखा द्वारा अतिरिक्त घेर लिया गया है, उतना ही क्षेत्र स्तम्भों में से बचा रहता है। जैसे 1, 1′ के 2, 2′ के 3, 3′ के तथा अन्त में 15, 15′ के तुल्य है जिनमें 1 को अपनाकर 1′ को, 2 को अपनाकर 2′ को और इसी प्रकार अन्त में 15 को अपनाकर 15′ को छोड़ दिया गया है। इस प्रकार इन दोनों लेखाचित्रों (Graphs) के क्षेत्रफल (Area) बराबर होते हैं।

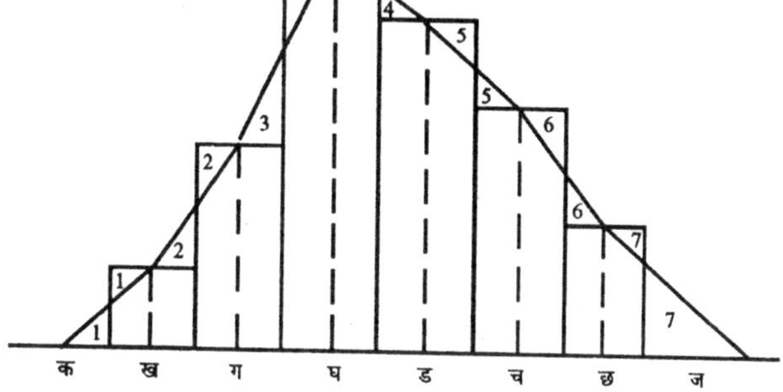

चित्र 7: बारम्बारता बहुभुज क्षेत्र

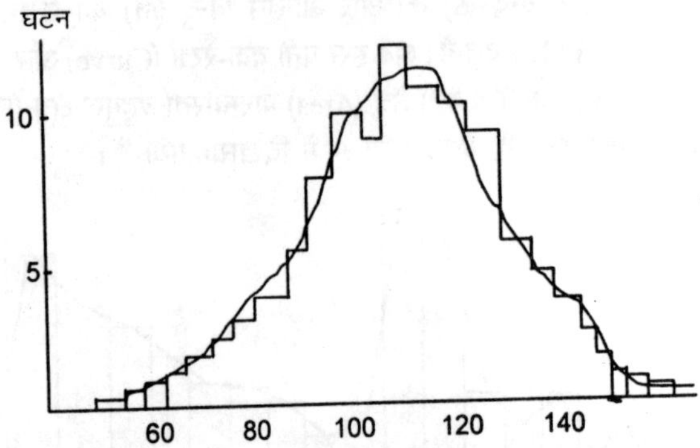

चित्र 7क: सामान्य विभाजन

अध्याय 17

सामान्य वितरण
(Normal Distribution)

उत्तनात्मक (Horizontal) तथा लम्बवत् (Vertical) अक्षों (Axises) पर कोई वक्र (Curve) तैयार किया जाएं जिसमें व्यक्तियों (Individuals), स्थितियों (Cases), बारम्बारताओं (Frequencies) की संख्या बहुत अधिक हो तो वह वक्र सुडौल (Symmetrical) बन जाता है। इस सुडौल वक्र (Symmetrical Curve) का आकार घण्टे (Bell) के आकार का होता है। इसीलिए इसे घण्टे के आकार (Bell-shaped) का वक्र (Curve) कहते हैं। इस वक्र का अध्ययन करने से पता चलता है कि दल के अधिकांश व्यक्तियों के गुणांक (Scores) सामान्य कोटि अथवा मध्यम श्रेणी के ही होते हैं। उत्तनात्मक (Horizontal) अक्ष के मध्य बिन्दु से दाँए या बाँए जाने पर हमें उन व्यक्तियों के गुणांक (Scores) मिलते हैं जिन्होंने मध्यम श्रेणी के गुणांकों की तुलना में अधिक या कम गुणांक पाए हैं। इन गुणांकों की कमी या अधिकता में एक निश्चित अनुपात होता है। चित्र 8 में यह स्थिति स्पष्ट की गयी है।

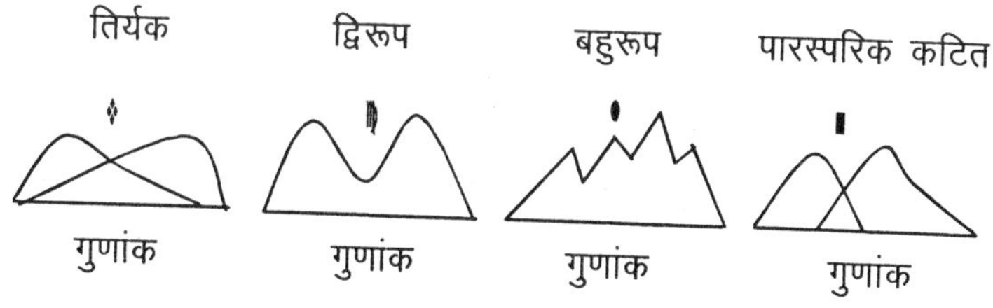

चित्र 8: वितरण के विविध रूप

गुणांकों का ऐसा विभाजन सामान्य वितरण (Normal Distribution) कहा जाता है। इस वितरण को दर्शाने वाली वक्र रेखा को सामान्य सम्भावित वक्र (Normal

Probability Curve) के नाम से भी पुकारा जाता है। यह वक्र बड़े उपयोग का है। इस घण्टाकार सामान्य सम्भावित वक्र (Bell-shaped Normal Probability Curve) पर सांख्यिकी (Statistics) के नियम लागू होते हैं जिससे दल-सम्बन्धी विविध निष्कर्ष प्राप्त किए जाते हैं।

इस वक्र की सहायता से किसी परीक्षा (Test) अथवा गणना में किसी व्यक्ति का क्या स्थान है, यह जान लिया जाता है। यह वक्र कई प्रकार का होता है जैसा चित्र 8 में दिखाया गया है।

जैसे—

(अ) तिर्यक सामान्य सम्भावित वक्र (Skewed Normal Probability Curve)।

(ब) द्विरूप सामान्य सम्भावित वक्र (Bimodel Normal Probability Curve)

(स) बहुरूप सामान्य सम्भावित वक्र (Multimodel Normal Probability Curve)

(द) पारस्परिक कटित सामान्य सम्भावित वक्र (Overlapping Normal Probability Curve)

तिर्यक वक्र में वक्र के किसी छोर पर व्यक्तियों की संख्या अधिक हो जाती है। जैसा चित्र 8(अ) में दिखाया गया है। जब झुकाव वक्र के बीच में बन जाता है तब व्यक्ति दो श्रेणियों में बँट जाते हैं, जिन्हें निर्बल और सबल श्रेणी का कहा जाता है। यह द्विरूप वक्र कहलाता है। इस द्विरूप वक्र में बाईं ओर वाला निर्बल व्यक्ति श्रेणी और दायीं ओर वाला सबल व्यक्ति श्रेणी की संख्या को प्रदर्शित करता है। जैसा 8(ब) में दिखाया गया है। जब वक्र दो से अधिक (कई) श्रेणियों में विभक्त हो जाता है। इस वक्र द्वारा पता चलता है कि न्यादर्श (Sample) में पुरुष, स्त्री, वृद्ध, युवा, बालक, शिक्षित एवं अशिक्षित सभी प्रकार के व्यक्ति हैं। तब सभी के गुणांकों का वितरण 'बहुरूप वक्र' की रचना करता है। यह वक्र चित्र 8(स) द्वारा व्यक्त किया गया है। जब दो या अधिक वक्र एक-दूसरे को काट जाते हैं तब वक्र को पारस्परिक कटित कहा जाता है। इस वक्र को चित्र 8(द) में दिखाया गया है।

अध्याय 18

केन्द्रीय प्रवृत्ति या झुकाव के माप (Measures of Central Tendency)

किसी दल की विशेषता तब तक नहीं समझी जा सकती जब तक उस दल की सामान्य गति अथवा केन्द्रीय प्रवृत्ति (Central Tendency) को नहीं समझ लिया जाता। सांख्यिकी (Statistics) में तीन प्रकार की केन्द्रीय प्रवृत्तियों की ओर संकेत किया गया है—

1. मध्यमान (Mean),
2. माध्य (Median), तथा
3. बहुलांक (Mode)।

प्राय: उपर्युक्त तीनों केन्द्रीय प्रवृत्तियाँ औसत (Average) कही जाती हैं। हम यहाँ तीनों को पृथक्-पृथक् समझेंगे।

1. मध्यमान (Mean)

यह सर्वाधिक उपयोग में आने वाली प्रवृत्ति है। इसे ज्ञात करने के लिए सभी गुणांकों को जोड़ लिया जाता है और इस योगफल को व्यक्तियों की संख्या से भाग कर दिया जाता है:

$$M = \frac{\Sigma X}{N} \text{ या म } = \frac{\text{गुणांकों का योगफल}}{\text{व्यक्तियों की संख्या}}$$

जिसमें M या म = मध्यमान

ΣX = गुणांकों का योगफल

N = व्यक्तियों की संख्या

यदि गुणांकों का वितरण सामान्य कोटि का है तब तो मध्यमान (Mean) अच्छा परिणाम देता है। परन्तु जब कुछ गुणांक बहुत बड़े और बहुत छोटे होते हैं तब मध्यमान पर निर्भर नहीं किया जा सकता। तब हमें माध्य (Median) और बहुलांक (Mode) का सहारा भी लेना पड़ता है।

2. माध्य (Median)

वह गुणांक माध्य कहलाता है जिसके ऊपर तथा नीचे 50 प्रतिशत गुणांक पाए जाते हैं। माध्य ज्ञात करने के लिए गुणांकों को उनके आकारानुसार क्रम में व्यवस्थित कर लिया जाता है। बाद में व्यक्तियों की संख्या में एक जोड़ कर उसे दो से भाग कर दिया जाता है:

$$\text{माध्य} = \frac{\text{संख्या}+1}{2} \text{ या Median} = \frac{N+1}{2}$$

जबकि N = व्यक्तियों की संख्या

उदाहरण—मान लीजिए 5, 7, 6, 9, 13, 14, 20, 16, 21, 22, 23 का माध्य ज्ञात करना है:

1. इन गुणांकों को आकार के अनुसार क्रम में व्यवस्थित कर दिया जाता है; अर्थात् इन्हें—

   5, 6, 7, 9, 13, 14, 16, 20, 21, 22, 23 के क्रम में लिखेंगे।
2. इस उदाहरण में N = 11.

   $$\text{अतः माध्य} = \frac{11+1}{2} = \frac{12}{2} = 6$$

   अतः छठा गुणांक माध्य होगा। इस उदाहरण में छठा गुणांक 14 है। इसलिए माध्य = 14 हुआ।
3. यदि व्यक्तियों की संख्या सम (दो से कटने वाली) होती है तो माध्य बीच वाले दो गुणांकों के बीच में होगा; जैसे, ऊपर वाले उदाहरण में एक गुणांक 24 और बढ़ा लिया जाए तो व्यक्तियों की संख्या सम (Even) हो जाएगी। उस दशा में—

   N = 12

   $$\therefore \text{माध्य} = \frac{12+1}{2} = \frac{13}{2} = 6.5$$

अर्थात् 6.5वां स्थान रखने वाला गुणांक ही माध्य होगा। 6.5वां स्थान छठे एवं 7वें स्थान के बीच में हो सकता है। क्रम में गुणांकों को लिखने पर—

5, 6, 7, 9, 13, 14, 16, 20, 21, 22, 23, 24

∴ छठे स्थान पर 14 और 7वें स्थान पर गुणांक 16 है। अतः माध्य 14 और 16 के मध्य की संख्या होगी।

$$\therefore \text{ माध्य } = \frac{14+16}{2} = 15$$

3. बहुलांक (Mode)

जब किसी दल में कोई एक गुणांक बार-बार या कई बार आता है तो वही गुणांक उस दल का बहुलांक (Mode) कहलाता है। दल में यदि वह सामान्य कोटि का नहीं होता तो कई व्यक्ति समान गुणांक प्राप्त कर लेते हैं। इसे बहुलांक कहा जाता है। इसे ही केन्द्रीय प्रवृत्ति का परिमाण मान लिया जाता है; उदाहरण के लिए किसी दल में 9, 8, 7, 10, 7, 6, 7, 9, 7, 11, 12, 7, 8, 7 गुणांक हैं। इनमें 7 गुणांक कई बार आया है अर्थात् 6 व्यक्तियों में 7 गुणांक प्राप्त किये हैं। इस प्रकार 7 इस दल का बहुलांक (Mode) हुआ। घटन-वितरण या बारम्बारता वितरण (Frequency Distribution) में जहाँ सबसे अधिक गुणांक मिलते हैं वहीं शिखर (Peak) बहुलांक का परिचायक होता है। अर्थात् जहाँ अधिकतम बारम्बारता या आवृत्ति (Frequency) वाले वर्ग (Class) का मध्य बिन्दु होता है प्रायः बहुलांक वहीं मिलता है।

मध्यमान, माध्य और बहुलांक की विशेषताएँ

मध्यमान (Mean), माध्य (Median) और बहुलांक (Mode) को जान लेने के बाद यह जानना आवश्यक है कि इन तीनों में कौन अधिक महत्त्वपूर्ण है। वास्तव में ये तीनों प्रदत्तों के आधार पर प्रामाणिक सिद्ध होते हैं। कुछ प्रदत्तों के समूह में मध्यमान अधिक प्रामाणिक रहता है तो कुछ में माध्य और कुछ में बहुलांक अधिक प्रामाणिक माना जाता है। इनकी अपनी विशेषताएँ और सीमाएँ होती हैं।

जब गुणांकों का विभाजन सामान्य होता है और वक्र सामान्य सम्भावित और घण्टाकार (Normal Probable and Bell-shaped) होता है तब मध्यमान, माध्य और बहुलांक एक ही मध्य बिन्दु पर गिरते हैं। परन्तु जब यह आवृत्ति या बारम्बारता वक्र (Frequency Curve) सुडौल नहीं रहता तो ये तीनों अलग-अलग बिन्दुओं पर दाँए-बाँए पड़ते हैं। वक्र जितना तिर्यक (Skewed) होगा ये तीनों उतनी ही अलग-अलग दूरी पर होंगे। फिर भी इन तीनों की दूरियों में एक विशेष सम्बन्ध मिलता है। मध्यमान (Mean) और माध्य (Median) में एक ओर जितनी दूरी रहती है दूसरी ओर उस दूरी से दुगुनी दूर माध्य (Median) से बहुलांक (Mode) रहता है।

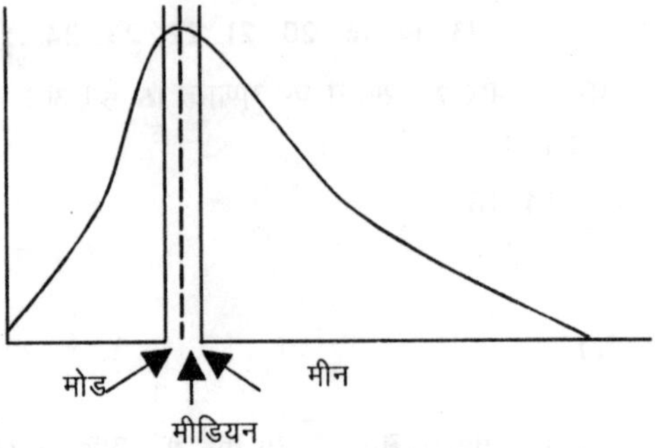

चित्र 9: मीन, मीडियन और मोड

बारम्बारता-वितरण (Frequency Distribution) को देखकर बहुलांक (Mode) का पता आसानी से लग जाता है, परन्तु उसे हम अधिक प्रामाणिक नहीं मान सकते। मनोविज्ञान के क्षेत्र (Field of Psychology) में बहुलांक को वर्णनात्मक महत्त्व (Descriptive Value) का माना जाता है। अधिकांश स्थलों पर प्रायः मध्यमान (Mean) का अत्यधिक उपयोग किया जाता है और उसे ही प्रामाणिक मान लेना पड़ता है। इसी में सभी गुणांकों का मूल्य निहित रहता है। परन्तु कोई बहुत बड़ा गुणांक या बहुत छोटा गुणांक दल में आ जाए तो मध्यमान विश्वसनीय नहीं रहता। साथ ही साथ यदि सभी गुणांकों का ज्ञान न हो तब भी मध्यमान (Mean) ज्ञात करना सम्भव नहीं होता। इतनी सीमाएँ होते हुए भी मध्यमान का सांख्यिकी (Statistics) में भारी महत्त्व है। उपयोग की दृष्टि से मध्यमान के बाद माध्य (Median) का स्थान आता है और बहुलांक (Mode) का उपयोग और भी कम किया जाता है क्योंकि यह अधिक प्रामाणिक नहीं होता।

केन्द्रीय प्रवृत्ति का महत्त्व (The Importance of Central Tendency)

केवल गुणांकों (Scores) को देख लेने मात्र से दल-सम्बन्धी कोई निष्कर्ष निकालना सम्भव नहीं। हमें केन्द्रीय प्रवृत्ति पर विशेष रूप से ध्यान देना पड़ता है। मध्यमान (औसत) की सहायता से व्यक्तियों की उपलब्धि (Achievement) या सफलता (Success) का अच्छा ज्ञात हो जाता है। जिस दल का मध्यमान (Mean) अधिक होता है वह दल अच्छा माना जाता है। केन्द्रीय प्रवृत्ति या झुकाव दल (Group) की साधारण प्रगति (General Trend) की ओर संकेत करता है। मध्यमान (औसत) केन्द्रीय प्रवृत्ति का सर्वाधिक प्रतिनिधित्व करता है। यह औसत उतना ही अधिक विश्वसनीय होगा जितने निकट गुणांक होंगे। तब औसत का मूल्य बढ़ जाता है जब अधिक बड़े गुणांक बहुत पास-पास हो जाते हैं।

अध्याय 19

प्रामाणिक विचलन
(Standard Deviation)

केवल केन्द्रीय झुकाव को जान लेने से बारम्बारता या आवृत्ति विभाजन (Frequency Distribution) का ज्ञान नहीं हो पाता; जैसे—यदि संस्कृत, भूगोल, इतिहास, गणित में गुणांकों के केन्द्रीय झुकाव (Central Tendency) समान हों तो यह भान लेना ठीक नहीं कि सभी विद्यार्थियों के गुणांकों का वितरण भी समान होगा। हमें इस वितरण का पूर्ण ज्ञान तभी हो सकेगा जब हम विभिन्न वितरणों के पारस्परिक भेद और सम्बन्ध को समझ लेंगे। उपर्युक्त चारों विषयों में प्राप्त गुणांकों की स्थिति तब भली प्रकार समझी जा सकेगी जब हमें उन गुणांकों की मध्यमान (औसत) से दूरी का बोध हो जाएगा। मध्यमान (Mean) से इन गुणांकों का कितना अन्तर या फैलाव (Scatter) होगा, उसे जानकर इन विषयों के गुणांकों का भेद जाना जा सकेगा। गुणांकों के मूल्यों को समझने के लिए हमें गुणांकों का मध्यमान से फैलाव जानना आवश्यक है। मध्यमान से गुणांकों का फैलाव या अन्तर ही गुणांकों का प्रामाणिक विचलन या अतिक्रम (Stardard Deviation) कहलाता है:

$$\text{प्रामाणिक विचलन (S.D.) या } \sigma = \sqrt{\frac{\Sigma fd^2}{N}}$$

जबकि—

σ = प्रामाणिक विचलन (S.D.)

Σ = योग

f = आवृत्ति या बारम्बारता (Frequency)

d = मध्यमान से गुणांक का विचलन (Mean Deviation)

n = संख्या

प्रामाणिक विचलन (Standard Deviation) ज्ञात करने के लिए पहले मध्यमान ज्ञात करना होगा। उस मध्यमान से वर्ग-विस्तार (Class) के मध्य बिन्दु (Mid Point) का विचलन (Deviation) ज्ञात करके विचलन का वर्ग ज्ञात कर लिया जाएगा। फिर इस वर्ग को सम्बन्धित बारम्बारता (Frequency) से गुणा करते हुए इसका योगफल ज्ञात कर लेंगे। फिर सूत्र का उपयोग करते हुए प्रामाणिक विचलन (Standard Deviation) ज्ञात कर लिया जाएगा।

उदाहरण—

वर्ग विस्तार	बारम्बारता (f)	मध्यमान से विचलन (d)	विचलन का वर्ग (d^2)	बारम्बारता× विचलन का वर्ग (fd^2)
0-9	0	−4	16	0
10-19	1	−3	−9	9
20-29	3	−2	−4	12
30-39	6	−1	−1	6
40-49	10	0	0	0
50-59	10	1	1	10
60-69	6	2	4	24
70-79	3	3	9	27
80-89	1	4	16	16
90-99	0	5	25	0
योग	**N = 40**			**$\Sigma fd^2 = 104$**

सूत्रानुसार—

$$\sigma = \sqrt{\frac{\Sigma fd^2}{N}}$$

$$= \frac{\sqrt{104}}{40}$$

$$= \frac{\sqrt{13}}{5} = \sqrt{2.6} = 1.6$$

इस प्रकार प्रामाणिक विचलन (S.D.) ज्ञात हो गया जो 1.6 है। यदि प्रामाणिक विचलन अधिक बड़ा है तो इससे स्पष्ट है कि वे गुणांक बहुत कम है। जो मध्यमान (Mean) के निकट हैं वे इधर-उधर फैले हुए हैं। प्रामाणिक विचलन मान में कम हो तो मध्यमान के निकट गुणांकों की संख्या अधिक है और उनका फैलाव कम है।

अध्याय 20

सह-सम्बन्ध विधि
(Correlation Method)

सह-सम्बन्ध विधि में सह-सम्बन्ध गुणांक (Coefficient of Correlation) ज्ञात करना होता है। जब किसी झुकाव (Aptitude), बुद्धि (Intelligence) और व्यक्तित्व की माप (Measurement of Personality) सम्बन्धी शुद्धता (Accuracy) जाननी होती है तो हम सह-सम्बन्ध गुणांक (Coefficient of Correlation) की सहायता लेते हैं।

उन्नीसवीं शताब्दी तक माना जाता था कि सिर के आकार का बुद्धि से सीधा सह-सम्बन्ध है। अर्थात् जिसका सिर बड़ा होगा उसकी बुद्धि भी अधिक होगी। परन्तु उन्नीसवीं शताब्दी में कार्ल पियर्सन (Karl Pearson) ने इस धारणा को गलत सिद्ध किया। उसने सह-सम्बन्ध-गुणांक विधि की सहायता से ऐसा किया। यहाँ हम इस विधि का अधिक विस्तृत उल्लेख नहीं करेंगे। इसका पूर्ण अध्ययन तो सांख्यिकी (Statistics) की पुस्तकों से किया जा सकता है। यहाँ हम इसे संक्षेप में समझाने का प्रयास करेंगे।

उदाहरण के लिए—एक कक्षा में क, ख, ग, घ, ङ, च, छ, ज, झ और ञ नामक 10 बालक हैं। गणित की परीक्षा में ये बालक क्रमशः 31, 29, 27, 25, 23, 21, 19, 17, 15 और 13 प्राप्तांक पाते हैं। इन क्रमिक प्राप्तांकों के आधार पर 'क' बालक सर्वप्रथम स्थान पाता है तो ञ दसवाँ स्थान पाता है। अब यदि विज्ञान विषय में भी परीक्षा ली जाए और उनके प्राप्तांकों का इस विषय में भी पहले जैसा ही क्रम रहे अर्थात् 'क' इसमें भी प्रथम स्थान पाए और 'ञ' दसवाँ स्थान पाए, तब यह मान लिया जाएगा कि ये बालक गणित और विज्ञान दोनों विषयों में स्थान क्षमता रखते हैं। इस प्रकार गणित और विज्ञान की परीक्षाओं में पूर्ण निश्चयात्मक सह-सम्बन्ध (Perfect Positive Correlation) है। इस निश्चयात्मक एवं पूर्ण सह-सम्बन्ध का गुणांक +1 (धन एक) माना जाता है।

इसके विपरीत यदि गणित की परीक्षा लेने के बाद इन्हीं बालकों की परीक्षा 'भाषा-साहित्य' में भी ली जाए और यह देखने में आए कि इस बार इन लड़कों के प्राप्तांकों में क्रम प्रायः उलट गया है अर्थात् 'क' को सबसे कम और 'ञ' को सबसे अधिक प्राप्तांक मिले हों, 2 को 9वाँ, 3 को 8वाँ, 4 को 7वाँ, 5 को 6ठा, 6 को 5वाँ, 7 को 4था, और 8 को तीसरा और 9 को दूसरा स्थान मिला हो तो यह मान लिया जाएगा कि गणित और भाषा सह-सम्बन्ध पूर्ण अभावात्मक (Perfect Negative Correlation) है। इसका गुणांक (Coefficient)–1 (ऋण एक) माना जाता है। 'क' गणित में जितना अच्छा करता है वह भाषा में उतना ही बुरा करता है। यही बात प्रत्येक बालक के क्रम के सम्बन्ध में कही जा सकती है।

वास्तव में पूर्ण निश्चयात्मक (+1) और पूर्ण अभावात्मक (–1) सह-सम्बन्ध गुणांक नहीं मिलते। सह-सम्बन्ध का गुणांक प्रायः –1 से लेकर +1 के बीच ही पाया जाता है। स्टैनफोर्ड-बिने की बुद्धि-परीक्षा को दोहराने पर अधिकतम निश्चयात्मक सह-सम्बन्ध गुणांक .98 ही निकला।

सह-सम्बन्ध गुणांक ज्ञात करना

(1) स्थानान्तर (Rank) सह-सम्बन्ध विधि
(Rank Difference Correlation Method)

(2) प्रोडक्ट मोमेन्ट सह-सम्बन्ध विधि
(Product-Moment Method of Correlation)

पहले हम स्थानान्तर सह-सम्बन्ध विधि का उल्लेख करेंगे।

स्थानान्तर सह-सम्बन्ध विधि (Rank Difference Correlation Method)

इस विधि में परीक्षा में प्राप्त अंकों को स्थान (Rank) दे दिया जाता है और किन्हीं दो विषयों के परिणामों के फलस्वरूप प्राप्त अंकों के स्थानों (Ranks) में अन्तर मालूम कर लिया जाता है। इसमें निम्नलिखित सूत्र काम में आता है–

$$P = 1 - \frac{6\Sigma D^2}{N(N^2 - 1)}$$

जबकि ΣD^2 = स्थानान्तर के वर्ग को योग

N = व्यक्तियों की संख्या

P = सह-सम्बन्ध-गुणांक (स्थानान्तर द्वारा)

स्थान (Rank) देने में सबसे अधिक प्राप्तांक वाले को स्थान 1 उससे कम को 2 और क्रमशः प्राप्तांकों के क्रम के अनुसार स्थान दे दिए जाते हैं। परन्तु जब 2 या 2 से अधिक व्यक्ति समान प्राप्तांक प्राप्त करते हैं तो उनके क्रम में आने वाले स्थानों (Ranks) को जोड़कर उतनी संख्या से भाग कर दिया जाता है जितनी कि समान अंक पाने वालों की संख्या होती है। जो भागफल प्राप्त हो वही स्थान (Rank) उनमें से प्रत्येक के मिल जाती है।

उदाहरण–

	'य' परीक्षा		'र' परीक्षा			
नाम	प्राप्तांक	स्थान (R_1)	प्राप्तांक	स्थान (R_2)	D (R_1-R_2)^2	स्थानान्तर वर्ग D^2
क	25	1	27	2	–1	1
ख	22	2	30	1	1	1
ग	20	3	23	3	0	0
घ	18	4	15	5	–1	1
ङ	17	5	13	6	–1	1
च	15	6	9	8	–2	4
छ	13	7	19	4	3	9
ज	12	8	1	10	–2	4
झ	8	9	10	7	2	4
ञ	5	10	6	9	1	1
N = 10						योग = 26

$$\text{स्थान सह-सम्बन्ध गुणांक} = 1 - \frac{6\Sigma D^2}{N(N^2-1)}$$

$$= 1 - \frac{6 \times 26}{10(10^2-1)}$$

$$= 1 - \frac{156}{10 \times 99}$$

$$= 1 - \frac{156}{990}$$

$$= 1 - .158 = .84 \text{ (दो दशमलव अंक तक)}$$

प्रोडक्ट मोमेण्ट सह-सम्बन्ध विधि (Product Moment Correlation Method)

जब व्यक्तियों की संख्या (N) 30 से अधिक हो जाती है तब स्थानान्तर सह-सम्बन्ध विधि (Rank Difference Correlation Method) काम में नहीं लायी जाती। तब हम प्रोडेक्ट मोमेण्ट विधि (Product Moment Method) का उपयोग करते हैं।

इस विधि में निम्नलिखित सूत्र काम में आता है–

$$r = \frac{\Sigma xy}{\sqrt{\Sigma x^2 \times \Sigma y^2}}$$

जबकि,

r = सह-सम्बन्ध गुणांक (Coeffcient of Correlation)
x = x के मध्यमान से विचलन (Deviation of Mean from Scores of x)
y = y के मध्यमान से विचलन (Deviation of Mean from Scores of y)
Σxy = x और y के गुणनफल का योग।

उदाहरण–

'य' परीक्षा			'र' परीक्षा			
प्राप्तांक	x मध्यमान 16 से अंतर	x^2 अन्तर का वर्ग	प्राप्तांक	y मध्यमान 15 से अंतर	y^2 अन्तर का वर्ग	xy दोनों अंतरों का गुणनफल
26	10	100	25	10	100	100
23	7	49	29	14	196	98
20	4	16	23	8	64	32
18	2	4	15	0	0	0
17	1	1	13	–2	4	–2
15	–1	1	9	–6	36	6
13	–3	9	19	–4	16	–12
12	–4	16	1	–14	196	59
9	–7	49	10	–5	25	35
7	–9	81	6	–9	81	81
		योग = 326			योग = 718	योग = 394

$\Sigma x^2 = 326$; $\Sigma xy = 394$; $\Sigma y^2 = 718$

सूत्रानुसार–

$$r = \frac{\sum xy}{\sqrt{\sum x^2 \times \sum y^2}}$$

$$r = \frac{394}{\sqrt{718 \times 326}}$$

$r = .82$ (दो दशमलव अंकों तक)

सह-सम्बन्ध विधि की उपयोगिता

1. सांख्यिकी (Statistics) में दो या दो से अधिक कार्यों के पारस्परिक सम्बन्ध का अध्ययन इसी विधि द्वारा सम्भव है। बुद्धि-परीक्षा (Intelligence Test) एवं स्कूल की साधारण परीक्षाओं का सम्बन्ध, झुकाव (Aptitude) और कार्यकुशलता (Skill in Workmanship) का सम्बन्ध जानने के लिए यह विधि विशेष रूप से काम में लायी जाती है। यह विधि व्यावसायिक निर्देशन (Vocational Guidance) में भी उपयोगी है। इसकी सहायता से मानव-शक्ति, श्रम और समय की बचत की जा सकती है।
2. शारीरिक और मानसिक लक्षणों में क्या सम्बन्ध है, यह बात भी सह-सम्बन्ध विधि द्वारा भली प्रकार जान ली जाती है। व्यक्ति के व्यक्तित्व (Personality) या प्रभुत्त्व-स्थापन का व्यक्ति की लम्बाई, मोटाई आदि से क्या सम्बन्ध है, सिर के आकार का बुद्धि से क्या सम्बन्ध है, इन बातों का ज्ञान इसी विधि द्वारा सरलता से कर लिया जाता है।
3. बालकों की बहुत-सी बातों का उनके माता-पिता से क्या सम्बन्ध है, समान और असमान यमजों (Twins) का उनकी बुद्धि, व्यक्तित्व तथा अन्य बातों में क्या सम्बन्ध है, इन बातों का मनोवैज्ञानिक उत्तर इसी विधि द्वारा मिलता है।
4. किसी झुकाव (Aptitude), बुद्धि (Intelligence) और व्यक्तित्व (Personality) की माप की शुद्धता की जाँच के लिए यह विधि बहुत काम की है।

सारांश

(1) आवृत्ति या बारम्बारता-विवरण

किसी मनोवैज्ञानिक परीक्षण में प्राप्त गुणांकों की व्यवस्था ही बारम्बारता का वितरण। गुणांकों की आवृत्ति को अंकन द्वारा स्पष्ट करना।

लेखाचित्र द्वारा–(1) बहुभुज क्षेत्र (2) हिस्टोग्राम (3) छड़ाकृति द्वारा वर्गों अथवा कोटियों में वितरण–अधिकतम-न्यूनतम का अन्तर ज्ञात करके वर्गान्तर

से उसे विभाजित करना और वर्ग-विस्तार ज्ञात कर लेना। प्रत्येक वर्ग-विस्तार में आए गुणांकों का अंकन द्वारा वितरण (आवृत्ति संख्या के रूप में) ज्ञात करना।

हिस्टोग्राम की रचना—उत्तनात्मक अक्ष पर वर्ग-विस्तार, लम्बवत् अक्ष आवृत्तियाँ (बारम्बारता) लेकर हिस्टोग्राम बनाना।

बारम्बारता बहुभुज क्षेत्र हिस्टोग्राम के मध्य बिन्दु (शीर्ष बिन्दुओं) को मिलाकर उत्तनात्मक अक्ष से मिला देना।

(2) सामान्य वितरण

उत्तनात्मक एवं लम्बवत् अक्षों पर गुणांकों और वर्ग-विस्तार के बीच बनी घण्टाकार, सुडौल वक्ररेखा तैयार करना। सुडौल में मध्यमान माध्य और बहुलांक एक ही बिन्दु पर। यह वक्र तिर्यक, द्विरूप, बहुरूप और पारस्परिक कटित प्रकार का होता है।

(3) केन्द्रीय प्रवृत्ति या झुकाव की माप

1. मध्यमान 2. माध्य 3. बहुलांक

मध्यमान—गुणांकों के योग की व्यक्तियों की संख्या से भाग करना।.

$$M = \frac{\Sigma X}{N} \text{ या मध्यमान } = \frac{\text{गुणांकों का योगफल}}{\text{व्यक्तियों की संख्या}}$$

माध्य—वह अंक जिसके ऊपर और नीचे 50 प्रतिशत गुणांक पाए जाते हों।

$$\text{माध्य} = \frac{\text{संख्या}+1}{2}$$

यदि संख्या विषम हो तो उससे पहली पूर्ण संख्या और अन्त की पूर्ण संख्या के बीच माध्य माना जाता है।

बहुलांक—किसी दल में कोई एक गुणांक बार-बार या कई बार आए तो वह गुणांक उस दल का बहुलांक कहलाता है।

केन्द्रीय प्रवृत्ति की विशेषताएँ—मध्यमान तब अधिक विश्वस्त जब मध्यमान निकट बड़ी से बड़ी संख्या हो। बहुत बड़ी या बहुत छोटी संख्या दल में हो तो मध्यमान को विश्वसनीय नहीं माना जा सकता। जब सम्भावित वक्र सुडौल और घण्टाकार होता है तो तीनों एक ही बिन्दु पर होते हैं। परन्तु सुडौल न रहने पर ये तीनों अलग-अलग रहते हैं। मध्यमान और माध्य में जो दूरी होती है उससे दुगुनी

दूरी माध्य और बहुलांक में रहती है। मध्यमान का अधिक उपयोग बहुलांक का कम उपयोग।

केन्द्रीय प्रवृत्ति का महत्त्व—जिस दल का मध्यमान बड़ा है वह दल अच्छा और मध्यमान कम होने पर दल का बुरा होना। यह दल की साधारण गति का सूचक है।

(4) प्रामाणिक विचलन

$$(S-D) \text{ or } \sigma = \sqrt{\frac{\Sigma fd^2}{N}}$$

जबकि σ = प्रामाणिक विचलन
N = संख्या
f = आवृत्ति
d^2 = विचलन का वर्ग

(5) सह-सम्बन्ध विधि

(i) रैंक मैथड— $P = 1 - \frac{6\Sigma D^2}{N(N^2-1)}$

जिसमें D^2 = रैंक के अंतर का वर्ग, N = व्यक्तियों की संख्या

(ii) प्राडेक्ट मोमेण्ट मैथड— $r = \frac{\Sigma xy}{\sqrt{\Sigma x^2 \times \Sigma y^2}}$

जिसमें x = पहले का विचलन, y = दूसरे का विचलन

इस विधि की उपयोगिता—बुद्धि, झुकाव, व्यक्तित्व, व्यावसायिक निर्देशन, वंशानुक्रम-सम्बन्धी गुणों का अध्ययन करने में उसका उपयोग।

अभ्यासार्थ प्रश्न

1. बारम्बारता-वितरण की विधियों का उल्लेख कीजिए और सोदाहरण समझाइए।
2. केन्द्रीय प्रवृत्ति से क्या तात्पर्य है? इनको ज्ञात करने की विधि, इनकी विशेषताएँ और महत्त्व समझाइए।
3. सामान्य सम्भावित वक्र क्या है? इसका महत्त्व और इसकी विशेषताओं का वर्णन कीजिए।

4. प्रामाणिक विचलन क्या है? इसका महत्त्व और ज्ञात करने की विधि समझाइए।
5. सह-सम्बन्ध विधियाँ क्या हैं? अलग-अलग वर्णन कीजिए। इस विधि का शिक्षा-शास्त्र और मनोविज्ञान में क्या स्थान है?
6. एक परीक्षा में 30 छात्रों ने निम्नलिखित अंक प्राप्त किए—

   5, 8, 9, 25, 6, 7, 10, 12, 8, 7, 6, 9, 30, 4, 6, 7, 9, 8, 5, 1, 19, 22, 24, 23, 8, 7, 10, 15, 16, 12

   उपर्युक्त से निम्नलिखित को ज्ञात कीजिए—

   (i) 3 वर्गान्तर से वर्ग-विस्तार (Classes)
   (ii) बारम्बारता वितरण
   (iii) हिस्टोग्राम की रचना
   (iv) बारम्बारता बहुभुज-क्षेत्र
   (v) प्रामाणिक विचलन
   (vi) मध्यमान, माध्य एवं बहुलांक
7. एक परीक्षा में निम्नलिखित अंक प्राप्त हुए—

नाम—	क	ख	ग	घ	ङ	च	छ	ज	झ	ञ
य परीक्षा—	20	22	23	10	9	8	6	5	12	7
र परीक्षा—	18	10	12	9	8	5	6	2	3	5

   इन प्रश्नों के आधार पर सह-सम्बन्ध गुणांक ज्ञात कीजिए—

   (i) रैंक विधि द्वारा
   (ii) प्रोडक्ट विधि द्वारा।

अनुक्रमणिका